Beck'sche Reihe
BsR 355

Die Bundesrepublik vermittelt weithin das Bild einer stabilen und erfolgreichen parlamentarischen Demokratie, die zudem mit wirtschaftlichem Wohlstand verbunden ist. Gleichwohl stellen sich Fragen: Trifft dieses Bild für die „Demokratie der Westdeutschen" zu? Gibt es neben so viel Staatlichkeit und Wirtschaftsmacht mehr als ein nur formales Demokratieverständnis? Wie steht es mit der Wertorientierung der Westdeutschen – wie mit ihren demokratischen Verhaltensweisen – wie mit ihrer Einstellung zur deutschen Vergangenheit? Das Buch fragt nach Veränderungen im Psycho- und im Soziogramm der Bürger und beschreibt im geschichtlichen Kontext das politische Klima der Republik – von ihrer Gründung bis heute.

Wilfried Röhrich, Prof. Dr. phil., lehrt Politikwissenschaft an der Universität Kiel und ist Direktor des dortigen Instituts für Politische Wissenschaft. Zahlreiche Buchveröffentlichungen, u. a.: ‚Demokratische' Elitenherrschaft, 1975; Politische Soziologie, 1977 (italienische Ausgabe 1980); Sozialgeschichte politischer Ideen, 1979; Die repräsentative Demokratie, 1981; Politik und Ökonomie der Weltgesellschaft (unter Mitwirkung von Karl Georg Zinn), ^{2}1983; Gesellschaftssysteme der Gegenwart, 1985; Politik als Wissenschaft (unter Mitwirkung von Wolf-Dieter Narr), ^{2}1986; Denker der Politik, 1988.

WILFRIED RÖHRICH

Die Demokratie der Westdeutschen

Geschichte und politisches Klima einer Republik

VERLAG C.H.BECK MÜNCHEN

CIP-Titelaufnahme der Deutschen Bibliothek

Röhrich, Wilfried: Die Demokratie der Westdeutschen : Geschichte u. polit. Klima e. Republik / Wilfried Röhrich. – Orig.-Ausg. – München : Beck, 1988
(Beck'sche Reihe ; 355)
ISBN 3-406-32982-9

NE: GT

Originalausgabe
ISBN 3 406 32982 9

Einbandentwurf von Uwe Göbel, München
Umschlagbild: Karl Kohzer, Kiel

Gesamtherstellung: Appl, Wemding
Printed in Germany

Inhalt

Von damals bis heute. Vorbemerkungen 7

1. Die „Stunde Null“ 12
Trümmerzeit 12 – Entnazifizierung und Wiederaufbau 15 – Die Unfähigkeit zu trauern 21

2. Adenauers Kanzlerdemokratie 27
Die erste Bundestagswahl 27 – Zur Kanzlerdemokratie 31 – Adenauers Regierungsstil und Politik 33 – Adenauer und das Demokratieverständnis 41

3. Parteiendemokratie. Von Erhard zur Großen Koalition . 47
Erhard als Volkskanzler 47 – Parteien- und Konsumenten-Demokratie 55 – Die SPD in der Regierungsverantwortung 63 – Koalitionsparlament ohne Opposition 70

4. Opposition und Establishment. Die Studentenrevolte . . 76
Themen des Protests 76 – Strategie und Reaktion 81

5. Mehr Demokratie wagen. Von Brandt zur Ära Schmidt . 93
Machtwechsel 93 – Brandts Identifikationsangebot 101 – Pragmatische Humanität: Schmidt 106 – Bundestagswahl 1976 und Grundwerte-Diskussion 114

6. Die verunsicherte Republik 123
Extremismus und Terrorismus 123 – Zur Holocaust-Reaktion 135 – Die Zeit bis zur „Wende“ 140

7. Neokonservatismus. Zur Regierungszeit Kohls 155
Die Bundestagswahl 1983 155 – Nationale Identität und Historiker-Streit 161 – Ausländerfeindlichkeit und Asylpolitik (Exkurs) 173 – Die Bundestagswahl 1987 180

Anmerkungen 189

Literaturhinweise 203

Von damals bis heute
Vorbemerkungen

Theodor Heuss, der liberale Idealist und erste Präsident der Bundesrepublik, hat sich um die Symbole der jungen Demokratie besonders bemüht. Die Flagge des neuen Staates war schon im Grundgesetz festgelegt, sie sollte wieder schwarz-rot-gold sein. Für die Nationalhymne aber zeichnete der Bundespräsident verantwortlich. Heuss wollte auch hier einen „unbelasteten“ Weg gehen und mit der Vergangenheit brechen. Ihn störte das *Deutschlandlied* vor allem wegen der „Dauerverbindung des ersten Verses mit dem *Horst-Wessel-Lied*“ im Nationalsozialismus. Doch sein Versuch, den Westdeutschen eine neue Hymne zu geben, schlug fehl; in Geltung blieb die unbelastete dritte Strophe der alten Hymne: „Einigkeit und Recht und Freiheit ...“. Bundeskanzler Adenauer erinnerte Heuss in einem Brief vom 29. April 1952 daran, daß es immerhin Friedrich Ebert, der erste Reichspräsident der Weimarer Republik, gewesen sei, der das *Deutschlandlied* „durch eine staatsmännische Entscheidung zur Nationalhymne erklärte“. Heuss beugte sich dem Wunsch großer Teile der Bevölkerung und des Kanzlers – nicht ohne in seinem Antwortschreiben vom 2. Mai 1952 zu erwähnen, er habe die Überzeugung vertreten, „daß der tiefe Einschnitt in unserer Volks- und Staatengeschichte einer neuen Symbolgebung bedürftig sei“. Er wisse nun aber, daß er sich getäuscht habe. „Ich habe den Traditionalismus und sein Beharrungsbedürfnis unterschätzt“.

Heuss verkannte generell den Umstand, daß nicht nur gegenwärtige Fragen und Probleme die politischen Einstellungen, Meinungen und Werthaltungen der Bürger bestimmen, sondern auch historische Erfahrungen und Erinnerungen – Bausteine nationaler Identität. Diese Steine sind im Verlauf der jüngeren deutschen Geschichte mannigfach aufgeschichtet und wieder abgetragen worden; die Suche nach der nationalen Identität fällt schwer: Innerhalb eines halben Jahrhunderts lösten nicht nur vier ideologisch und institutionell verschiedene Staatsformen einander ab. Vor allem vermochte sich, was hier noch stärker interessiert, eine demokratische Tradition während der Weimarer Republik kaum auszuprägen. Im Unterschied zu den alten Demokratien wie England, den Vereinigten Staaten und Frankreich verbinden sich hierzulande politische Erinnerungen vorwiegend mit obrigkeitlich-autoritären Zeiten. Die Deutschen pflegten jahrhundertelang ein Herrschaftsdenken im Untertanengeist, insbesondere seit dem großpreußischen Kaiserstaat von 1871. Die „Devotion" der Diederich Heßlings (nach Heinrich Manns Roman *Der Untertan*) kannte keine Grenzen. Auch gewann das deutsche Bürgertum im Industrialisierungsprozeß vor und nach Bismarcks Reichsgründung nicht das politische Selbstbewußtsein, welches das englische und französische Bürgertum auszeichnete. Der 1919 etablierten verspäteten Demokratie – einer „Demokratie mit einer demokratischen Minderheit" (Theodor Eschenburg) – fehlte es so an einer integrativen Kraft, die den Weg aus den zahlreichen Krisen, zuletzt aus der Weltwirtschaftskrise heraus erleichtert hätte. Und im Nationalsozialismus schließlich wurden Millionen Deutsche zu Gefolgsleuten „ihres Führers", der bedingungslos Disziplin forderte und erhielt – in einer totalitären Diktatur, an deren Ende das Genozid, der Holocaust von Auschwitz stand.

Die Nachgeschichte des Nazi-Regimes dauerte an, als auf Veranlassung der westlichen Siegermächte die „Väter" des Bonner Grundgesetzes damit begannen, ein „großes Angebot" (Gustav Heinemann) zu unterbreiten. Würde es diesmal gelingen, eine freiheitliche demokratische Staatsordnung zu errichten und ihren Bestand zu sichern? Oder würde die zweite deutsche Republik das Schicksal der ersten erfahren, würde Bonn Weimar werden? Die Vorzeichen in Richtung Demokratie schienen nicht besonders günstig, zumal der Schock des Jahres 1945 durch die hektischen Anstrengungen des Wiederaufbaus absorbiert zu werden drohte. Fern von Trauer- und Erinnerungsarbeit wurde die NS-Vergangenheit derealisiert, entwirklicht. Die Mehrheit der Westdeutschen wollte sich offenbar allein mit ihrer zurückgewonnenen Wirtschafts-Welt identifizieren – im Zeichen des Antikommunismus: einer aus nationalsozialistischer Zeit vertrauten Geisteshaltung, die mit dem Kalten Krieg wieder gesellschaftsfähig wurde. Demgegenüber schienen nur wenige in der „Stunde Null“ ihre Hoffnung auf einen demokratischen Neubeginn und auf das Versprechen „Niemals wieder“ zu setzen, in welcher Form das „Wieder“ auch seine Rückkehr versuche. Trog wirklich „fast alles“, woran eine aktive Minderheit damals, im Jahre 1945, ihre „hoffnungsvollen Erwartungen“ knüpfte (Günter Gaus)? Oder gewann die Bereitschaft, es „anders“ zu machen, doch die Oberhand?

Von damals bis heute sind über vier Jahrzehnte vergangen. Zu jener Zeit, als die „Stunde Null“ begann, ließ sich noch nicht abschätzen, wohin einmal die neue Republik „treiben“ (Karl Jaspers) und wie lange sie währen werde. Heute ist die Demokratie der Westdeutschen fast vierzig Jahre alt; sie zeigt Probleme und Krisen, aber sie vermittelt das Bild einer stabilen und erfolgreichen parlamentarischen Demokratie. Als „Herrschaftsauftrag auf Frist“ (Theodor Heuss) bestand sie mit dem Übergang der politischen Führung von einer der großen Parteien zur anderen eine zweimalige Bewährungsprobe. Die parlamentarische – pluralistische – Demokratie schien zudem mit wirtschaftlicher Prosperität verbunden: „Wir sind wieder wer“ – diese Formel aus Erhards Kanzlerjahren klingt noch immer nach, wenngleich dabei ein starkes Element „untergründiger Sorge um die mühsam erworbene Respektabilität“ (Wolfgang J. Mommsen) unüberhörbar mitschwingt. Jedenfalls ist die westdeutsche Mehrheit der Meinung, sie hätte es weit gebracht, keineswegs nur materiell. Und doch, trügt nicht dieses Bild? Gibt es neben so viel Staatlichkeit und Wirtschaftsmacht mehr als ein nur formales Demokratieverständnis, das den pluralistischen Prozeß mit demokratischen Inhalten gleichsetzt? Heißt „Mehr Demokratie wagen“ wirklich:

die Bundesrepublik den Feinden der Demokratie ausliefern, wie es der bundesdeutsche Konservatismus suggeriert? Und wie steht es heute mit dem Verhältnis der Westdeutschen zu ihrer Nazi-Geschichte und der Vergangenheit ihrer Elterngeneration? Setzt sich die „Unfähigkeit zu trauern“ (Alexander und Margarete Mitscherlich) in der Unfähigkeit fort, die NS-Vergangenheit anzunehmen – im Sinne eines „Mahnmals des Denkens und Fühlens in unserem eigenen Innern“ (Richard von Weizsäcker)? Diese und ähnliche Fragen gilt es aufzugreifen, um Veränderungen im Psycho- und im Soziogramm der Bürger zu erkennen. Ihre Sympathie zu und ihre Identifikation mit den führenden Repräsentanten der Politik sind hierbei besonders interessant.

Es geht nachfolgend um den Versuch, das politische Klima der Bundesrepublik Deutschland im geschichtlichen Kontext zu beschreiben, den Klimawandel von damals bis heute. Neue Forschungsergebnisse sind in diesem Überblick nicht beabsichtigt; das Buch hat seinen Zweck erfüllt, wenn es dazu beiträgt, die Diskussion über die angerissene Thematik – vorgestellt an einzelnen Abschnitten unserer Demokratie – voranzutreiben. Die Gewichtung der Abschnitte ist wie die Auswahl zeitgenössischer Zeugnisse und anderer Zitate bereits ein Stück Interpretation. Die Demokratie der Westdeutschen – eines Staatsvolkes, für das sich die hier gewählte Bezeichnung jenseits von jedem Ost-West-Denken herauszubilden begonnen hat – wird mit subjektiven Mitteln betrachtet: von meinen Einsichten und den Problemen her, wie sie sich mir darstellen. Verbunden ist damit mein Verständnis von einer auf Emanzipation angelegten partizipatorischen Demokratie, die der Konsumenten- und Zuschauerdemokratie gegenübersteht. Immer von neuem muß die Diskussion um mehr Demokratie in Staat und Gesellschaft geführt werden. Es geht dabei zunächst um mehr Toleranz, um jenes Selbstbewußtsein, das auch radikale Zweifel erträgt, sodann um mehr Konflikt- und Kompromißbereitschaft und nicht zuletzt um mehr Selbstbestimmung und Selbsttätigkeit im Gegensatz zu Fremdbestimmung und Konsumdenken. Eine solche Orientierung will Demokratie als Lebensform, sie zielt auf die im Innern des Menschen verankerten Inhalte der Institutionen in einer Gesellschaft mündiger Bürger. In diesem Sinne stehen auch die Worte Gustav Heinemanns: „Nicht weniger, sondern mehr Demokratie – das ist die Forderung, das ist das große Ziel, dem wir uns alle und zumal die Jugend zu verschreiben haben".

Noch ein zweifacher Hinweis zum Schluß: Teile der nachfolgenden Kapitel nehmen in überarbeiteter Fassung einzelne Aspekte meines 1983 erschienenen Buches *Die verspätete Demokratie* auf. Insgesamt handelt es sich bei der vorliegenden Betrachtung um eine neue Konzeption. Das Manuskript wurde im August 1987 abgeschlossen.

1. Die „Stunde Null"

Trümmerzeit

Die Formel vom „totalen Krieg", die der nationalsozialistische Propagandaminister Joseph Goebbels in seiner Berliner Sportpalastrede vom Februar 1943 beschwor – „Wollt ihr den totalen Krieg?" – war bei Kriegsende makabre Wirklichkeit geworden. Der totale Krieg zog die totale Niederlage nach sich. Über Territorium und Bevölkerung hatten die Deutschen ihre Souveränität den Siegermächten abzutreten – ein historisches und völkerrechtliches Novum. Die deutsche Kapitulation von 1945, die auch die „staatlich-politische" Kapitulation einbezog, stellte den „absoluten Tiefpunkt der deutschen Geschichte der Neuzeit" (Reimer Hansen) dar[1]. *Tabula rasa* sollte gemacht werden. Nur durch die „bedingungslose Kapitulation" schien gewährleistet, daß die nationalsozialistische Kriegsmacht und Staatsgewalt radikal beseitigt würde. So sprach auch die *Berliner Erklärung* der Alliierten in ihrer Präambel davon, daß Deutschland sich „allen Forderungen, die ihm jetzt oder später auferlegt werden", vorbehaltlos zu unterwerfen habe. Mit Recht konnte General de Gaulle eine Woche nach der Unterzeichnung der Kapitulationsurkunde in seiner Ansprache an die französische *Assemblée Consultative* hervorheben: „Deutschland, in seinem Traum von der Herrschaft bis zum Fanatismus hingerissen, hat den Krieg so geführt, daß der Kampf materiell, politisch und moralisch ein totaler Kampf war. Der Sieg mußte daher ein totaler Sieg sein. Das ist geschehen. Insofern sind der Staat, die Macht und die Doktrin, ist das Deutsche Reich zerstört"[2].

Der Hinweis auf die „Stunde Null" beinhaltet allerdings weit mehr als dieses staatliche und militärische Ende. Er kennzeichnet vor allem die „tiefe Infragestellung einer Vielzahl von sozialen Beziehungen, Verhaltensweisen, Einstellungen und Werten"[3]. Außerdem charakterisiert er eine Situation, die vorerst überwiegend von physischer Not bestimmt war. Die meisten Überlebenden hatten Gewalt und massenhaften Tod kennengelernt: an der Front, in den Konzentrationslagern, in den zerbombten Städten, durch Flucht und Vertreibung. In Deutschlands Städten, vor allem in den großen Wohnzentren, herrschte eine Atmosphäre des Todes; sie vermittelten jenen „Schrecken von der Totalzerstörung", den – aus dem amerikanischen Exil kommend – Golo Mann beschreibt: „Bis dahin hatte ich London für arg zerstört gehalten, aber wie harmlos, wie gerade eben angekratzt war es, verglichen mit den Trümmern, zwischen denen wir uns nun bewegten". Und: „Wie oft hatte man uns erzählt, die Bombardierungen gälten den kriegswichtigen industriellen Anlagen, nicht aber den Innen- und Wohnstädten. Oft war das Gegenteil der Fall; die Frankfurter Innenstadt total zerstört, die Chemiewerke von Hoechst ganz gut ausgespart ..."[4] Ende 1946 standen für vierzehn Millionen Haushalte nur acht Millionen Wohnungen zur Verfügung, davon viele beschädigt; Obdachlosigkeit war ein Massenphänomen. Es herrschte weithin eine pessimistische Grundhaltung vor, über die Karl Jaspers im August 1945 vermerkte: „Wir werden nicht jubelnd vom ‚Aufbruch' reden, nicht noch einmal dem falschen Pathos verfallen, daß es nun gut und herrlich werde und daß wir vortreffliche Menschen in vortrefflichen Umständen sein würden". Solcher Illusion sei mancher in den Jahren 1918 und 1933 verfallen; doch diese Selbstberauschung, während realiter der Ruin seinen Gang gehe, müsse diesmal als verwehrt gelten. „Uns bleibt, unser Verhängnis schlicht auf uns zu nehmen und dann zu tun, was noch möglich ist: harte Arbeit auf lange Sicht, mit wenig Hoffnung auf unmittelbares Glück"[5].

Überhaupt ließ sich kaum von den Deutschen als dem „deutschen Volk" sprechen. Was sich fand, waren die davongekommenen Teile der zerrissenen Staatsbevölkerung des Deutschen Reiches. Viele von ihnen – in der Mehrzahl Frauen und Kinder – befanden sich auf der Flucht. Ein gewaltiger

Strom „entorteter Menschen“ (Ulrich Borsdorf) kam aus den Ostgebieten, zum Teil ausgelöst von den vorrückenden russischen Armeen. Bereits 1946 waren im Gebiet der drei westlichen Besatzungszonen 5,6 Millionen Flüchtlinge und Vertriebene eingetroffen. Damit waren „nicht nur Menschen in Bewegung geraten und Güter verloren gegangen, sondern mit ihnen auch gesellschaftliche Vorstellungen und ethische Werte“[6]. Die Unterbringung der Flüchtlinge erfolgte in provisorischen Lagern, die sie mit den *Displaced Persons* (DP's) teilten: Personen, die durch die Achsenmächte aus rassischen, religiösen oder politischen Gründen deportiert oder „ausgewiesen“ worden waren. Zu dieser umfangreichen Gruppe der DP's kamen schließlich die aus Krieg und Kriegsgefangenschaft zurückkehrenden Soldaten, äußerlich und innerlich geprägt von den durchlittenen Erlebnissen, wie Wolfgang Borchert sie in seinem Stück *Draußen vor der Tür* schildert: „Ein Mann kommt nach Deutschland. Er war lange weg, der Mann. Sehr lange. Vielleicht zu lange. Und er kommt ganz anders wieder, als er wegging. Äußerlich ist er ein naher Verwandter jener Gebilde, die auf den Feldern stehen, um die Vögel (und abends manchmal auch die Menschen) zu erschrecken. Innerlich – auch. Er hat tausend Tage draußen in der Kälte gewartet. Und als Eintrittsgeld mußte er mit seiner Kniescheibe bezahlen. Und nachdem er nun tausend Nächte draußen in der Kälte gewartet hat, kommt er endlich doch noch nach Hause“. Es gab freilich auch solche, denen Umstellung und Anpassung nicht gelangen, solche, „die nach Hause kommen und die dann doch nicht nach Hause kommen, weil für sie kein Zuhause mehr da ist. Und ihr Zuhause ist dann draußen vor der Tür. Ihr Deutschland ist draußen, nachts im Regen, auf der Straße. Das ist ihr Deutschland“[7].

Es läßt sich kaum das damalige Nachkriegsdeutschland illustrieren – weder die Ruinenlandschaft der Städte und die von Hitler zuletzt befohlene „verbrannte Erde“ noch die mühsam geschaffenen Straßenschneisen durch die Trümmer, nicht die Menschentrauben an den wenigen öffentlichen Verkehrsmitteln und erst recht nicht der täglich neue Kampf um die physische Existenz. Im Hintergrund dieser Notlage standen wachsende Energieknappheit und ein stark beeinträchtigtes Transportwesen, die zusammen zu hochgradigen Versorgungsschwierigkeiten führten. Strom, Gas und Wasser gab es zumeist nicht mehr oder nur zeitweise; manche der auf den Lebensmittelmarken angegebenen Nahrungsmittel waren nicht lieferbar. Hinzu kam der Engpaß in der Kohleversorgung, der sich in den Wintermonaten kraß auswirkte. Die gesamte Situation läßt sich kaum in Daten messen; besser bringt sie ein Brief zum Ausdruck, den der Hamburger Schriftsteller Hans-Erich Nossack Ende 1945 schrieb: „Vor allem ist da aber die Kälte, die Gedanken verwirren sich darüber ... Die meisten Menschen laufen mit geschwollenen Fingern und offenen Wunden umher, und es lähmt alle Tätigkeit ... Von acht bis drei Uhr halte ich im Geschäft aus, – erst ab drei Uhr gehn die Verkehrsmittel wieder, – bin dann aber auch so erfroren, zumal ich nur zwei Scheiben trocknes Brot mitnehmen kann, daß ich kaum mehr gehn kann. Und dann beginnt ein harter Kampf um die U-Bahn. Inzwischen hat meine Frau morgens Stunden gegeben, eilt mittags eine Stunde weit, um das Essen aus der Volksküche zu holen, worauf wir mangels Gas, Elektrizität und Kochgelegenheit angewiesen sind, obwohl die meisten Lebensmittelmarken dabei draufgehn ... Zwischen fünf und sechs Uhr versuche ich zu schlafen, um einen Vorhang vor den bisherigen Tag zu ziehen und die fehlenden Kalorien gleichzeitig zu ersetzen. Später nehmen wir noch etwas Teeartiges oder einen kleinen Imbiß zu uns und sitzen uns dann ... arbeitend bei 15-Watt-Kerzen gegenüber ... Ich selbst sitze meist in Decken gehüllt bis ein Uhr auf, um dann erfroren ins Bett zu kriechen“[8].

Entnazifizierung und Wiederaufbau

Die Nachkriegsgeneration – die Generation der „Stunde Null“ – lebte weitgehend augenblicksbezogen. Überleben war schwierig genug, und von Politik wollten die Deutschen in ihrer übergroßen Mehrheit vorerst nichts mehr wissen. Es ist verständlich, daß sie angesichts der Zerstörung der äußeren Lebensverhältnisse an einer „endgültigen Umgestaltung des deutschen politischen Lebens auf demokratischer Grundlage" kaum interessiert waren, so wie es eine Forderung des *Potsdamer Abkommens* vom August 1945 verlangte. Aber auch die Ausbildung öffentlicher Tugenden war von einer Generation nicht zu erwarten, die sich aktiv wie passiv weit mit dem Nationalsozialismus eingelassen hatte. Die unmittelbare Vergangenheit des NS-Regimes, das auch Fernstehende zu tagtäglichem „strukturellen Opportunismus" (Hans Buchheim) veranlaßte, mußte sich hinderlich auswirken, wenn es darum ging, politisch-moralische Identität zu stärken. Was sich hiermit allerdings auch verband, war die äußerst bedenkliche „Derealisation der Naziperiode" (Mitscherlich), über die noch zu sprechen sein wird. Die einrückenden Alliierten wie auch die Deutschen, die aus den Lagern und aus der Emigration zurückkehrten, stellten verwundert fest, wie eilfertig alle beteuerten, „eigentlich von nichts gewußt" zu haben[9]. „Es gab Frauen", berichtet Golo Mann, „ich erinnere mich an eine, die zu geschickt, schnell und eifrig auf mich einredete: Wie sie doch beinahe alle unschuldig seien und nun ausbaden müßten, was ein paar Politiker angerichtet hatten. ‚Ja, ja, da mag schon etwas dran sein', sagte ich und dachte: Sicher doch, du hast kein Verbrechen begangen. Aber eine Anhängerin warst du bis vorgestern. Hast auf die ‚Wunderwaffe' gehofft, hast an den Führer geglaubt und an des Führers ‚Weihnachtsgeschenk', die Ardennen-Offensive im Dezember 1944, und vielleicht glaubst du heute nacht wieder an ihn, nur im Moment nicht"[10].

Die Deutschen waren weit von einem nationalen Selbstreinigungsprozeß entfernt, den ihnen manche vor allem von seiten der Alliierten abverlangen wollten; sie lehnten auch recht zahlreich das „Stuttgarter Schuldbekenntnis" der evangelischen Kirche vom Oktober 1945 als angebliche Bestätigung des alliierten Kollektivschuldurteils ab – ein Bekenntnis, das durch das „Darmstädter Wort" des Bruderrates der EKD vom

August 1947 erweitert wurde. Die Mehrheit der Deutschen wollte mit all dem nichts zu tun haben, und sie weigerte sich darum auch beharrlich, in jenen Ecce-Homo-Spiegel des Werkes *Der SS-Staat* zu blicken, in dem Eugen Kogon, Überlebender der Konzentrationslager, ein Jahr nach Kriegsende „nicht irgendwelche Scheusale" zeigen wollte, „sondern dich und mich, sobald wir nur dem gleichen Geiste verfallen, dem jene verfallen sind, die das System geschaffen haben"[11]. Und für die Nicht-Deutschen ergab sich – bei ausgewogener Betrachtung von Schuld und Sühne – die Überlegung, von der die deutsche Emigrantin Hannah Arendt im April 1946 in der Zeitschrift *Die Wandlung* sprach: Inzwischen gehe es weder darum, das Selbstverständliche zu beweisen, nämlich daß Deutsche nicht seit Urzeiten latente Nationalsozialisten gewesen seien, noch das Unmögliche zu demonstrieren, daß jeder Deutsche eine nazistische Gesinnung habe; sondern „darum, sich zu überlegen, welche Haltung man einnehmen kann, wie man es ertragen kann, sich mit einem Volke konfrontiert zu finden, in welchem die Linie, die Verbrecher von normalen Menschen, Schuldige von Unschuldigen trennt, so effektiv verwischt worden ist, daß morgen niemand in Deutschland wissen wird, ob er es mit einem heimlichen Helden oder einem ehemaligen Massenmörder zu tun hat. Vor dieser Situation wird uns weder eine Definition der Verantwortlichen, noch die Verhaftung der ‚Kriegsverbrecher' schützen"[12].

Die skizzierte Situation vermochte auch die „Entnazifizierung" nicht zu klären. Gemäß der amerikanischen Anordnung, die „Säuberung von Nazis und Nazitum ... mit allen zu Gebote stehenden Mitteln" voranzutreiben, nahmen Spruchkammern entsprechende Kontrollen in der amerikanischen Besatzungszone vor. „Unverdächtige Personen" sollten die politische Säuberung durchführen, was den Prozeß der Entnazifizierung schon von der Intention her hemmte. Emigranten und die überlebenden Insassen der Konzentrationslager waren vielfach noch nicht aus ihrem Exil zurückgekehrt oder als Gebrochene aus den Lagern gekommen. Und außer ihnen gab es nur wenige Deutsche, die sich über die NS-Zeit hinweg von jeglichen Zugeständnissen an das Regime freigehalten hatten. Dieser kleine Kreis für die politische Säuberung legitimierter Menschen, der sich zudem auf keinen anti-nationalsozialistischen Bevölkerungskonsens stützen konnte, stieß auf die „Interessenpolitik" all derer, die „sich belastet und irgendwie möglicherweise angreifbar" fühlten, „weil irgendetwas in ihrer Vergangenheit ist, das sie weg wünschen" (Karl Jaspers)[13]. Im Ergebnis wurde schließlich die politische Säuberung – abgehoben von ihrem gesellschaftlichen Bezug – auf eine Art durchgeführt, welche die Fragebogen in die „Unverbindlichkeit der Bewältigungsliteratur" (Günter Gaus) verwies. Der Wirtschafts- und Verwaltungsapparat blieb im wesentlichen unberührt. Ein amerikanischer *Bericht über die Entnazifizierungs-Auswirkung* vom September 1947 ergab, daß „der Anteil der aufgrund politischer Vorbelastung Entlassenen ... bei Behörden selbst in den höheren Beamtenrängen kaum über 0,5 Prozent und im Durchschnitt bei 0,24 Prozent lag". An den Privatbetrieben ging die Entnazifizierung noch folgenloser vorbei: Der Anteil der Entlassenen war hier mit 0,32 Prozent bei den Eigentümern am höchsten und pendelte sich – nach der Einkommenshöhe gestaffelt – auf einen Durchschnitt von 0,04 Prozent ein. Konsequent bezeichnete der Bericht die wirtschaftlichen Entnazifizierungsfolgen als eine *quantité negligeable.* Er schloß mit der Erkenntnis, daß der „Entnazifizierungsprozeß den wirtschaftlichen Wiederaufstieg in der US-Zone nicht hinauszögert"[14].

Die Reorganisation der westdeutschen Wirtschaft setzte dann auch bald ein. Ungeachtet der *Potsdamer Beschlüsse*, daß „bei der Organisation des deutschen Wirtschaftslebens ... das Hauptgewicht auf die Entwicklung der Landwirtschaft" zu legen sei, begann der Aufbau der Industrie. Die Betriebsvermögen waren zwar vorerst beschlagnahmt; doch die westlichen Alliierten ermächtigten die Konzernleitungen, „auf ihrem Posten zu verbleiben und ihre Pflichten wie bisher zu erfüllen"[15]. Unternehmer, die im Nazi-Regime stark exponiert gewesen und deshalb wie Krupp, Flick oder Röchling vorübergehend in Haft waren, beauftragten Direktoren, die Firmeninteressen wahrzunehmen. Zügig schritt zudem die Neubildung der Unternehmerverbände voran. Im Januar 1946 entstand der „Arbeitgeberverband für die Eisen- und Metallindustrie des rheinisch-westfälischen Industriebezirks“, der sich noch im selben Jahr mit anderen Arbeitgeberverbänden zum „Arbeitgeber-Ausschuß Nordrhein-Westfalen“ vereinigte. Dieser wiederum stand in engem Kontakt zum Zentralamt für Wirtschaft (für die britische Zone), das im Mai 1947 im bizonalen Frankfurter Wirtschaftsrat aufging. Dieser Wirtschaftsrat stellte ein provisorisches – kein direkt gewähltes – Parlament dar; seine Mitglieder wurden von den einzelnen Landtagen nach dem jeweiligen parteipolitischen Kräfteverhältnis delegiert und waren ihren Landtagen keine Rechenschaft schuldig, es gab also auch keine demokratische Kontrolle des Rates. Unter Leitung Ludwig Erhards und unter der „obersten Regierungsgewalt“ der amerikanischen und englischen Alliierten wurden hier schon bald die wesentlichen wirtschaftspolitischen Entscheidungen für die Westzonen getroffen.

Bei diesen wirtschaftspolitischen – marktwirtschaftlichen – Entscheidungen unterstützten die westlichen Alliierten tragende Institutionen der deutschen Unternehmerschaft. Leitendes Ziel vor allem der amerikanischen Politik war es, die Wirtschaftsordnung der Westzonen so zu gestalten, daß sie sich in den zu restaurierenden Weltmarkt und in ein westliches Bündnissystem eingliedern ließ. Der amerikanische Militärgouverneur Clay begünstigte daher alle gesellschaftlichen Kräfte, die ein freies Unternehmertum stärkten, und behinderte alle Sozialisierungsbestrebungen. Fragen der Vergesellschaftung sollten einem zukünftigen deutschen Parlament vorbehalten bleiben. So wurde die Verabschiedung von Gesetzen verhindert, die – wie im hessischen Verfassungsentwurf – die Sozialisierung der Grundstoffindustrien und der Banken, der Energiewirtschaft und des Versicherungsgewerbes vorsahen. Diese „Präjudizierung durch Verbot aller Präjudizierung“ trugen auch die beiden anderen Westalliierten mit. Insgesamt war so 1945 und danach die privatwirtschaftliche Grundstruktur weder gestört noch verändert worden. Den erwähnten Vorentscheidungen folgend, rückte der Wiederaufbau des industriellen Produktionsapparates in den Vordergrund. Diesem Wiederaufbau kam zugute, daß, wie mit Golo Mann angedeutet, wichtige Industrieanlagen von der Bombardierung ausgespart worden waren und dadurch der Zerstörungsgrad der Industrie nur zwischen zehn und zwanzig Prozent lag. Günstig wirkte sich des weiteren aus, daß die Pläne zur Reduktion der deutschen Industriekapazität (eine Begrenzung auf nur 50–55 Prozent des Vorkriegsstandes) rechtzeitig revidiert wurden und eine qualifizierte Arbeiterschaft bereitstand, die durch den Flüchtlingsstrom noch wuchs. Der seit 1935 bestehende Lohnstopp wurde erst im Oktober 1948 aufgehoben. Schließlich bedurfte es nur noch einer kräftigen Kapitalzufuhr, um Wirtschaftswachstum in Gang zu bringen: amerikanische Kredite, teilweise im Rahmen des *Marshall-Plans* von 1947, die Währungsreform vom Juni 1948 und die unternehmerische Dynamik – all dies trug dazu bei, den Kapitalbedarf für den privatwirtschaftlichen Wiederaufbau[16] zu decken.

Der ökonomische Aufschwung begann im Juni 1948 mit der Währungsreform, durch die Westdeutschland – außenpolitisch – in das westliche Währungssystem eingegliedert wurde. Mit ihr war die wesentliche Voraussetzung für einen reibungslosen Ablauf des *Marshall-Plans* geschaffen. Innenpolitisch begünstigte die Neuordnung die Eigentümer von Sachwerten: von Grund und Boden, Häusern, Produktionsstätten und Lagern[17]. Dagegen wurden diejenigen ohne Sachbesitz benachteiligt, und zwar durch die Abwertung und Verknappung des Geldes ebenso wie durch die Lockerung der Bewirtschaftung und die Aufhebung des Preisstopps. Als sichtbarstes Ergebnis der Währungsreform füllten die von den Händlern bis dahin zurückgehaltenen Waren die Läden. Der Schwarzhandel in Ruinen und hinter Bretterzäunen, der „Schwarze Markt", wurde bedeutungslos, und von nun an stieg die Produktion in sämtlichen Bereichen stark an. Wenige Tage nach der Währungsreform, am 26. Juni 1948, meldete die *Süddeutsche Zeitung*: „Die neue Deutsche Mark wirkt Wunder. Sie öffnet die (gehorteten) Lager und füllt viele Schaufenster. Die neue Mark hat auch über Nacht das ‚Wachstum' sehr gefördert ... Die Berge von Salatstauden und Rettichen sind nur schwer abzusetzen ... Jetzt auf einmal gibt es Aktenmappen (15 bis 28,75 Mark), Bürsten, Druckknöpfe, Thermosflaschen, Schuhbänder, Wäscheknöpfe, Werkzeug, feuerfeste Milchtöpfe, Pfannen für Elektroherde, Taschenmesser, Nadeln aller Art, Gummibänder, ‚prima Bodenwachs', Lederhandschuhe, Krawatten – alles frei und in erheblichen Mengen. Plötzlich ist (nach vielen Jahren!) ‚Babywäsche eingetroffen!', man sieht Damenkleider und -stoffe, Hemden, Herrenanzüge (diese noch gegen Textilpunkte). Bürobedarfsgeschäfte kündigen Dutzende neuer Artikel an". – Das deutsche „Wirtschaftswunder" begann.

Die Unfähigkeit zu trauern

Die Konzentration nahezu aller Energien auf die wirtschaftliche Aufbausituation führte zu einem Arbeitseifer und Leistungsfanatismus, der das Vergangene verdrängte. Es bildete sich jene Arbeitsamkeit der Deutschen heraus, die in der Leistung der „Trümmerfrauen" ebenso Ausdruck fand wie in den gewaltigen kollektiven Anstrengungen des Wiederaufbaus – in eins mit einer intensiven Abwehr von Trauer- und Erinnerungsarbeit. Damit wurde im Zeichen des sogenannten Wirtschaftswunders die „Unfähigkeit zu trauern" (Alexander und Margarete Mitscherlich) Teil des deutschen Psychogramms. Statt einer Verarbeitung der nationalsozialistischen Vergangenheit zielte die libidinöse Energie auf die Wiederherstellung des Zerstörten, auf den Auf- und Ausbau des industriellen Potentials. Werktätigkeit und ihr Erfolg überdeckten hierbei das Bewußtsein der Schuld, sei es die der Handlung oder die der Duldung. Die Verarbeitung der Wirklichkeit drang somit nicht „bis in den Grund unserer Seele" durch, wie es Karl Jaspers in der *Neuen Zeitung* vom 4. November 1945 als notwendig erachtet hatte. Im Gegenteil: auch das Wissen um die Millionenverluste des Krieges und die Millionen getöteter Juden vermochte nichts daran zu ändern, daß die Deutschen es in ihrer großen Mehrheit ablehnten, sich an die NS-Zeit erinnern zu lassen. „Wenn man sie so reden hört, muß man glauben, daß der einzige Nazi in Deutschland Adolf Hitler gewesen sei", meinte Kurt Schumacher[18], Überlebender der Konzentrationslager.

Es waren nur wenige, die in der „Stunde Null" auf Besinnung hofften und die öffentliche Debatte darüber führen wollten, „was alles zum *Niemals wieder* gezählt werden müsse" (Günter Gaus)[19]. Den meisten fehlte das Sensorium dafür, daß sie sich zu bemühen hätten, die totalitäre Herrschaft und das Genozid des Nationalsozialismus in ihre Erfahrung einzubeziehen. Was geschehen war, sollte auch nicht den unbequemen Fragen anderer ausgesetzt werden. Waren die Fragen aber unausweichlich, so wurden immer wieder der „Führer" und seine Unterführer als für den Völkermord zuständig erklärt. Eine große Mehrheit der Deutschen verschanzte sich bei ihrer Abwehr von Schuld, Scham und Trauer hinter dem von Kurt Schumacher angesprochenen Hinweis: Der „Führer" war an allem schuld. Anderen – auch nicht wenigen – erschien die Nazi-Herrschaft wie ein „Naturereignis, das sich getrennt von Einzelschicksalen vorbereite und gleichsam über sie hinweggehe" (Alexander und Margarete Mitscherlich)[20]. Es waren all dies Mittel der Schuldleugnung, die sich nicht zuletzt jener Gehorsamsthese bedienten, deren Bewußtseinshintergrund Hannah Arendt mit einem Frage- und Antwortspiel in der Geschichte eines amerikanischen Korrespondenten aufzuhellen suchte:

„*Frage:* Habt Ihr Leute im Lager getötet? *Antwort:* Ja.

Frage: Habt Ihr sie mit Gas vergiftet? *Antwort:* Ja.

Frage: Habt Ihr sie lebendig begraben? *Antwort:* Das kam manchmal vor.

Frage: Wurden die Opfer aus ganz Europa aufgegriffen? *Antwort:* Das nehme ich an.

Frage: Haben Sie persönlich geholfen, Leute zu töten? *Antwort:* Durchaus nicht. Ich war nur Zahlmeister im Lager.

Frage: Was dachten Sie sich denn bei diesen Vorgängen? *Antwort:* Zuerst war es schlimm, aber wir gewöhnten uns daran.

Frage: Wissen Sie, daß die Russen Sie aufhängen werden? *Antwort* (In Tränen ausbrechend): Warum sollten sie das? *Was habe ich denn getan?*"

Hannah Arendt fährt fort: „Er hat in der Tat nichts getan – er hat nur Befehle ausgeführt. Und seit wann war es ein Verbrechen, Befehle auszuführen? Seit wann war es eine Tugend zu rebellieren? Seit wann konnte man nur ehrlich sein, wenn man in den sicheren Tod ging? Was also hat er getan?"[21]

Ohne Zweifel war das, was geschehen war, geschehen konnte, nicht nur das Ergebnis „mirakulöser Führerqualitäten", sondern ebenso eines „unglaublichen Gehorsams" (Mitscherlich). In beiderlei Hinsicht erklärten sich die Deutschen mit einem Regime einverstanden, das deutsche Ideale mit deutschem Selbstbewußtsein zu verbinden verstand. Ob es sich um die uniformierte Darstellung deutschen Selbstwertes handelte oder um Autoritätshierarchien, die das „Parteiengezänk" von Weimar ablösten – die Volksgenossen hatten die Chance, sich der Zuversicht des Führers „würdig" zu erweisen. Darüber hinaus wurde geträumt, einer Herrenrasse anzugehören, „die nicht an die Beschränkung des Gewissens gebunden war, wenn dies ihren ‚Idealen' im Wege stand"[22]. Und nun, nachdem der Traum zerronnen und das Idol, der Führer, gestürzt war, bestand die – durch Derealisation umgangene – Möglichkeit, daß dieser Sturz eine traumatische Entwertung des kollektiven Ich-Ideals auslöste. „Wenn jetzt", so haben Alexander und Margarete Mitscherlich dargelegt, „das vor-nazistische Gewissen wieder in Kraft trat – in seiner Macht repräsentiert durch die siegreichen Gegner –, so wurden neue Abwehrmechanismen benötigt, um nicht mit der Vergeltungsangst das Gefühl völligen Unwertes aufkommen zu lassen. Was soll eigentlich ein Kollektiv tun, das schutzlos der Einsicht preisgegeben ist, daß in seinem Namen sechs Millionen Menschen aus keinem anderen Grund als aus dem der eigenen aggressiven Bedürfnisse getötet wurden? Es bliebe ihm kaum ein anderer Weg als der einer weiteren Verleugnung seiner Motive oder der Rückzug in eine Depression“[23].

Den Weg des Rückzuges in eine Depression gingen die Deutschen nicht. Es kam statt dessen zu einer weiteren Verleugnung, zur Derealisation der nationalsozialistischen Vergangenheit – zur Abwehr von Schuld. „Die Unfähigkeit zur Trauer um den erlittenen Verlust des Führers“ ist Alexander und Margarete Mitscherlich zufolge „das Ergebnis einer intensiven Abwehr von Schuld, Scham und Angst; sie gelingt durch den Rückzug bisher starker libidinöser Besetzungen. Die Nazivergangenheit wird derealisiert, entwirklicht“[24]. Zudem hatte sich nicht eine „Objektlibido“ dem „Führer“ zugewandt, sondern eine „narzißtische Libido“; es konnte sich somit nicht um Trauerarbeit in bezug auf einen Menschen handeln, der um seiner eigenen Qualitäten wegen geliebt worden war: um Trauerarbeit, aus der das Individuum gereift, mit einer besseren Fähigkeit, die Wirklichkeit zu ertragen, hervorgeht. Beim narzißtisch geliebten Objekt verhält es sich anders: Mit seinem Verlust ist ein Verlust an Selbstwert verbunden, ein psychischer Energieverlust, der zu einer „großartigen Ich-Verarmung“ führen kann – Voraussetzung für eine Massen-Melancholie. Die Betonung liegt auf *kann*, denn das narzißtisch geliebte Objekt kann auch ziemlich spurlos verschwinden, wenn sein Verlust eben zu keiner starken Selbstentwertung führt und diese zu keiner melancholischen Reaktion. So war es im Nachkriegsdeutschland. Die Deutschen sind der kollektiven Melancholie dadurch entgangen, daß sie alle „affektiven Brücken“ zur Vergangenheit, aber eben auch alle Erinnerungen an sie abbrachen und dadurch eine Ich-Entwertung umgingen. „Hätten“, so haben Alexander und Margarete Mitscherlich argumentiert, „nicht die Abwehrmechanismen der Verleugnung, der Isolierung, der Verkehrung ins Gegenteil, des Aufmerksamkeits- und Affektenentzugs vor allem, also der Derealisation, der ganzen Periode des Dritten Reiches gegenüber eingesetzt, so wäre im Nachkriegsdeutschland der Zustand schwerer Melancholie für eine große Zahl von Menschen die unausweichliche Konsequenz gewesen, als Konsequenz ihrer narzißtischen Liebe zum Führer und der in ihrem Dienst gewissenlos verübten Verbrechen“[25].

Die zitierten Abwehrmechanismen haben mithin den Ausbruch der Melancholie verhindert; die Folgen dieser außergewöhnlichen psychischen Anstrengung des Selbstschutzes zeigten sich aber auch in jenem Phänomen, welches Alexander und Margarete Mitscherlich „psychischen Immobilismus“ nennen. Es bezeichnet die Unfähigkeit, in sozial fortschrittlicher Weise die gesellschaftlichen Probleme anzupacken, eine Unfähigkeit, über die im Verlauf der Betrachtung noch zu sprechen sein wird. Hier sei – verbunden mit einem Ausblick – nur die Genese des psychischen Immobilismus festgehalten. Er korrespondierte mit der hartnäckig betriebenen Abwehr von Erinnerungen, insbesondere der Sperrung gegen eine Gefühlsbeteiligung an den verleugneten Vorgängen nationalsozialistischer Vergangenheit. Diese Vergangenheit war nach den Mitscherlichs im Jahre 1967, in dem ihr Psychogramm *Die Unfähigkeit zu trauern* erschien, noch immer nicht „bewältigt“. Und Zeichen hierfür zeigten sich auch noch zehn Jahre später in einer Sammlung von Aufsätzen zum Thema *Was ich über Hitler gehört habe*; sie wurden damals (1976/77) von insgesamt 3042 Schülern zwischen zehn und dreiundzwanzig Jahren in 121 Klassen sämtlicher Schularten, verteilt über die ganze Bundesrepublik, geschrieben. Zum einen verdeutlichte sich verheerendes Unwissen: „Adolf Hitler ist am Ende des 18. Jahrhunderts geboren“ (Berufsschülerin Emma, 16 Jahre), „Er war Kommunist“ (Hauptschülerin Jutta, 13 Jahre) und „Konrad Adenauer war ein Freund von ihm“ (Realschülerin Beatrix, 13 Jahre). Zum anderen kamen vor allem ideologische Bewußtseinselemente der Eltern zum Tragen, die Hitler „nach wie vor“ die Beseitigung der Arbeitslosigkeit positiv zurechneten, sowie von den Eltern übernommene Abwehrmechanismen selektiver Derealisation. „Er ließ Autobahnen bauen, baute Fabriken und Ferienhäuser, Jugendherbergen usw.“ (Berufsschülerin Petra, 17 Jahre), „. . . solange er an der Macht war, war Ruhe in Deutschland. Es gab keinen Hunger, die Währung war in Ordnung" (Berufsschüler Uwe, 17 Jahre) und „Die Konzentrationslager gehen nicht auf sein Konto, denn die Engländer haben früher schon Gebrauch davon gemacht" (Berufsschüler Paul, 20 Jahre)[26].

Die Nachgeschichte des Dritten Reiches dauerte an.

2. Adenauers Kanzlerdemokratie

Die erste Bundestagswahl

Am 23. Mai 1949 trat das *Grundgesetz für die Bundesrepublik Deutschland* in Kraft – geprägt durch die Erfahrungen des Nationalsozialismus und der Republik von Weimar, einer „Demokratie mit einer demokratischen Minderheit" (Theodor Eschenburg), in der noch die Untertanenmentalität des preußischen Obrigkeitsstaates fortwirkte. Nun sollte endlich der Übergang zu einer auf freiheitlichen Grundsätzen beruhenden Staatsform gefunden werden. Nach der NS-Herrschaft und der unmittelbaren Nachkriegszeit standen die Deutschen zum ersten Mal seit siebzehn Jahren vor einer echten Wahl von mehr als lokaler Bedeutung: der Wahl zum 1. Deutschen Bundestag, die auf den 14. August 1949 festgelegt wurde. In den Monaten davor erteilte die Presse noch „Empfehlungen" für den hart geführten Wahlkampf. Deutschland dürfe bei diesem Wettbewerb der Parteien nicht seinen „schlimmsten Nationalfehler" begehen und den Unterschied zwischen Feind und Gegner verwischen. „Feindschaft ist persönlich und total, Gegnerschaft bleibt sachlich und auf Teilgebiete beschränkt. Man kann sehr wohl zugleich Freund und Gegner sein", schrieb *Die Zeit* am 2. Juni. Sie wandte sich damit vor allem an die beiden großen Parteien, die CDU/CSU und die SPD, für die es wichtig sei zu wissen, daß die letzte politische Entscheidung nicht in dem Sieg der einen oder anderen von ihnen liege. Es gehe vielmehr darum, ob überhaupt der Staat mit Parteien, aber ohne Volk, oder mit Parteien und mit Volk, oder womöglich ohne Parteien, aber mit dem Volke aufgebaut werden solle. „Unser augenblickliches Dasein gleicht der ersten Möglichkeit am stärksten, und deshalb besteht unsere Aufgabe darin, von einer Demokratie ohne Volk zu einer Demokratie mit Volk zu werden. Bis auf weiteres ist diese Aufgabe in die Hände der politischen Parteien gegeben. Sie werden sie nicht dadurch lösen, daß sie sie bereits für gelöst halten. In einem Staat, in dem das Volk das Parteiensystem rückhaltlos anerkennt, braucht jede einzelne Partei im Wahlkampf nur für sich selbst einzutreten. In unserem Staat dagegen muß sie wissen, daß sie nicht nur für sich selbst, sondern auch für das Parteiensystem als solches zu werben hat".

Es war dies eine berechtigte Mahnung. Nach den Erfahrungen in der Weimarer Republik und im Nazi-Regime konnte es nicht verwundern, daß sich bei weiten Bevölkerungsteilen neben einer allgemeinen politischen Lethargie ein Parteimißtrauen ausprägte, das sich nur allmählich abbauen ließ. Im Zuge dieser Entwicklung verstanden es aber die neu gegründeten Parteien und ihre Repräsentanten, vielen Westdeutschen konkrete Hoffnungen zu vermitteln. Das traf zunächst für den durch zehn Jahre Konzentrationslager gezeichneten Kurt Schumacher zu, den unumstrittenen Führer der Nachkriegssozialdemokratie, „dessen beispielhaftes und stellvertretendes Leben" in der Charakteristik Carlo Schmids es dem deutschen Volk erlaubte, „trotz allem Bösen von innen und außen noch und wieder Selbstgefühl zu haben"[1]. Schumacher erklärte Demokratie *und* Sozialismus zur Tagesaufgabe. Wie die Demokratie nicht ohne den Sozialismus – verstanden als sozialer Stabilisator der Demokratie – existieren könne, so sei der Sozialismus ohne Demokratie, ohne den Willen zu ihr, nicht denkbar. „Es gibt für uns Deutsche und für uns Europäer keinen Sozialismus ohne Demokratie", betonte Schumacher im Mai 1946 auf dem ersten Parteitag der SPD in Hannover[2]. Undemokratischer Sozialismus war für die Sozialdemokratie ein Widerspruch in sich selbst, unsozialistische Demokratie eine historisch bedingte Unmöglichkeit in Deutschland. Die *Leitsätze* vom Mai 1946 lassen darüber keinen Zweifel: „Wie der Sozialismus ohne Demokratie nicht möglich ist, so ist umgekehrt die Demokratie im Kapitalismus in steter Gefahr. Aufgrund der besonderen geschichtlichen Gegebenheiten und Eigenarten der geistigen Entwicklung in Deutschland braucht die deutsche Demokratie den Sozialismus"[3]. „Demokratischer Sozialismus" und „Wirtschaftsdemokratie" waren zugleich die Kennzeichen des Sozialstaatsmodells der SPD.

Die deutsche Sozialdemokratie hielt an diesem Kurs bis zu ihrem *Godesberger Programm* von 1959 weitgehend fest, während die CDU schon in den vierziger Jahren einen programmatischen Wandel vollzog. Hierbei führte der Weg vom Sozialismus aus christlicher Verantwortung und vom christlichen Sozialismus über das *Ahlener Programm* vom Februar 1947 bis zu den *Düsseldorfer Leitsätzen* vom Juli 1949. Das *Ahlener Programm* bildete den Höhe- und Endpunkt des christlichen Sozialismus – eines Christentums mit der weltlichen Drehachse des Sozialen. Höhepunkt war es, indem es noch einmal den sozialen Impetus vertrat, mit dem christliche Politiker – namentlich um Jakob Kaiser und die Berliner CDU – in den Jahren 1945/46 angetreten waren. Den Endpunkt stellte das Programm insofern dar, als der christliche Sozialismus, der auch für die Gesamtwirtschaft die „organische Gemeinschaft" anstrebte, fortan immer stärker zurückgedrängt wurde. Nun nahmen jene konservativen und liberalen Kräfte der Union überhand, die sich unter dem Einfluß des CDU-Vorsitzenden der britischen Besatzungszone Konrad Adenauer für die „soziale Marktwirtschaft" aussprachen. Diese fand ihren programmatischen Ausdruck in den *Düsseldorfer Leitsätzen*, die im Grunde die neoliberale Wirtschaftspolitik festschrieben, wie sie von Alfred Müller-Armack formuliert und von Ludwig Erhard, dem Direktor des Frankfurter Wirtschaftsrates, praktiziert wurde. Mit ihrer neuen antisozialistischen und antiplanwirtschaftlichen Politik zielte die Christlich Demokratische Union auf eine Wirtschaftsordnung, die ein Höchstmaß an Marktfreiheit und Unternehmerinitiative ermöglichte. Und das Soziale der „sozialen" Marktwirtschaft wurde weit mehr als zwangsläufige, indirekte Folge des wirtschaftlichen Aufstiegs betrachtet denn als unmittelbar anzustrebendes Ziel. Damit kam der „freien" Marktwirtschaft die Priorität zu. Christlich hieß nun: Freiheit der Person, auch und besonders in der Wirtschaft.

Freiheit der Person, soziale Marktwirtschaft und CDU – personifiziert durch Ludwig Erhard als „Wahllokomotive" – bildeten dann auch im Wahlkampf eine Aktionseinheit gegen die „sozialistische Planwirtschaft". Hinzu kam Adenauers Unterstellung, die Sozialdemokratie stehe noch auf dem Boden des Marxismus – vor allem in seiner spektakulären Wahlrede im Heidelberger Schloß, wo er abschließend die Sowjetunion als „Feind des Christentums" bezeichnete und mit den Worten endete: „Wird Deutschland christlich oder wird es sozialistisch regiert werden? Wenn es sozialistisch regiert werden wird, dann seien wir uns klar darüber, daß der Sozialismus keinen Damm gegen den Kommunismus bildet"[4]. Die Worte wirkten in einem Klima, das, zumal durch die vorangegangene sowjetische Berlin-Blockade und deren Auswertung in den westdeutschen Medien, von einem emotionalen Antikommunismus gekennzeichnet war. Hierbei machte sich negativ für die SPD bemerkbar, daß große Teile der Wählerschaft, belastet mit ihren eigenen Problemen, kaum zwischen kommunistisch-stalinistischer und sozialdemokratischer Politik zu unterscheiden vermochten[5]. Das Ergebnis der Wahl brachte schließlich der SPD – entgegen ihrer optimistischeren Erwartung – nur 29,2 Prozent der Stimmen, während auf die Unionsparteien 31 Prozent entfielen, bei einer relativ hohen Wahlbeteiligung von 78,5 Prozent. Aus dem Wahlergebnis zeichnete sich kaum eine andere Möglichkeit ab als ein bürgerliches Kabinett oder eine Große Koalition. Unionsparteien und Sozialdemokratie wollten jedoch kein gemeinsames Regierungsbündnis. Adenauer wertete die Wahl als einen Beweis dafür, daß die Mehrheit des Volkes die Sozialisierung und die SPD ablehne. Und der SPD-Vorstand unterstrich in einem Kommuniqué die Gefahr der vom „Bürgerblock" zu erwartenden „Besitzverteilung auf Kosten der breiten Massen des Volkes"[6].

Entgegen der noch von führenden Sozialdemokraten gehegten Hoffnung, die SPD könne den Kanzler stellen, wurde am 15. September 1949 Konrad Adenauer, der damals schon dreiundsiebzigjährige CDU-Vorsitzende und vormalige Präsident des Parlamentarischen Rates, zum Bundeskanzler gewählt. Er erhielt eine Stimme mehr als Kurt Schumacher; in seinen *Erinnerungen* hat er keinen Hehl daraus gemacht, daß dies seine eigene Stimme gewesen war. Adenauer bildete eine Regierung aus Vertretern der CDU/CSU, FDP und DP. Die Regierungserklärung und die anschließende Debatte darüber brachten Variationen der bereits vor und im Wahlkampf in Partitur gesetzten Themen. In dem hier interessierenden innenpolitischen Teil stellte die Regierungserklärung erneut die Prinzipien der sozialen Marktwirtschaft heraus und bezeichnete die „Linderung der Not" und den Wiederaufbau der Wirtschaft als die „vornehmste, ja einzige Grundlage für jede Sozialpolitik"[7]. Daran schloß sich eine lange Aufzählung von Aufgaben, denen die Regierung sich widmen werde. Außer der Regelung der Vertriebenenfrage enthielt dieser Katalog keine gesellschaftspolitischen Vorhaben im Sinne der vertagten Forderungen des *Ahlener Programms.* Von einer Neuordnung des Verhältnisses von Kapital und Arbeit war nicht die Rede. In der folgenden Debatte bemängelte Kurt Schumacher, daß die Erklärung der Bundesregierung nicht nur durch das interessant sei, was sie angesprochen habe, sondern „fast noch interessanter durch das, was sie nicht genannt hat"[8]. Er kritisierte insbesondere, daß eine eingehende Erörterung der Probleme der Arbeiter, der Gewerkschaften und einiger sozial schwacher Gruppen gefehlt habe – ein Einwand, der sich bis 1966 wie ein roter Faden durch die SPD-Kritik an den Regierungserklärungen zog.

Zur Kanzlerdemokratie

Konrad Adenauer als der erste deutsche Bundeskanzler konnte in der geschichtlichen Situation des staatlichen Neubeginns eine Entwicklung einleiten, bei der im einzelnen schwer festzustellen ist, ob er mehr von den Konstellationen bestimmt wurde oder ob nicht umgekehrt er selbst Wesentliches dazu beigetragen hat, der jungen Demokratie ihre verfassungspolitischen Konturen zu verleihen. Zweifellos durchdrangen beide „Faktoren“ einander; aber in diesem Zusammenhang kommt dem Titel Bedeutung zu, den Arnulf Baring für seine Untersuchung zur Entstehung der bundesrepublikanischen Kanzlerdemokratie wählte: „Im Anfang war Adenauer“. Mit Adenauers Amtszeit begann die Geschichte der Kanzlerdemokratie. Die verfassungsrechtlichen Grundlagen hierfür waren mit dem Grundgesetz geschaffen, und die Kanzlerdemokratie wurde von einem wirtschaftlichen Wiederaufstieg getragen, der den allermeisten so gewaltig erschien, daß sie die Bezeichnung „Wirtschaftswunder“ wählten, obwohl die Ökonomen – jedenfalls im nachhinein – nichts Wunderliches daran finden können. Aber auch eine Ära Adenauer konnte es sicherlich nur geben, weil eine starke Persönlichkeit auf eine nicht nur demokratisch schwache Situation traf und weil diese Persönlichkeit respektiert wurde von einer noch weitgehend obrigkeitlich orientierten Mehrheit der Westdeutschen.

Der vor allem publizistisch wirkungsvolle Begriff „Kanzlerdemokratie“, der auch im wissenschaftlichen Bereich andere Charakterisierungen der Bonner Demokratie – wie Parteien- oder Verbändedemokratie – zeitweilig überlagerte, kann zunächst auf die Entscheidung des Grundgesetzes zurückgeführt werden. Ziel des Parlamentarischen Rates war es, die für die Weimarer Republik kennzeichnende Präsidialgewalt zu verringern und die Stellung des Regierungschefs, des Bundeskanzlers, zu stärken. Im Grundgesetz schlug sich dieser Verfassungskonsens zunächst in Art. 65 Abs. 1 nieder, wonach der Bundeskanzler „die Richtlinien der Politik“ bestimmt und „dafür die Verantwortung“ trägt. Der Kanzler bestellt und entläßt über den Bundespräsidenten nach eigenem Ermessen die Minister und legt die Zahl der Ministerien und die Abgrenzung ihrer Geschäftsbereiche fest; er befindet sich so in einer besonders starken Position. Allein dem Bundestag verantwortlich, von diesem nur durch ein „konstruktives Mißtrauensvotum“ abzulösen, verfügt der Bundeskanzler über die Macht, seine Vorstellungen im Kabinett durchzusetzen. Dieses Kanzlerprimat kommt besonders in der *Geschäftsordnung der Bundesregierung* zum Ausdruck, die während Adenauers Amtszeit entstand und dem Bundeskanzler „das Recht und die Pflicht" zuschreibt, „auf die Durchführung" der für die Bundesminister „verbindlichen" Richtlinien zu achten.

Bei dem Begriff „Richtlinien", die zu bestimmen der Bundeskanzler befugt ist, läßt sich mithin davon ausgehen, „daß Richtlinienkompetenz eben Führungsbefugnis bedeutet" (Thomas Ellwein)[9] und in allen Zweifelsfällen der Kanzler in der Lage sein muß, seine Zielbestimmungen durchzusetzen. Zwar leiten die Bundesminister ihren Geschäftsbereich selbständig und unter eigener Verantwortung; zwar entscheidet die kollegiale Bundesregierung über Meinungsverschiedenheiten zwischen den Ministern. Doch die „eigene Verantwortung" der Bundesminister besteht nur „innerhalb" der vom Kanzler bestimmten Richtlinien der Politik; und dadurch, daß der Bundeskanzler selbst definiert, was jeweils als politische Richtlinie gilt, ist auch das kollegiale Prinzip der Zuständigkeit des Kabinetts bei Meinungsverschiedenheiten der Bundesminister begrenzt. Kurz, die Stellung des Kanzlers ist durch Grundgesetz und Geschäftsordnung hoch angesiedelt. Er kann den Ministern im Rahmen seiner Richtlinien- und Organisationskompetenz allgemeine Weisungen erteilen, Einzelmaßnahmen an bestimmte Grundsätze binden und auf deren Einhaltung hinwirken. Als politisch entscheidend erweist sich hierbei das während Adenauers Amtszeit errichtete Bundeskanzleramt. Und schließlich unterstehen dem Kanzler das Presse- und Informationsamt und der Bundesnachrichtendienst – ein bedeutsames Informationsprimat.

Adenauers Regierungsstil und Politik

Bundeskanzler Adenauer wollte regieren, und er wollte sich beim Regieren nicht stören lassen. Vom Grundgesetz ermächtigt, die Richtlinien der Politik zu bestimmen, deutete der Kanzler diese Vollmacht extensiv. Sein Einsatz war erfolgreich, eine Reihe von Einzelfaktoren ermöglichte ihm den erstrebten Spielraum: Da war zunächst das „Gewicht des ungewöhnlich hohen Alters, das die Brücke nicht nur zur Weimarer Republik, sondern bis zur Wilhelminischen Epoche schlug" (Karl Dietrich Bracher)[10], eines Alters, das Prestige verschafft und Vorzüge einbringt, die Macht bedeuten. Allein dieses Alter half einer Vaterfigur wie Adenauer in einer „vaterlosen Gesellschaft" (Alexander Mitscherlich), Regierungsstil und Politik in der Öffentlichkeit zu rechtfertigen und durchzusetzen. „Die Deutschen kamen zu Adenauer wie der verlorene Sohn nach wüsten Abenteuern zurück zum Vater: abgebrannt und erschöpft", schrieb Rudolf Augstein[11] – typisch für die „scharfe Brille" und die *Spiegel*-Sprache, mit der Augstein und sein „deutsches Nachrichtenmagazin" die Protagonisten der deutschen Politik betrachteten und skizzierten. Eng mit dem Faktor Alter hing die lange Erfahrung als Kölner Oberbürgermeister in den Jahren 1917 bis 1933 zusammen, die Adenauer die „Steuerung durch Kunstgriffe" (Theodor Eschenburg) gelehrt und die in ihm einen patriarchalischen Stil ausgeprägt hatten. Dieser Stil des einstigen Kommunalpolitikers bestimmte nun Adenauers Auffassung von der Kanzlerdemokratie. Der „Patriarch" Adenauer – ein Wort, das ihn wohl am treffendsten kennzeichnet – herrschte mit „wenigen, klaren Grundgedanken, an denen er stark und starr festhielt". Sie verbürgten jene „charakteristische Sicherheit", mit der er die politischen Möglichkeiten seiner Kanzlerschaft ergriff und, so Karl Dietrich Bracher, „oft genug rücksichtslos und ohne Skrupel nutzte, weil er den intellektuellen Zweifel kaum kannte"[12].

Der Patriarch Adenauer war bekannt für seine oft als autoritär kritisierte „Politik der einsamen Entschlüsse", die auf unverrückbare Überzeugungen sowie auf die Diskussion mit einer ausgesuchten „Kamarilla" von Gesprächspartnern zurückging, während das Kabinett beim Entscheidungsprozeß zumeist ausgespart blieb. Diese Entschlüsse beruhten auf einer „Mischung von Selbstsicherheit und Bedenkenlosigkeit" (Hans-Peter Schwarz). Ohne sich dessen bewußt zu sein, praktizierte Adenauer die Ratschläge, die Charles de Gaulle

1932 dem „Mann von Charakter“ in seinem Buch *Le Fil d'Epée* gegeben hat: „Die Lust, aus sich selbst heraus zu handeln, ist freilich mit einiger Schroffheit im Auftreten verbunden. Der Mann von Charakter verkörpert in seiner Person die zur Leistung erforderliche Härte. Die Untergebenen spüren das und stöhnen oft darunter. Im übrigen ist ein solcher Vorgesetzter zurückhaltend, denn Autorität ist nicht ohne Prestige möglich und Prestige nicht ohne Abstand“.

Die autoritären Neigungen, die sich in dieser Weise zeigten, sind Adenauer nicht von seinen Gegnern angedichtet worden; sie beherrschten seinen Charakter. Sein autoritärer Umgang mit den Institutionen des Grundgesetzes, deren er sich oft trickreich bediente, läßt sich wohl kaum leugnen[13]. Vor allem ist ihm das, was „Demokratie“ über Mehrheitsentscheidungen und Gewaltenteilung hinaus meint, fast fremd geblieben. Und schon die Gewaltenteilung empfand er, wie die Kontrolle durch das Bundesverfassungsgericht, zuweilen als hinderlich für das Geschäft des Regierens. Merkmale partizipatorischer Demokratie ließen sich kaum erkennen; und abweichende Meinungen hat Adenauer selten toleriert, am wenigsten von seiten der Opposition, aber auch nicht in seinem Kabinett. Wer seine Politik – das von ihm als richtig Erkannte – kritisierte, war „ein Dummkopf“ (Bad Reichenhall 1951), er betrieb den „Untergang Deutschlands“ (Bundestags-Wahlkampf 1957) oder er war ein bezahlter Verräter (*Spiegel*-Affäre 1962). „Autorität“ während Adenauers quasi-plebiszitärer Kanzlerschaft meinte die Autorität, eine außenpolitisch oder wahltaktisch als richtig befundene Entscheidung zu verwirklichen. Irgendeine andere Autorität bestand jenseits von Deklaration und Deklamation nicht – mit Ausnahme der Autorität der westlichen Alliierten, an denen er seine Außenpolitik am Anfang orientieren mußte und auch später orientierte. Manche, wie Kurt Schumacher, haben ihn deshalb als den „Bundeskanzler der Alliierten“ bezeichnet. Die Bezeichnung erscheint verfehlt. Zwar zog Adenauer es immer vor, auf die alliierte Politik einzugehen, statt Verstimmungen in Kauf zu nehmen, aber ein „Befehlsempfänger der Alliierten“ war er, wie ihm Carlo Schmid in seinen *Erinnerungen* bescheinigt, im Grunde nicht[14]. Adenauer war nicht „Bundeskanzler der Alliierten“, er war der Bundeskanzler der Westdeutschen, deren unpolitische Eigenschaften er richtig eingeschätzt, sicher bestärkt und vielleicht manipuliert hat.

Konrad Adenauer, der Alte, war – so konnten diese Westdeutschen lesen – füchsisch schlau. Zu dieser Eigenschaft, die Machiavelli seinem *Principe* empfahl, kam der entsprechende pragmatische Umgang mit der Politik, unter der er wie der Kanzleisekretär von Florenz die Summe der Mittel verstand, die nötig ist, um zur Macht zu kommen und sich an der Macht zu halten und von der Macht nützlichen Gebrauch zu machen. Dieser Machtwille Adenauers prägte seine selbstherrliche Amtsführung entsprechend seinem „fast preußisch“ zu nennenden Amtsgedanken (Bruno Heck) – seine eigenwillige Amtsgestaltung, die nicht nur dem Kabinett eine bescheidene Rolle zuwies, sondern auch dem Parlament. Den Deutschen Bundestag versuchte Adenauer in den für ihn wesentlichen Fragen weithin zu überspielen. Aus der Weimarer Erfahrung instabiler Regierungen, denen die Mitglieder des Parlamentarischen Rates im Grundgesetz zu entgehen suchten, schien manchen eine Entmachtung des Parlaments, vor allem die Schwäche seiner Kontrollfunktion gefolgt zu sein. Es ist recht bescheiden ausgedrückt, wenn Carlo Schmid schreibt: „Unter Demokratie hat Konrad Adenauer wohl immer die Praxis verstanden, die in den großen rheinischen Städten im Verhältnis von Bürgermeister und Stadtverordnetenversammlung üblich war: er ist klug genug zu wissen, daß die politische Welt heute ohne Parlamente nicht vorstellbar ist; aber er hat es sich immer zugetraut, und nicht selten mit Erfolg, die entscheidenden Dinge am Parlament vorbeizutun, ohne allerdings die formale Gesetzlichkeit zu verletzen“[15].

Der patriarchalische und autoritäre Stil, den Adenauer der Kanzlerdemokratie verlieh, zeigte sich außer in seinem Umgang mit dem Parlament und dem Kabinett insbesondere in seiner Haltung zur Partei, deren Vorsitzender er war. Die Christlich Demokratische Union nutzte er primär als Mittel zum Zweck für seine Kanzlerschaft, also vor allem als ein „Instrument zur Mobilisierung von Unterstützung für die Regierung" (Hans-Peter Schwarz)[16]. Am wichtigsten erschien daher ihre Aufgabe als Wahlorganisation. Und hierbei war Adenauers Vorstellung der des großen Soziologen Max Weber durchaus ähnlich: Parteien, so schreibt Weber in seinem Werk *Wirtschaft und Gesellschaft*, „sollen heißen auf (formal) freier Werbung beruhende Vergesellschaftungen mit dem Zweck, ihren Leitern innerhalb eines Verbandes Macht und ihren aktiven Teilnehmern dadurch (ideelle oder materielle) Chancen (der Durchsetzung von sachlichen Zielen oder der Erlangung von persönlichen Vorteilen oder beides) zuzuwenden"[17]. Gemäß dieser pragmatischen Begriffsbestimmung Webers, des verfassungspolitischen Verfechters einer plebiszitären Führerdemokratie, betonte Adenauer, der quasi-plebiszitäre Bundeskanzler, den Herrschafts- und Machtaspekt in bezug auf die Partei als Wahlorganisation. „Die Partei war für ihn die Basis", berichtet Bruno Heck, Wahlkampfmanager der Bundestagswahl von 1957 und langjähriger Mitarbeiter Adenauers. „Die Partei war für ihn die Plattform für die Macht, und um Bundeskanzler der Bundesrepublik Deutschland werden zu können und zu bleiben, brauchte er diese Machtbasis, und er hat diese Machtbasis sehr gepflegt. Aber er war nie der Meinung, daß etwa auf Parteitagen beschlossen werden könnte, was die Regierung zu tun habe". Innerparteiliche Willensbildung oder gar innerorganisatorische Demokratie gab es kaum: „Auf den Parteitagen unter dem Vorsitz Konrad Adenauers wurde eigentlich wenig diskutiert. Für ihn waren Parteitage Veranstaltungen, in denen sich die Partei der Öffentlichkeit präsentiert und ihre wesentlichen Aussagen macht und gleichzeitig dokumentiert, daß sie in völliger Geschlossenheit hinter diesen wesentlichen Zielen der Partei steht"[18].

Der derart auch partei-autoritäre Bundeskanzler Adenauer hat damit nicht nur zu der noch immer vorherrschenden, irrigen Meinung beigetragen, Parteien seien stark, wenn sie Geschlossenheit zeigten, schwach hingegen, wenn auf Parteitagen kontrovers diskutiert werde. Er hat durch seine Partei-Handhabung auch die parlamentarische Demokratie als parteienstaatlich-repräsentative Demokratie etappenweise entkräftet und analog hierzu – um einige Sachvorstellungen von Adenauers Politik mit einzubeziehen – auf innenpolitische Inhalte der neu etablierten Demokratie in weiten Bereichen verzichtet. Die Innenpolitik stand vielmehr im Schatten der von Adenauer gepflegten Außenpolitik. Außenpolitisch war es die volle Westorientierung gegen Neutralismus und Wiedervereinigungsexperimente, die Adenauer verfolgte; das Westbündnis und die Fortschritte in der Europapolitik wie in der Souveränitätsfrage konnte der Kanzler für sich verbuchen. Er erkannte, daß die Westdeutschen in ihrer Mehrheit keine gesamtdeutschen Experimente wollten, und zog daraus unbeirrbar seine Entschlüsse. In der Sicherheit seiner Erkenntnis, mit der er diesen außenpolitischen Weg ging, lag in der Tat „Adenauers respektheischende Stärke" (Günter Gaus)[19]. Dagegen stand alles, was auf Innenpolitik und Demokratie abzielte – wie übrigens auch bei de Gaulle –, hinter diesem Primat der Außenpolitik zurück. So ist das Urteil Gilbert Zieburas zu verstehen, das er über Adenauer und de Gaulle fällte: „Beide vertreten eine modernisierte Form der aufgeklärten Monarchie" – gestützt „auf Allerweltsparteien, die CDU und die Gaullistische Bewegung, die die gesellschaftlichen Konflikte eher verhüllen als auszutragen bereit sind ..." In dieses Bild passe ihr Glaube an das Primat der Außenpolitik, der die demokratischen Inhalte verdränge, da „er die innere Gestaltung vermeintlichen äußeren Zwängen unterordnet"[20]. Das Urteil ist wie die damit verbundene Auffassung sicherlich überspitzt. Für die Bundesrepublik war vor allem in den ersten Jahren eine behutsame Außenpolitik die Voraussetzung ihrer Innenpolitik. Davon einmal abgesehen, diente aber auch das Primat der Außenpolitik sowohl der auf Restauration bedachten Sozial- und Wirtschaftspolitik (einer von den USA intendierten Weltmarktpolitik) wie der eigenen Machtposition Adenauers. Der Bundeskanzler, der 1951 bis 1955 selbst das Auswärtige Amt übernahm, wie es in der Weimarer Zeit schon Stresemann und Brüning getan hatten, stellte sich hierbei in die Tradition der deutschen Geschichte.

Unter dem Primat der Außenpolitik setzte der starke Kanzler und Außenminister Adenauer innenpolitisch auf die Wirkkraft der sozialen Marktwirtschaft, die, wie erwähnt, von den Westdeutschen als „Wunder" empfunden wurde und die ihrem Materialismus im Bereich der politischen Kultur entgegenkam. Hier erwies sich des Kanzlers Taktik gegenüber den Interessenverbänden als besonders bedeutsam. Während die Gewerkschaften seit den Auseinandersetzungen um das Betriebsverfassungsgesetz (1952) immer wieder Niederlagen hinnehmen mußten, obsiegte zumeist die Unternehmerseite. Ihr gereichte Adenauers Praxis zum Vorteil, die durch unmittelbare Kontakte zu den Großbanken und dem BDI gekennzeichnet war. Ein kleiner Kreis leitender Industrieller und Bankiers bildete das „Küchenkabinett" des Bundeskanzlers: eine Instanz der Einflußnahme, durch die Adenauer wiederum seine Minister – namentlich Erhard –, aber auch Parteien und Parlament vielfach umging. „Wer etwas auf sich hält", so beschreibt der CDU-Abgeordnete August Dresbach die damalige Situation, „geht schon nicht mehr zum Ressortminister, geschweige denn zum Parlamentsausschuß ... Er geht zum Immediatvortrag beim Kanzler"[21]. Solche Befriedigung der Interessentenwünsche erwies sich als ein weiteres Instrument zur Wiederherstellung der alten Wirtschafts- und Sozialordnung. Eine große Sozialreform aus dem Geiste des Christentums hatten einige Parteifreunde anfangs von Adenauer erwartet; sie wurden enttäuscht. Die Sozialpolitik während seiner Regierungszeit erschöpfte sich hauptsächlich in den unumgänglichen Maßnahmen zur Überwindung der Kriegslasten und der Milderung der durch Krieg und Nachkriegszeit verursachten Härten. Darüber hinaus geschah nur wenig. Adenauer blieb einer methodischen Sozialpolitik abgeneigt, nicht zuletzt weil er befürchtete oder dies vorgab, jede strukturelle Änderung der Eigentumsverhältnisse werde die Bundesrepublik nach „links" – in Richtung Kommunismus – bringen.

Der Antikommunismus, der damit angesprochen ist, charakterisierte im Zeichen des Kalten Krieges und der Identifikation der Westdeutschen mit den westlichen Alliierten und späteren Verbündeten das ideologische Etikett der Ära Adenauer. Er wurde wieder gesellschaftsfähig: An das „Gefühl, aus moralischer und sittlicher Überlegenheit in unauslöschlicher, natürlicher Feindschaft zum Kommunismus, zum Bolschewismus und seiner Brutstätte, der unmenschlichen Sowjetunion, existieren zu müssen" (Günter Gaus)[22], konnte der Kanzler anknüpfen. Den Deutschen war eine solche Haltung vom Nationalsozialismus her vertraut. Adenauer profitierte so bei seiner aus politischem Kalkül getroffenen Wendung gegen den Kommunismus von dem, was sich im Nazi-Regime, aber auch in den unmittelbaren Nachkriegsjahren an antikommunistischen Haß- und Angstkomplexen angestaut hatte. In seiner ersten Amtsperiode wies er in schroffer Schwarz-Weiß-Malerei immer wieder darauf hin, daß es dem Christen obliege, den Damm gegen den heidnischen sowjetischen Nationalismus mit zu errichten, der getragen werde „vom Kommunismus, der die Herrschaft der Welt erstrebt"[23]. Mit diesem kommunistischen Feindbild stellte Adenauer auf die erstrebte Europäische Verteidigungsgemeinschaft ebenso ab wie später auf die NATO, und dies durchgehend in Konfrontation zur deutschen Sozialdemokratie. „Wer Europa verneint, liefert die Völker Westeuropas, insbesondere unser deutsches Volk, der Knechtschaft durch den Bolschewismus aus", erklärte er in der Bundestagsdebatte über die Westverträge vom 3. Dezember 1952. Deutschland stehe vor der „Wahl zwischen Sklaverei und Freiheit"[24]. Und wie sehr Adenauer und seine Partei damit zugleich gegen die sozialdemokratische Opposition antraten, zeigte der Wahlkampf 1957, in dem Adenauer – ähnlich wie 1953 – unterstellte, es gehe darum, ob Deutschland christlich bleibe oder kommunistisch werde, die SPD betreibe den Untergang Deutschlands.

Konrad Adenauer verkörperte zweifellos für viele der Westdeutschen den unbeirrt – stolz und zäh – seines Weges gehenden starken Kanzler. Die für die CDU/CSU so erfolgreichen Wahlen von 1953 und 1957 erwiesen deutlich, daß Adenauer die Mehrheit der westdeutschen Bevölkerung hinter sich wissen durfte. Diese Mehrheit wählte konservativ, „so entschieden konservativ, wie dies in der modernen deutschen Geschichte nicht eben häufig geschehen ist", so Friedrich Sieburg zum Ausgang der Wahl von 1957 in der *FAZ* vom 20. September. Neben dem mobilisierten Antikommunismus und der auf das Bedürfnis nach Sicherheit, Ruhe und Ordnung zielenden Parole „Keine Experimente!" wirkte das Wahlplakat mit dem Slogan „Wohlstand für alle" und dem Kopf Ludwig Erhards, dem Symbol für das „Wirtschaftswunder". Der Wähler hat, wie Sieburg schrieb, „nicht gefiebert, er wurde nicht hin- und hergerissen, ihm wurde es nicht schwer gemacht, zwischen der Festigung des Erreichten und der Ungewißheit neuer politischer und wirtschaftlicher Wege zu entscheiden ... Die Bevölkerung wünschte das zu bewahren, was ihr – nicht zuletzt dank ihres Fleißes – in den bisherigen Jahren der Ära Adenauer zugewachsen ist, mag vieles davon auch materieller Natur sein und eine Lebensform ausmachen, die den Gedanken des Fortschritts nicht mehr auf dem politischen, sondern auf dem sozialen und technischen Gebiet verwirklicht sehen möchte".

In der Tat, der Materialismus der Westdeutschen nahm zu. Die Kanzlerdemokratie Adenauers, an der die meisten so lange nichts zu beanstanden hatten, wie sie damit beschäftigt waren, Wohlstand zu gewinnen und zu mehren, wurde jedesmal wieder durch die Wahl bestätigt. Aber diese demokratische Staatsform stand für ein Gemeinwesen, dessen Bürger sich vorwiegend unpolitisch mit dem wirtschaftlichen Erfolgssystem und der auf Wahlgeschenken beruhenden „Gefälligkeitsdemokratie" identifizierten. Es verband sich damit kein Demokratieverständnis im partizipatorischen Sinne. Kennzeichnend war vielmehr, daß Demokratie und Parlamentarismus nicht als positive Zielsetzungen *auf*genommen, sondern vielmehr als Gegebenheiten *hin*genommen wurden, wie der Schweizer Journalist F.R. Allemann in seinem „Brief aus Westdeutschland“ unter dem vieldiskutierten Titel *Bonn ist nicht Weimar* 1955 schrieb. „Demokratie und Parlamentarismus“, so Allemann, „mögen da und dort umstritten, sie mögen von manchen Seiten her gefährdet sein; *umkämpft* sind sie nicht“. Das bedeute keineswegs, daß der neue Staat im Bewußtsein der Bevölkerung schon unverbrüchlich verankert sei. „Es gibt viele Deutsche, die allem, was das Wort ‚Bonn‘ bezeichnet, kritisch, zweifelnd, ohne sonderlichen Respekt und ganz bestimmt ohne echte Zuneigung gegenüberstehen“. Doch wenn man auch den Staat nicht liebe und ihn vielleicht nicht einmal achte, so akzeptiere man ihn doch: „ganz ohne Pathos gewiß, nüchtern-rechnerisch, vielleicht sogar als ein notwendiges Übel – aber man akzeptiert ihn“[25].

Die Bonner Demokratie wurde zweifelsohne akzeptiert, aber das Verhältnis der Westdeutschen zur Politik blieb distanziert, und ihr Demokratieverständnis glich, wie angedeutet, dem von Wirtschaftsbürgern, deren Zufriedenheit mit dem ökonomischen System die Zustimmung zum politischen nach sich zog. Der gleichzeitige Beginn des „Wirtschaftswunders“ und der neuen Demokratie zeigte für die meisten einen tiefempfundenen Zusammenhang von wirtschaftlicher Prosperität und demokratischer Staatsform[26]. Derart war eine „unpolitisch-pragmatische Haltung“ auf der Grundlage eines „neuen, wirtschaftlich begründeten Selbstverständnisses“ (Peter Reichel)[27] charakteristisch für die auffällig konservativ gesinnte Bevölkerungsmehrheit. Es verdeutlichte sich jenes Phänomen, das Alexander und Margarete Mitscherlich „psychischen Immobilismus“ nennen: die Unfähigkeit, sich in sozial fortschrittlicher Weise mit den gesamtgesellschaftlichen Problemen der jungen Republik zu befassen. Dieser Immobilismus zeichnete den Mitscherlichs zufolge dafür verantwortlich, daß sich die Mehrheit der Westdeutschen in ihrer demokratischen Gesellschaft mit kaum mehr als mit ihrer Wirtschaft identifizierten. Ohne Zweifel war die Wiederherstellung des Wirtschaftssystems das primäre Anliegen; „die Errichtung eines demokratischen Staatsgebäudes hingegen begann mit dem Oktroi der Sieger"; und – so Alexander und Margarete Mitscherlich – „wir wissen ... nicht, welche Staatsform wir selbst spontan nach dem Kollaps der Naziherrschaft gewählt hätten ... Es ist nicht so, daß man den demokratischen Staatsgedanken ablehnt wie weitgehend während der Weimarer Republik. Man kann aber auch wenig mit ihm anfangen, weil man ihn, psychologisch gesprochen, nicht libidinös zu besetzen versteht"[28]. Kurz, die Bonner Demokratie wurde als wirtschaftlich erfolgreich akzeptiert; und während Adenauers und Erhards Leistungen das materialistische Anliegen der Westdeutschen zufriedenstellten, nahmen diese die patriarchalischen und autoritären Formen der Machtausübung des ersten Bundeskanzlers hin.

Konrad Adenauer hat sicherlich nicht, wie Willy Brandt ihm im amerikanischen Fernsehen einmal nachrühmte, „sehr viel dazu beigetragen, die junge Demokratie in Deutschland zu stabilisieren". Dafür lassen sich neben den bereits genannten Aspekten seines Regierungsstils exemplarisch sein Umgang mit dem Kabinett und mit der Opposition sowie seine Einstellung gegenüber der nationalsozialistischen Vergangenheit von Beamten anführen:

Der erste Kanzler der Bundesrepublik konnte seinem Kabinett gegenüber nicht nur patriarchisch-streng sein. Adenauers Strenge wandelte sich oft in quasi-monarchische Unnahbarkeit und mißtrauische Kälte. Fern von jedem Kollegialprinzip waren ihm jene Minister die liebsten, die ihre vornehmste Aufgabe darin sahen, des Kanzlers Absichten in ihren Ressorts treulich zu verwirklichen. Selten hat er sich über die Verdienste eines Kabinettsmitgliedes geäußert. Dagegen ist die Reihe derer lang, die der Kanzler sich und seiner Politik verpflichtete, die er aber nachher ohne weiteres verabschiedete oder immer wieder degradierte. So hat er Eugen Gerstenmaier mehrfach coram publico zurechtgewiesen und schließlich Ludwig Erhard wiederholt in aller Öffentlichkeit gedemütigt. Insbesondere seine Abneigung gegen eine Nachfolge Erhards als Bundeskanzler hat Adenauer überdeutlich betont; und am Ende seiner Kanzlerschaft zeigte sich in dieser Kanzler-Frage der personalpolitische Engpaß, in den die Christlich Demokratische Union durch Adenauer geraten war. Zu Beginn des Jahres 1963 brachte die Presse beständig Meldungen über den „Erbfolgekrieg", der – wie die *Süddeutsche Zeitung* am 4. März schrieb – die CDU durchziehe: „In seinem erbittert geführten Nervenkrieg gegen einen Bundeskanzler Ludwig Erhard hat Konrad Adenauer wieder einmal die Oberhand behalten". Die Wähler erfuhren so von demokratischer Willensbildung und demokratischem Stil nur wenig.

Ein kaum demokratischer Umgangsstil zeigte sich den Westdeutschen auch bei vielen Auseinandersetzungen Adenauers mit der sozialdemokratischen Opposition. Nicht sein bewußter Konfrontationskurs den Sozialdemokraten gegenüber steht hierbei zur Debatte. Im Bundestag und in Wahlversammlungen hat der Kanzler die Opposition stets aufs schärfste attackiert – bis hin zur üblen Nachrede und zu peinlichen Entgleisungen. Daß er im Wahlkampf 1961 seinen „Herausforderer" Willy Brandt als „Herrn Brandt alias Frahm" verspottete und damit neben Brandts unehelicher Geburt vor allem auf seine Emigration während der NS-Zeit anspielte, werteten zahlreiche Wähler „als Verrat an der nationalen Statur des Berliner Bürgermeisters, als niederste Parteipolitik"[29]. Es gab aber auch viele – und an sie richtete sich Adenauer –, die das vortrefflich gezielte, unfaire Argument von der „Emigration als Makel" bereitwillig aufnahmen. Auch hierzu haben Alexander und Margarete Mitscherlich jene öffentliche Meinung treffend wiedergegeben, die Kanzler und Christlich Demokratische Union anzusprechen suchten und die sich vielleicht in dem abwehrenden Gedanken über Brandt niederschlug: „Er sollte schon 1933 mehr gesehen, richtiger entschieden haben als wir alle?" Falls ein solcher Gedanke überhaupt zugelassen worden sei, habe er „Neid auf die größere Schuldlosigkeit" geweckt und bewiesen, „daß es . . . zum

Zwang der Diktatur eine Alternative gegeben hat. Sie wird sofort abgewertet. Emigration war Feigheit ...“[30]

Die noch immer andauernde Nachgeschichte der nationalsozialistischen Zeit veranschaulichte sich auch in Adenauers Entschluß, den Kommentator der antisemitischen Nürnberger Rassengesetze, Hans Globke, zum Staatssekretär im Bundeskanzleramt zu bestellen. Dieser Entschluß war nicht ein „schlichtes Beispiel“ (FAZ) für Adenauers Bereitschaft, sich – obwohl selbst Verfolgter des NS-Regimes – konservativer Kräfte in Verwaltung und Militär zu bedienen, die auch im Nationalsozialismus eine führende Funktion innehatten; er zeugte nicht nur, wie Alexander und Margarete Mitscherlich vermerken, für eine „auffällig linkische Art in der Entscheidung von Takt- und Geschmacksfragen“[31]; durch solche Entschlüsse wurden den Westdeutschen vor allem Ansätze zu einer moralischen Erneuerung erschwert – und das zu einer Zeit, in der antisemitische Schmierereien an der Kölner Synagoge am Weihnachtsabend des Jahres 1959 mit der daran anschließenden „Kettenreaktion“ als symptomatisch für die damalige Renazifizierung und den Rechtsradikalismus gelten konnten. Adenauer, in dessen letztem Kabinett sich drei Staatssekretäre befanden, die in der Nazi-Bürokratie als Staatsbeamte gegen Völker- und Menschenrechte tätig geworden waren, nahm für sein Festhalten an Globke immer wieder heftige Kritik und Proteste hin. Über ein Jahrzehnt lang habe man – so stellvertretend die Kritik von Günter Grass – „der Bevölkerung in der Bundesrepublik und also auch der heranwachsenden Nachkriegsgeneration“ den einstigen NS-Kommentator als Staatssekretär zugemutet. „Dem angeblichen politischen Genie Konrad Adenauer wurde von den sich christlich nennenden Parteien freie Hand gegeben: Das Verbrechen von Auschwitz verlängerte sich bis in unsere Tage, es wurden ihm Amt und Würden zuteil“[32].

Einem demokratischen Klima war die erwähnte Entscheidung ebenso abträglich wie der zuvor genannte Umgangsstil mit der Opposition und mit dem eigenen Kabinett. Aber auch darüber hinaus hat Konrad Adenauer – bei all seinen Verdiensten für die Etablierung der jungen Bundesrepublik – wenig für die Bewußtseinsbildung der Westdeutschen in Richtung partizipatorischer Demokratie getan. Sein patriarchalischer und autoritärer Regierungsstil prägte zunächst die Bonner Demokratie. War diese „patriarchalische Demokratie", wie Alfred Grosser schrieb, „die für die Bundesrepublik glücklichste Lösung?" Die „glücklichste" Lösung sicherlich nicht. Doch es läßt sich die Frage erheben, ob nicht nach Hitler und auch ohne Hitler nur ein autoritärer Regent wie Adenauer die Deutschen, die seit Bismarck dem Führerkult anhingen, mit der – wenngleich nur formal verstandenen – neuen demokratischen Staatsordnung versöhnen konnte. In manchen der damaligen Kommentare wurde diese Meinung vertreten. Vieles sprach für eine solche Argumentation, sie konnte bestechen, aber sie überzeugt nicht. Thilo Koch stellte einmal die Frage: „Wäre es ‚Die Ära Kurt Schumacher' geworden, wenn Konrad Adenauer 1949 nicht vom Bundestag mit einer Stimme Mehrheit ... zum Bundeskanzler gewählt worden wäre?" Und er antwortete: „Sicherlich nicht. Adenauer paßte so besonders gut ins alte deutsche Passe-partout vom ‚Vaterbild'. Er war der strenge und doch verzeihende, der unbelastete und doch nicht rachsüchtige Patriarch, dem die schwarzen und weißen Schafe im deutschen Volk, gleichermaßen furchtsam und treu, nachlaufen konnten. Schumacher war profilierter. Ein Mann des aktiven Widerstandes gegen Hitler, ein Mann mit mehr Nationalismus aber auch gegenüber den Siegern. Schumacher kam außerdem aus einer alten demokratischen Partei. Er hätte nicht so leicht eine Kanzlerdemokratie, einen demokratischen Führerstaat aus dem Grundgesetz herauslesen dürfen"[33]. Es sprach sicher vieles dafür, daß der Führer der Opposition andere Wege eingeschlagen hätte als Adenauer. Aber hier handelt es sich um eine hypothetische Frage. Geschichte wurde die Kanzlerdemokratie, wie Adenauer sie prägte.

3. Parteiendemokratie
Von Erhard zur Großen Koalition

Erhard als Volkskanzler

Im selben Jahr, in dem Karl Jaspers die bange Frage stellte: „Wohin treibt die Bundesrepublik?" und in seinem gleichnamigen Buch von 1966 die Auffassung vertrat, sie sei zu einer Parteienoligarchie entartet, deren Macht bei einer Großen Koalition absolut werde, stürzte der „Volkskanzler" Ludwig Erhard. Der die Idee über die Macht stellende Kanzler zielte auf den Vertrauenskontakt zum Volk und unterschätzte den Führungskontakt zur Partei – zur eigentlichen Hausmacht. „Mit seiner Wahl ... hat er [der Bundeskanzler] sich über alle Parteiungen hinweg als Sachwalter des ganzen deutschen Volkes zu fühlen und aus dieser Verantwortung heraus zu handeln", so Erhard in seiner Regierungserklärung vom 18. Oktober 1963.[1] Er erstrebte eine „Politik der Mitte und der Verständigung"; und als Sachwalter über alle Parteiungen hinweg, als der er sich redlich fühlte, sah Erhard den Adressaten seines „Vertrauens in die Vernunft" konsequent im Volk, das in seiner Mehrheit Politik und Parteien ebensowenig „liebte" wie offensichtlich ihr Kanzler. Hierin lag vielleicht das Geheimnis der „unio mystica" (Klaus Hildebrand) zwischen Erhard und den Westdeutschen. Doch diesem Hang zum Unpolitischen stand mittlerweile innen- wie außenpolitisch „ein höherer Bedarf an Politik" entgegen.[2] Das Volkskanzlertum war vor allem mit den Regeln der parlamentarischen Parteiendemokratie – der von Jaspers apostrophierten Parteienoligarchie – nur schwer vereinbar. Das Manko Erhards lag denn auch nicht zuletzt darin, daß er kein Verhältnis zur Parteiendemokratie fand, zu der sich die Kanzlerdemokratie entwickelte.

Ludwig Erhard, der „glorifizierte Herold des Wirtschaftswunders" (Karl Dietrich Bracher), der sich allzusehr auf den verblassenden Ruhm als Bundeswirtschaftsminister verließ, war machtpolitisch weder dieser Parteiendemokratie noch – was Adenauer mißtrauisch ahnte – dem Kanzleramt so recht gewachsen. Er vermochte „die Chance nicht zu nutzen, die ... der Abstieg Adenauers, die Erschütterung seiner außergewöhnlichen Autoritätsstellung ihm und der parlamentarischen Demokratie zu einer Normalisierung des Kanzlerregimes bot".[3] Während er in der Ära Adenauer als ein in die Politik verschlagener Wissenschaftler sein Wirtschaftsressort erfolgreich leitete, mangelte es ihm nun an zureichendem Machtwillen, das Kanzleramt nicht nur ideell, sondern auch verwaltungstechnisch und parteistrategisch auszufüllen. Die Kabinettssitzungen wurden von einem Instrument des Kanzlerprimats in eine Institution des Kollegialprinzips umgewandelt, in der nach Erhards Ansicht mit überparteiischer Gesinnung und schwerelosem Idealismus über das Gemeinwohl räsoniert werden sollte. Verhältnismäßig verschwommen war des Kanzlers Vorstellung von den Richtlinien der Politik. Adenauer brauchte während seiner gesamten Amtszeit die Richtlinienkompetenz nicht zu erwähnen. Erhard wiederholte beständig, daß er „die Richtlinien der Politik ohne Wenn und Aber" bestimme.[4] Um sein Wort einzulösen, hätte er klare Richtlinien erlassen und sie auch durchsetzen müssen. Aber weder tat er dies, noch gelang es ihm, die verschiedenen einander befehdenden Machtzentren innerhalb seiner Partei zu koordinieren. Erschwerend wirkte sich zweifellos für den Kanzler aus, daß Adenauer als „Nebenkanzler" Erhards nach wie vor seine eigene Politik verfolgte – in manchem unterstützt vom CSU-Vorsitzenden Strauß, einem weiteren Nebenkanzler. Viele Kabalen aus den Reihen der „Parteifreunde" trafen Erhard in zunehmendem Maße. Und wenn er als Wirtschaftsminister in zurückhaltender Weise Stärke bewiesen hatte, wenn andere vorandrängen wollten, so offenbarte sich bei ihm als Bundeskanzler tatenlose Schwäche, wenn ihn Spitzenpolitiker der Unionsparteien attackierten. Zudem mußte er beständig mit der Herausforderung durch die Alternative der von Strauß und Wehner, aber auch vom Bundespräsidenten Lübke befürworteten Großen Koalition leben, und zwar während seiner gesamten Regierungszeit.

Die derart mitbedingte Führungsschwäche Erhards, die zu einem Dauerthema der Bonner Politik wurde, ließ sich auch gesellschaftspolitisch nicht vertuschen durch des Kanzlers Ordnungsentwurf, den er auf dem „Düsseldorfer Parteitag" vom März 1965 umriß und mit der Formel von der „formierten Gesellschaft" bezeichnete. Ursprünglich von ihm und dem Publizisten Rüdiger Altmann kreiert, um sich im Wahlkampf 1965 gegenüber der „linken" Sozialdemokratie abzugrenzen,[5] wurde die Idee fortan zur Grundlage von Erhards Regierungsprogramm – für die „liberale Ära", die er anstrebte. Diese programmatische Idee der formierten Gesellschaft sollte die als bedrohlich empfundene „Herrschaft der Funktionäre und Verbände" (Erhard) zurückdrängen, die der Kanzler bereits in seiner ersten Regierungserklärung angesprochen hatte. Dem Egoismus der Funktionäre wurde nun die Einsichtsfähigkeit des Volkes gegenübergestellt. Doch die Wohlstandsgesellschaft der Westdeutschen ließ nicht, wie erhofft, eine „Zunahme an individueller Vernunft, an gesellschaftlicher Rationalität und an höherentwickelter Moral" erkennen; vielmehr begann ein „unartikuliertes Unbehagen" um sich zu greifen, „das sich gegen den notwendigen Preis des erworbenen Wohlstands richtete und demgegenüber immer häufiger nach Genuß ohne Anstrengung, ohne Opfer und ohne Reue verlangte" (Klaus Hildebrand).[6] Nicht zuletzt wegen dieses Sachverhalts und der auflebenden sozialökonomischen Gegensätze mußte der Entwurf der formierten Gesellschaft, wie er im nachfolgenden Zitat zum Ausdruck kommt, eine gesellschaftspolitische Vision bleiben. „Die moderne Demokratie", so Erhard auf dem „Düsseldorfer Parteitag", „ist auf die Mitarbeit aller ihrer Gruppen angewiesen". Die Gesellschaft der Bundesrepublik stelle „keine Gesellschaft von kämpfenden Gruppen mehr" dar. Sie sei im Begriff, Form zu gewinnen, das heißt, sich zu formieren. Eine solche „formierte Gesellschaft" bedeute, daß sie „nicht mehr aus Klassen und Gruppen besteht, die einander ausschließende Ziele durchsetzen wollen, sondern daß sie ... auf dem Zusammenwirken aller Gruppen und Interessen beruht. Diese Gesellschaft, deren Ansätze im System der Sozialen Marktwirtschaft bereits erkennbar sind, formiert sich ... aus eigener Kraft, aus eigenem Willen, aus der Erkenntnis und dem wachsenden Bewußtsein der gegenseitigen Abhängigkeit“.[7]

Entgegen Erhards programmatischer Idee der sozialen Marktwirtschaft, die sich als publikumswirksam erwiesen hatte, blieb die Formel von der formierten Gesellschaft verschwommen und unrealistisch. Die westdeutsche Bevölkerung bejahte ihre Gesellschaftsform, solange das „Wirtschaftswunder“ währte, und Ludwig Erhard als dessen Repräsentant verkörperte für ihre Mehrheit ebensolange den Volkskanzler. Über die Zeit hinweg, in welcher der ökonomische Aufschwung anhielt, wurden auch die „Maßhalte-Appelle“ des einstigen Wirtschaftsministers und des nunmehrigen Bundeskanzlers kaum wahrgenommen. „Wir sind wieder wer“ – auf diese Erhard zugeschriebene Formel ließ sich das Bewußtsein der Westdeutschen am ehesten bringen. Zu verdanken war dies einem Volkskanzler, dem zudem viele jene Eigenschaften zumaßen, die Hermann Schreiber in seinem *Spiegel*-Report vom Oktober 1965 als die des „guten Menschen von Tegernsee“ bezeichnete: „Erhards Image ist unpolitisch, aber es ist stark gefühlsecht“. Den mit Erhard assoziierten Verwandtschaftsgraden komme jedenfalls „die Dominanz von Gemütsqualitäten“ zu. Am ehesten verkörpere er ein Mutter-Image: „Die Landesmutter Erhard – politisch mag das eine Karikatur sein, menschlich hingegen hat dies Bildnis Vorzüge. Das Gefühls-Engagement ist nämlich, so versichern die Motivforscher, in den Beziehungen der Wähler zu Erhard nicht nur einseitig wirksam, sondern: Man fühlt gleichsam eine – womöglich auf Dankbarkeit basierende – Verantwortung für das Wohlergehen Erhards ..., der ‚Mutter‘ darf ungestraft niemand etwas tun“.

Dieses Gefühls-Engagement ebbte indes bereits bald nach

Erhards Wahlerfolg vom September 1965 ab, als die Westdeutschen erste Hinweise auf die wirtschaftliche Rezession wahrnehmen konnten. „Vom einfachen Mann bis hinauf zu den teilweise idolisierten Kapitänen der Industrie befiel auf einmal Angst vor der ökonomischen Flaute und ihren sozialen sowie politischen Folgen die pausbäckigen, zufriedenen und stolzen ‚Wirtschaftswunder'-Kinder", schreibt Klaus Hildebrand.[8] Es veranschaulichte sich nun, wie wenig es dem Volkskanzler Erhard gelungen war, „Vertrauen in die Vernunft" zu finden, wie brüchig die eingangs erwähnte „unio mystica" zwischen ihm und den Bürgern blieb. Erhard verkörperte für sie – um einen Begriff von Rudolf Wildenmann aufzugreifen – die Symbolfigur für *output.* Eine Periode steigender Einkommenserwartungen ermöglichte nicht nur den Wahlerfolg in Baden-Württemberg von 1964, sondern vor allem auch den bei der Bundestagswahl von 1965. Wie stark das hohe Wahlergebnis vom September 1965 vom erwarteten wirtschaftlichen *output* abhing, zeigte sich bereits wenige Monate darauf. Die ökonomisch schwierige Lage im Ruhrgebiet ließ schon im März 1966, drei Monate vor der für Erhard bedeutsamen Landtagswahl in Nordrhein-Westfalen, ein Wahlergebnis von 49 Prozent zugunsten der Sozialdemokraten erwarten. „Was Erhard 1965 zum Erfolg gereicht hatte, war im Sommer 1966 der Anfang seines Endes".[9]

Es zeigte sich erneut die für die Westdeutschen charakteristische Verbindung von wirtschaftlichem Wohlstand und demokratischer Staatsform. Wer auf eine Verinnerlichung demokratischer Normen hoffte und eine Demokratie, verstanden als Lebensform, anstrebte, sah sich enttäuscht. Während Erhards gesamter Kanzlerschaft war – beispielhaft für den immer wieder zu beobachtenden Sachverhalt – der Einfluß der Erwartungen an den wirtschaftlichen *output* des politischen Systems auf das Wahlverhalten nicht zu übersehen. Darüber hinaus trug der Volkskanzler auch allgemein wenig zum demokratischen – partizipatorischen – Bewußtsein der Bevölkerung bei. Selbstgefällig stellte er seine „wahrlich stolze Erfolgsbilanz" heraus und verurteilte die Kritik daran als „volks-

und weltfremd".[10] Er selbst habe stets „die Pflichten treu und redlich erfüllt",[11] dagegen sei die Tätigkeit der Opposition „entartet". Er verbuchte für sich „sehr viel, einmal natürlich ein gereiftes Wissen um die Zusammenhänge, zweitens den Mut zur Verantwortung und drittens ganz klare Vorstellungen in bezug auf das gesellschaftliche Leben"; dagegen neige die Opposition zum „intellektuellen Schwindel".[12] Der politische Stil, den Erhard anstrebte, „Gerechtigkeit zu üben gegen jedermann", wurde so nicht selten zur „grotesken Selbstgerechtigkeit des Kanzlers" (Gert Schäfer).

Des Kanzlers politischer Stil trug auch in der Wahlauseinandersetzung von 1965 nicht gerade zum demokratischen Bewußtsein der Wähler bei. Sicherlich, der Wahlkampf verlief zunächst recht fair; aber bereits im Sommer 1965 kam es zu einer heftigen Kontroverse zwischen Erhard und dem Schriftsteller Rolf Hochhuth, der mit Günter Grass und anderen für die SPD in den Wahlkampf eingriff. Der „Stellvertreter"-Autor kritisierte in seinem – durch einen *Spiegel*-Vorabdruck weit verbreiteten – Beitrag zum Taschenbuch *Plädoyer für eine neue Regierung* die bundesrepublikanische Wirtschafts- und Sozialordnung, was den „Vater" des „Wirtschaftswunders" zu seinem „Pinscher"-Schimpfwort bewog. Dichter, die sich als Sozialpolitiker und -kritiker betätigten, so bemerkte Erhard vor dem Düsseldorfer Wirtschaftstag der Unionsparteien im Juli 1965, könnten, weil „sachunkundig", nur als „Banausen und Nichtskönner" angesprochen werden. Er bezeichnete Hochhuths Urteil als „dummes Zeug". Dichter sprächen von Dingen, „von denen sie keine Ahnung haben. Sie begeben sich auf die Ebene eines kleinen Parteipolitikers und wollen dann in dieser Rolle auch noch als Dichter ernst genommen werden".[13] Da hörte für Erhard der Dichter auf, da fing der „ganz kleine Pinscher" an. Die pejorative Wortwahl, mit der Erhard einen ihm unbehaglichen Menschen belegte, wurde schließlich noch ergänzt durch den Hinweis auf „einen gewissen Intellektualismus, der in Idiotie umschlägt", sowie auf die „Entartungserscheinungen" in der modernen Kunst.[14]

Das Wahlkampfklima, das schon mit dieser Verunglimpfung den Westdeutschen kaum den Eindruck eines demokratischen Stils vermittelte, sollte sich noch erheblich verschlechtern. Zum geringeren geschah dies durch die Kampagne von *Stern* und *Spiegel* gegen Franz Josef Strauß, der im Zeichen des Auschwitz-Prozesses und der Verjährungsdebatte über NS-Verbrechen einen „Schlußstrich" unter die Vergangenheit zu ziehen wünschte und den Wählern empfahl, endlich wieder „ohne Komplexe" zu handeln. Wesentlich gravierender als die hierauf folgende harte, aber sachlich berechtigte Presse-Kritik am CSU-Vorsitzenden war die erneute Attacke gegen den Kanzlerkandidaten Willy Brandt – den „Emigranten". Diesmal zogen zudem über dem nördlichen Ruhrgebiet zwei Flugzeuge Transparente mit den Aufschriften hinter sich her: „Wo war Brandt 1944" – „In Sicherheit!" Es war schlechthin eine Entgleisung des verantwortlichen CDU-Kreisverbandes Wattenscheid – auch wenn diese Luft-Wahlwerbung nach entschiedener Intervention des sozialdemokratischen Parteivorstandes bald eingestellt wurde. Das Argument „Emigration als Makel" zog damals breite Kreise, auch bei jüngeren Bevölkerungsschichten. Günter Grass schrieb in seiner Besprechung von Brandts Buch *Draußen* im *Spiegel*: „Als Willy Brandt 1933 als Neunzehnjähriger emigrieren mußte, war der Rezensent des Buches ‚Draußen' fünf Jahre alt. Als vor Jahresfrist, während der Wahlveranstaltungen zur Bundestagswahl, Neunzehnjährige keine Bedenken hatten, den Kanzlerkandidaten der SPD mit Verleumdungen zu behängen, ... versuchte ich, die Zwischenrufer nachdenklich zu stimmen: ‚Was wäre uns erspart worden, wenn alle Neunzehn- bis Sechsundzwanzigjährigen im Jahre 1933 den politischen Scharfblick und die moralische Verantwortlichkeit eines Willy Brandt bewiesen hätten?'"[15]

Die im Wahlkampf als „Makel" herausgestellte Emigration Brandts veranschaulicht, in welch hohem Maße die nationalsozialistische Vergangenheit von den Westdeutschen noch immer eine Derealisation erfuhr. Emigration wurde wie bei der Bundestagswahl 1957 als Feigheit abgewertet und zugleich dem Abwehrmechanismus der kollektiven Verleugnung überantwortet. Erhards Wort vom „Ende der Nachkriegszeit“[16] aus seiner Regierungserklärung vom 10. November 1965 fand in diesem Kontext willige Aufnahme bei weiten Bevölkerungsteilen, zumal „zu allem Überfluß“ Fritz Fischers Werk *Griff nach der Weltmacht* eine heftige Diskussion über die deutsche Schuld am Ersten Weltkrieg entfacht hatte. Die Schuld für den Zweiten und für den Ersten Weltkrieg tragen zu sollen, schien zahlreichen Westdeutschen allzu reichlich bemessen. Franz Josef Strauß erfaßte ihre Stimmung, als er sich dagegen verwahrte, die Schuld am Zweiten Weltkrieg „abermals auf den Ersten Weltkrieg und auf frühere Ereignisse“ zurückzuprojizieren. Für den CSU-Vorsitzenden war denn auch die Nachkriegszeit erst zu Ende, „wenn wir wieder ein gerechtes Urteil der Welt über das deutsche Volk erlangt haben“;[17] und die Mehrheit der bundesrepublikanischen Bevölkerung teilte diese Auffassung – in eins mit dem Verlangen nach einem „Schlußstrich unter die Vergangenheit“ (Strauß). Nur boten hierzu – wenn überhaupt jemals – gerade die damaligen Ereignisse kaum einen Ansatzpunkt. Der Bundestag debattierte, wie erwähnt, über die Verjährung von NS-Verbrechen, und die im Jahre 1964 gegründete Nationaldemokratische Partei Deutschlands (NPD) errang im November 1966 bei den Landtagswahlen in Hessen und in Bayern fast acht Prozent der Stimmen. Zusammen mit der sich abzeichnenden wirtschaftlichen Rezession schwächte dieser Erfolg der neofaschistischen NPD die grenzenlose Stabilitätsgläubigkeit der Bonner Demokratie.

Diese Rezession schlug sich nieder: in manchen Branchen mit sektoralen Schwierigkeiten, in einer bis dahin unbekannten, steigenden Arbeitslosigkeit, in härteren Verteilungskämpfen und insbesondere in der relativ hohen Deckungslücke des Bundeshaushalts, die zum Bruch mit dem FDP-Koalitionspartner und schließlich zum Kanzlerwechsel führte. Es waren also wirtschafts- und finanzpolitische Schwierigkeiten, die zusammen mit den Spannungen in der Koalition, der Führungsschwäche des Kanzlers, den Kabalen in der Christlich Demokratischen Union und einem wirtschaftlichen Unbehagen der westdeutschen Bürger das Ende der Kanzlerschaft Ludwig Erhards nach sich zogen. Das Ansehen des Volkskanzlers, der sich allzusehr auf den Appell an das vernünftige Volk und auf das Schlagwort vom notwendigen „Maßhalten" in der beginnenden Rezessionsperiode verließ, sank vom Mai bis zum Oktober 1966 ständig. Während Erhard mit seiner „unpolitischen Einstellung zum Politischen" sich in seinem „laissez-faire-Glauben" (Karl Dietrich Bracher)[18] enttäuscht sah, wurden die Diadochenkämpfe zwischen den Spitzenpolitikern der Unionsparteien (vor allem Strauß, Schröder und Barzel) immer stärker. Hinzu kam die erwähnte Landtagswahl in Nordrhein-Westfalen vom Juli 1966, die einen Erdrutsch zugunsten der SPD und im Dezember dann den verspäteten Regierungswechsel auf Bundesebene brachte. Ludwig Erhard hatte die Landtagswahl zur Testwahl seiner Popularität erklärt, und nach Meinung vor allem der CSU war die Bundestagswahl vom Vorjahr erst gewonnen, wenn sie durch das Ergebnis in Nordrhein-Westfalen bestätigt worden sei. In diesem Sinne hatte Strauß 1965 über die Bundestagswahl geurteilt: „Diese Wahlen sind auf Wechsel gewonnen, die noch präsentiert werden müssen".[19] Erhards Nimbus als „Wahllokomotive" war geschwunden; sein eigenes Lager führte nun des Kanzlers Sturz herbei. Am 10. November 1966 wählte die CDU/CSU-Bundestagsfraktion den Nachfolger: Kurt Georg Kiesinger. In der Nacht zum 1. Dezember fiel in der SPD-Fraktion die Entscheidung für die Große Koalition.

Parteien- und Konsumenten-Demokratie

Nachdem die Große Koalition Wirklichkeit geworden war, erinnerten sich manche der Westdeutschen an Karl Jaspers' mahnenden Hinweis, der zur Parteienoligarchie entarteten Bundesrepublik drohe bei einem solchen Bündnis die Gefahr, schließlich in eine Diktatur einzumünden. „Ein Weg über den autoritären Staat zur Diktatur", so schrieb Jaspers 1966, „führt über eine Allparteien-Regierung und auch schon über die ‚Große Koalition'. Sie würde die Macht der Parteienoligarchie absolut machen. Opposition in wirksamer Form würde es nicht mehr geben und erst recht keine Gefahr des Umsturzes dieser Herrschaft, die sich in maximaler Geheimhaltung ihres wirklichen Tuns und des faktischen Geschehens ohne Kontrolle in Formen der Legalität durchsetzen würde. Alle Kämpfe spielen sich intern ab, bleiben Staatsgeheimnis, sind im wesentlichen persönlicher Eifersucht entsprungen und mit Mitteln der Intrigen durchgefochten".[20] Belegt wurde dieser visionäre Entwicklungsverlauf mit dem Strukturwandel der Bundesrepublik: von der parlamentarischen Demokratie zur Parteienoligarchie – und von der Parteienoligarchie zur Diktatur. Diese charakterisierte nach Jaspers die Tendenz; die Parteienoligarchie kennzeichnete für ihn bereits die Realität: erkennbar in der Organisation der Parteien, der Situation der Parlamentarier, der Funktion des Parlaments und im Einfluß der Interessenverbände.

Damit wurde von Karl Jaspers zunächst die Entwicklung der Parteien zu Volksparteien angesprochen, mit der – parallel zum wachsenden Parteiapparat – eine Stärkung der Parteispitze und eine Entwertung des einzelnen Parteimitgliedes einherging. Die CDU konzipierte dieses Modell schon sehr früh, die Sozialdemokratie entwickelte sich zur Volkspartei auf dem Weg über Godesberg, und selbst die FDP war immer wieder bestrebt, sich als Dritte der allgemeinen Tendenz anzupassen. Vom Standpunkt alternativer Politik aus schwand mit zunehmendem Konformitätsgrad die politische Alternative. Für viele Politologen, wie für Ekkehart Krippendorff, bedeutete die innen- wie außenpolitische Annäherung der Parteien das Ende einer parteipolitischen Opposition in der Bundesrepublik. In dem als Zwei-Parteien-System wirkenden Drei-Parteien-System verlor die Minderheitspartei die Möglichkeit, ihr „Programm" zu verwirklichen. „Die einzige reale Konsequenz daraus", so meinte Krippendorff 1962, „kann nur sein, möglichst schnell auf eine minderheitliche Regierungsbeteiligung in Form einer ‚Großen Koalition' zu drängen, ehe der Mehrheitspartei die Unerschütterlichkeit ihrer eigenen Position voll zum Bewußtsein gekommen ist, solange die Opposition für sie also noch eine vermeintliche Gefahr darstellt, die sie sich durch Ministersessel abkaufen lassen kann".[21] Krippendorffs These stand noch unter der Perspektive einer sich wandelnden Sozialdemokratie in der Ära Adenauer. Mittlerweile war eine noch stärkere Programm-Übereinstimmung bei den beiden großen Parteien zu verzeichnen. Vielen Wählern mußte es bereits schwerfallen, die Sozialdemokratie von der Christlich Demokratischen Union zu unterscheiden. Bei nicht wenigen entstand der Eindruck, die SPD sei „die beste CDU, die es jemals gab". Es traf alsbald zu, was Rolf Zundel in der *Zeit* vom 25. Oktober 1968 vermerkte: „Die beiden Regierungsparteien haben nicht nur eine sehr ähnliche Ausgangsposition, auch ihr Image gleicht sich verblüffend; schließlich wollen sich beide in der Mitte des politischen Spektrums breitmachen – dort, wo die Mehrzahl der Wähler vermutet wird".

Eine solche weitgehende Übereinstimmung, die von der Sozialdemokratie gegen heftige Kritik breiter Schichten ihrer Mitglieder durchgesetzt wurde, förderte mit der Gewichtsverlagerung auf den Parteivorstand die von Jaspers beklagten oligarchischen Tendenzen ebenso wie die Einwirkung der Interessenverbände auf die Parteien und deren Einfluß auf die Parlamentarier. Im Zuge der Entwicklung zur Parteiendemokratie waren (und sind) die Parteien zu Adressaten der Interessengruppen geworden. Sie wurden (und werden) nicht nur ihrer Aufgabe, an der politischen Willensbildung mitzuwirken, durch die Tragweite demoskopischer Umfragen teilweise *ent*fremdet, für sie bestand (und besteht) auch die Gefahr, von den konträren Verbandsinteressen *über*fremdet zu werden. Nicht von ungefähr forderte bereits 1957 eine vom Bundesinnenministerium eingesetzte Parteienrechtskommission die Parteien auf, angesichts des „wachsenden Einflusses der Interessengruppen" eine wichtige Aufgabe darin zu sehen: „im Kampfe der widerstreitenden Interessen unter den Verbänden eine ausgleichende, integrierende Funktion gegenüber dem drohenden Zerfall in ein pluralistisches Gegeneinander der Kräfte" wahrzunehmen.[22] Und was – im Zusammenhang mit der innerparteilichen Willensbildung von oben nach unten – den erwähnten Einfluß der Parteien auf die Parlamentarier anbelangt, so zeigte (und zeigt) sich der von dem Staatsrechtler Gerhard Leibholz untersuchte Wandel des Parlaments: des Deutschen Bundestages. Dieser sei zu einer Stätte geworden, „an der sich gebundene Parteibeauftragte treffen, um anderweitig (in Ausschüssen oder Parteikonferenzen) bereits getroffene Entscheidungen registrieren zu lassen".[23] In der Tat erwarteten (und erwarten) die Parteien in wichtigen Fragen, daß ihre Abgeordneten sich geschlossen hinter die Beschlüsse von Fraktion und Partei stellen. Auch hat sich das Fraktionsplenum mehr und mehr zu einem Beschlußorgan gewandelt, in dem durchaus Gegensätze ausgetragen, dessen Entscheidungen jedoch von anderen Gremien, von den Arbeitskreisen und dem Fraktionsvorstand, im Detail vorbereitet werden. Als beträchtlich erweist sich vor allem das Gewicht des mit der Parteispitze weitgehend in Personalunion verbundenen Fraktionsvorstandes, der naturgemäß alle wesentlichen politischen Fragen behandelt und, gestützt auf die Vorarbeit der Arbeitskreise, präzise Vorschläge für die Entscheidungen der Gesamtfraktion formuliert.

In der Parteiendemokratie der Bundesrepublik war die Oligarchie greifbar, gegen die Karl Jaspers Einspruch erhob; und greifbar war auch, wie bereitwillig sie die Westdeutschen hinnahmen. Die bundesrepublikanische Bevölkerung, die kaum noch eine Vorstellung davon besaß, wie stark eine kleine Schicht aktiver Frauen und Männer – zumeist Intellektuelle – 1945 auf eine Demokratisierung von Staat und Gesellschaft gehofft hatte, lebte nach wie vor in Distanz zu einer partizipatorisch-demokratischen Werthaltung. Jaspers hob das 1966 zu Recht hervor: „Wir haben eine parlamentarische Regierungsform, die man Demokratie nennt, die sich jedoch so eingespielt hat, daß sie das demokratische Bewußtsein eher verdunkelt als fördert, das Verantwortungsgefühl der Bürger nicht nur nicht anspricht, sondern lähmt. Sie verhindert, ‚Bürger' zu werden". Es lasse sich keine „Freude" am Bundestag und keine an der Regierung feststellen, da der Deutsche die beiden Institutionen zumeist als „Regierungsgewalt im Untertanengeist" respektiere wie in der wilhelminischen Zeit.[24] Gefördert werde dieser Zustand durch die erwähnte Parteienoligarchie, aber auch dadurch, daß die Grundrechte nicht immer ernst genommen würden. Das Grundgesetz stelle eine „sorgfältig durchdachte, ausgezeichnete Arbeit denkender Staatsrechtler und Politiker" dar; aber es sei im Volke so gut wie nicht bekannt. „Es fehlt das Bewußtsein, die Verletzung des Grundgesetzes sei das größte politische Verbrechen, weil es unser staatspolitisches Dasein in Frage stellt". Deshalb komme alles darauf an, die Verfassung „in die Herzen der Staatsbürger" einzuprägen, seien doch hier die unantastbaren Grundrechte klar formuliert und die Bedingungen gegeben, unter denen die Chance zur Entwicklung der Freiheit bestehe. Hier liege der Fels, „auf dem allein der freie Staat der Bundesrepublik steht, solange der Fels hält".[25] In all dem ist besonders Jaspers' Warnung vor den damals vorbereiteten Notstandsgesetzen zu spüren. In ihnen erkannte er den möglichen Weg: von der Parteienoligarchie zur Diktatur.

Doch zunächst einmal ungeachtet der Notstandsgesetze: Ebenso wie sich Jaspers' These von der Parteienoligarchie mit Peter von Oertzens Deutung deckt, die Bonner Demokratie sei zu einer „konstitutionellen Oligarchie" geworden,[26] so eng berührt sich Jaspers' Interpretation des kaum Demokratie-bewußten Bürgers mit dem, was Ralf Dahrendorf 1965 über den „unpolitischen Deutschen" schrieb. Dieser weise zwar neben einer durchgehend hohen Beteiligung bei Wahlen beispielsweise auch eine hohe Konsumrate in puncto Massenkommunikationsmitteln auf; sehe man aber genauer hin, dann zeige sich, daß der Bereich des Politischen jenen Verpflichtungen zugerechnet werde, „die eher lästig, wenngleich den Umständen nach unvermeidlich sind ... Die politische Aktivität bleibt eine Aktivität in Anführungszeichen, von der man sich innerlich distanziert und daher, wenn gewandelte Verhältnisse dies verlangen, auch äußerlich distanzieren kann. Dieser Deutsche ist unpolitisch, weil ihm das Politische zutiefst unwichtig ist; er ist autoritär, weil es ihm im Grunde viel angenehmer wäre, aus der ‚Freiheit' seiner vier Wände nicht herausgezogen zu werden".[27]

Die Westdeutschen waren in ihrer Mehrzahl fürwahr „formale Demokraten", wie Dahrendorf sie nannte. Dieser formale Aspekt verband sich mit einer autoritären Orientierung, die sich – was Rudolf Wildenmann nachwies – in einem Persönlichkeitskult verdeutlichte, dem die Parteien in ihrer öffentlichen Präsentation willig nachkamen. Es zeigte sich die alte Vorliebe für „starke Persönlichkeiten", der zufolge die Parteien versuchten, publikumswirksame Politiker für den Wahlkampf „herauszustellen" – und dies mittels jener Markenartikel-Reklame, wie sie sich 1966 im Wahlkampf in Nordrhein-Westfalen und bei seiner auf den Ministerpräsidenten Meyers gestützten Strategie veranschaulichte. Der *Rheinische Merkur* schrieb darüber am 15. Juli: „‚Meyers macht es' war der einsame Gipfel in der an sich schon hoch entwickelten Formulierungskunst der christlich-demokratischen Parolenschmiede. Ein Slogan von hohen Graden, der jeden Werbechef einer Waschmittelfirma vor Neid erblassen lassen müßte". Daß Meyers kein Seifenpulver sei, darauf brauche die Christlich Demokratische Union ihre versierte Kundschaft nicht besonders aufmerksam zu machen. So bleibe nur die „geniale Einfachheit" zu bewundern übrig, mit der die Propagandaexperten ein komplexes Parteiprogramm „in drei schlichte Worte preßten und als syntaktisch-grammatisches Wunder zu Papier brachten". Allein die Sozialdemokratie habe dieses „Wunder" noch übertroffen: „sie steckte den Meyers-Slogan kurzerhand in die Steigerungsmühle und posaunte in die Lande: ‚SPD macht's besser!' Wobei vor allem der Apostroph zu bewundern ist. Denn mit seiner Hilfe hat die SPD auch syntaktisch-grammatisch die CDU geschlagen".

Über dieses personal-plebiszitäre Demokratieelement hinaus ähnelte das Verhalten der Staatsbürger-Wähler immer mehr dem von Konsumenten bei der Auswahl von Konsumartikeln. Beide – Staatsbürger-Wähler und Konsumenten – wurden (und werden) von Werbeagenturen umworben, beide trafen (und treffen) ihre Entscheidungen zwar rechtlich völlig frei, nichtsdestoweniger aber weithin über unbewußte Bindungen und Beeinflussungen. Der „unpolitische Deutsche" hatte sich in dem „großen Konsumverein Deutschland" eingerichtet, wie Horst Krüger in seiner Betrachtung über die *Galerie der Kleinbürger* die Bundesrepublik nannte.[28] Der demokratische Bewußtseinsgrad war zudem bei Bildung der Großen Koalition erneut auf ein sehr niedriges Niveau zurückgefallen. Wie die Soziologin Helge Pross damals feststellte, überwogen „politische Indifferenz und Ahnungslosigkeit gegenüber der Politik, vage und daher unzuverlässige Zustimmung zu den bestehenden Formen politischer Demokratie und Abneigung gegen politisches Handeln".[29] Die Westdeutschen konsumierten – Waren, Politik und Meinungen. Neben dem Monopol an den Produktionsmitteln war ein Meinungsmonopol im Pressewesen entstanden. Diesem Mono- oder Oligopol kam nicht zuletzt die Aufgabe zu, Sprachregelungen wie die von den „Sozialpartnern", welche die soziale Marktwirtschaft tragen, abzusichern[30] – was allerdings nicht so weit reichte, daß nicht gelegentlich ein Blatt wie *Christ und Welt* am 4. September 1964 ganz offen „die totale Macht der hundert Männer" („die zugleich Vorstands- wie Aufsichtsratsmitglieder sind") unterstrich und hierbei bekannte: „425 Börsen-notierte Gesellschaften werden von den Banken beherrscht. Von einer Aktiendemokratie könnte man bei solchen Tatbeständen eigentlich nur in Witzblättern schreiben". Nichtsdestoweniger berge die totale Macht der hundert Männer und ihr kollektives Selbstbestimmungsrecht über die Angemessenheit des eigenen Einkommens sozialen Sprengstoff. „Solange die Mehrheit der Wähler – deren Durchschnitt ja weniger einnimmt als ein Kombi-Manager in der Woche – satt und zufrieden ist, bleibt dieser Sprengstoff gefahrlos".

In diesem sozialökonomischen Bereich waren allerdings, wie erwähnt, mittlerweile Einbruchstellen zu verzeichnen. Wirtschafts- und finanzpolitische Schwierigkeiten nahmen merkbar zu. Auch mußten sich die Westdeutschen daran gewöhnen, daß der Wohlfahrtsstaat keineswegs Wohlstand für alle brachte. Charakteristisch war alsbald die Rücksichtslosigkeit, in die materialistisches Denken und profitorientiertes Handeln ausarteten. Sie zeigte sich, was Alexander Mitscherlich 1965 illustrierte, auch in der „Unwirtlichkeit unserer Städte", in denen Bewohner zu Randgruppen herabgewürdigt wurden, „wenn sie innerhalb der Kosten- und Ertragsberechnungen als zu wenig ‚ergiebig' sich erwiesen".[31] Karl Jaspers zufolge hätte nun eine entschiedene Wendung nach „links" einsetzen müssen, die aber – wo sie als Tendenz ins Blickfeld rückte – auf stärksten Widerstand stieß. Je deutlicher es wurde, daß an die Stelle des konsolidierten Gleichgewichts der Adenauer-Ära die unterschwellige Krise der Erhard-Endphase getreten war, um so aggressiver verhielten sich die konservativen Kräfte. Ihre Protagonisten glaubten wie Eugen Gerstenmaier zu hören, „wie von sehr verschiedenen Standorten aus derselbe Ruf ergeht nach Führungsschicht und Autorität".[32] Das lange propagierte Ordnungsbild einer pluralistischen Demokratie sollte nun unzulänglich geworden sein und ersetzt werden durch das eines starken Staates, in den, wie Rainer Barzel im Mai 1965 vermerkte, alle wesentlichen Kräfte in einer Weise integriert sein sollten, „daß wir dann jeder Belastung, die auf die Bundesrepublik zukommt, in nationaler Sammlung entgegensehen".[33] Was sich hierin äußerte, ließ Karl Jaspers an die erwähnten Notstandsgesetze denken. Die Debatte um diese Gesetze, die seit dem Ende der fünfziger Jahre geführt wurde, erreichte Mitte der sechziger einen Höhepunkt. Vorsorge für den Fall des inneren und äußeren Notstandes sollte getroffen werden durch eine grundlegende Änderung des Grundgesetzes. Nur eine erbitterte Diskussion und der Einsatz der Gewerkschaften konnten die verschiedenen Regierungsvorlagen – wie den „Schröder-Entwurf" von 1960 und den „Höcherl-Entwurf" von 1963 bis zum „Benda-Entwurf" von 1965 – allmählich mildern und so den Verdacht entschärfen, „Notstandsregelungen seien primär dazu bestimmt, den innenpolitischen Status quo zu wahren".[34]

Die vom Grundgesetz verfolgte Ordnung mußte (und muß) durch die damals bekämpften Notstandsgesetze und durch die letztlich im Juni 1968 in Kraft getretene Notstandsverfassung als gefährdet betrachtet werden – nicht nur in der Sicht der aktiven Notstandsgegner: der Gewerkschafter und der Wissenschaftler wie Wolfgang Abendroth, Eugen Kogon und Jürgen Seifert. Umkämpft waren vor allem die Grundrechtsänderungen wie die Beschränkungen des Brief- und des Post- und Fernmeldegeheimnisses, die Einschränkung der Freizügigkeit, die Regelung der Wehrpflicht und der anderen Dienstverpflichtungen einschließlich der Eingriffe in die Berufs- und Arbeitsplatzwahl sowie die Bestimmung zum Widerstandsrecht. Zu diesen und anderen Grundrechtsänderungen kamen die umstrittenen Neuerungen in den Organ- und Funktionsabschnitten des Grundgesetzes, die hier nicht aufgeführt werden können. Festzuhalten bleibt, daß es den Notstandsgegnern nicht gelang, einen weitgehenden Verzicht auf innere Notstandsregelungen und eine durchgehend klare Erfüllung aller Rechtsstaatserfordernisse in dem schließlich erzielten Kompromiß zu erreichen. Es blieb bei den mahnenden Worten, mit denen Eugen Kogon 1965 die oft gestellte Frage, ob denn die Bundesrepublik in Gefahr sei, beantwortete: „Ja, die Bundesrepublik ist in Gefahr. Freilich nicht in der, die fortwährend anvisiert wird, nämlich der, von außen oder von innen angegriffen und möglicherweise überwältigt zu werden. Sondern ganz in der gegenteiligen: mit den Schutzmaßnahmen, die ihr zugedacht werden, selber die demokratische Freiheit zu ersticken".[35]

Die SPD in der Regierungsverantwortung

Damit ist der Hintergrund beleuchtet, vor dem sich die Große Koalition bildete. Von ihr erwarteten viele der Westdeutschen eine tiefgreifende Zäsur; manchen erschien sie sogar als die „größte innenpolitische Umwälzung seit Kriegsende" *(Die Welt).* Hoffnung auf den „Regimewechsel" (Johannes Gross) kam auf, aber auch Skepsis gegenüber der „Regierung der Rivalen"[36] und deren anti-pluralistischer Übereinstimmung. Vielleicht – so die Befürchtungen – standen die nächsten Jahre im Zeichen des Abbaus demokratischer Institutionen. Möglicherweise folgte der bisher relativ langsamen und undramatischen Tendenz nach „rechts" eine beschleunigte Entwicklung in die gleiche Richtung.[37] Vieles deutete darauf hin, daß der vorherrschende – restaurative – Trend anhielt. Jürgen Habermas schien mit seiner Aussage nicht zu übertreiben, die Westdeutschen hätten die „Koalition der Mutlosen mit den Machthabern" mehr zu fürchten als die alte Regierung.[38] Die Sozialdemokratie, so ihre Skeptiker, mochte „einige technische, sozialpolitische oder gar auch kulturpolitische Fortschritte" durchsetzen,[39] aber eher in den Kommunen und Ländern als im Bund. Was die Wirtschafts- und Verfassungspolitik anbelangte, so standen eine verstärkte Kapitalkonzentration und die umstrittenen Notstandsgesetze auch weiterhin auf der Tagesordnung. Und überhaupt schien es der Sozialdemokratie ihren kritisierenden Genossen zufolge vorrangig um den Nachweis ihrer Regierungsfähigkeit zu gehen – in einer namentlich von Herbert Wehner und Helmut Schmidt verfolgten Koalition mit den Unionsparteien, die noch Kurt Schumacher als eine Mißallianz abgelehnt hätte.

Damit stellte sich zugleich die Frage, inwieweit die SPD noch bereit und fähig war, für eine langfristige Politik nicht etwa sozialistischer, sondern auch nur demokratischer und liberaler Strukturreformen einzutreten. Diese Frage wurde damals viel diskutiert; und sie gibt hier Anlaß, den programmatischen Wandel der deutschen Sozialdemokratie in Erinnerung zu rufen: Schon vor Godesberg hatte sich die SPD zunehmend zu einer Integrationspartei entwickelt, die auch Bevölkerungsteile außerhalb der Arbeiterschaft anzusprechen suchte. Aber es bedurfte einer neun Jahre währenden Diskussion, bis die Partei schließlich im *Godesberger Programm* von 1959 zu einer Neuformulierung ihres Selbstverständnisses gelangte. Nach dem Tod Kurt Schumachers im August 1952 war Erich Ollenhauer Parteivorsitzender geworden, wie Brandt und Wehner ein Emigrant. Ollenhauer verfolgte zunächst die gleiche Politik wie Schumacher, wenn auch mit mehr Zurückhaltung und weniger Leidenschaft. Die Wahlniederlage von 1953, der spektakuläre Erfolg von Erhards Wirtschaftspolitik, die internationale Entspannung und der vorläufige Abschluß der europäischen Debatte mit den *Pariser Verträgen* im Oktober 1954 – dies alles führte dann aber in der SPD zu einer Wandlung. Die Sozialdemokratie wollte den Wählern gegenüber nicht mehr als die Partei der ewigen Neinsager auftreten, zeigte sich doch seit 1953, daß ihre ursprüngliche Haltung gegenüber der sozialen Marktwirtschaft und in der Außenpolitik weithin abgelehnt oder nicht honoriert wurde.

Nachdem die Bundestagswahl von 1957 erneut bewiesen hatte, daß die SPD nur etwa ein Drittel der Wähler erreichen konnte, setzten sich jene Kräfte in der Partei durch, die eine grundlegende Reform anstrebten. Schon 1954 war eine Grundsatzkommission damit beauftragt worden, ein neues Programm zu erarbeiten. Im selben Jahr nahm der „Berliner Parteitag" ein Aktionsprogramm an, in dem es hieß: „Die Sozialdemokratie ist aus der Partei der Arbeiterklasse, als die sie entstand, zur Partei des Volkes geworden". Mit dem „Münchener Parteitag" von 1956 war dann die Revision der Parteidoktrin nahezu abgeschlossen. Die Sozialdemokratie bekräftigte das Bemühen, die sich entwickelnde „zweite industrielle Revolution" der Automation und Atomenergie unter Kontrolle zu bringen, während die alten sozialistischen Themen wie die „Vergesellschaftung der Grundstoffindustrien, der Banken und Versicherungsgesellschaften" nur noch leise angesprochen wurden, wenn sie überhaupt auftauchten.[40] Das *Godesberger Programm* klärte abschließend die Selbstverständnisdebatte anhand von Begriffen, welche die Verfasser des *Heidelberger Programms* von 1925, die noch den „Befreiungskampf der Arbeiterklasse" proklamierten, kaum hingenommen hätten. Der Entwurf dazu wurde 1959 auf dem außerordentlichen Parteitag in Bad Godesberg mit großer Mehrheit angenommen, „obgleich er in mancher Hinsicht einen radikalen Wandel der Partei zur Folge haben mußte".[41] Die Präambel betonte den „demokratischen Sozialismus", „der in Europa in christlicher Ethik, im Humanismus und in der klassischen Philosophie verwurzelt ist". Er wolle aus der Achtung vor den Glaubensentscheidungen des Menschen keine letzten Wahrheiten verkünden. Der Sozialismus bedeute „eine dauernde Aufgabe – Freiheit und Gerechtigkeit zu erkämpfen, sie zu bewahren und sich in ihnen zu bewähren".[42]

Diese im *Godesberger Programm* herausgestellte Umorientierung der deutschen Sozialdemokratie wurde durch zwei weitere Faktoren erleichtert: durch die außenpolitische Annäherung an die Unionsparteien sowie durch die Präsentation des Berliner Bürgermeisters Willy Brandt als Kanzlerkandidaten.[43] Was die außenpolitische Annäherung der SPD an die CDU/CSU anbelangt, so hat hier Herbert Wehner Klarheit geschaffen – mit seiner Rede in der außenpolitischen Debatte des Bundestages am 30. Juni 1960, in der er die „demokratischen Kräfte in der Bundesrepublik" dazu aufrief, „um das höchsterreichbare Maß an Übereinstimmung bei der Bewältigung der deutschen Lebensfragen" zu ringen. „Nach unserer Ansicht jedenfalls" – so Wehners Schlußworte – „sind die Zeichen der Zeit so zu deuten: nicht Selbstzerfleischung, sondern Miteinanderwirken im Rahmen des demokratischen Ganzen, wenn auch in sachlicher innenpolitischer Gegnerschaft ... Das geteilte Deutschland ... kann nicht unheilbar miteinander verfeindete christliche Demokraten und Sozialdemokraten ertragen".[44] Und was die Präsentation des Kanzlerkandidaten betrifft, so hat die Sozialdemokratie sicherlich mit Willy Brandt, „einer Persönlichkeit mit Erfahrung auf ‚internationalem Parkett' und mit bereits internationaler Reputation" (Hans Karl Rupp),[45] zahlreiche Wähler ermutigt, sozialdemokratisch zu wählen. Brandt wurde dann auch auf dem „Kölner Parteitag" vom Mai 1962 stellvertretender Parteivorsitzender; und nach Erich Ollenhauers Tod im Dezember 1963 brachte ihn ein außerordentlicher Parteitag im Februar 1964 an die Spitze der SPD. – Einen Monat darauf wurde eine andere Neuwahl ins elfköpfige Präsidium notwendig: Heinrich Deist, Verfasser wesentlicher Teile des *Godesberger Programms,* starb und wurde durch Karl Schiller ersetzt. Schon ein Jahr zuvor markierte die Rede des Wirtschaftswissenschaftlers und Berliner Senators den Auftakt und zugleich den Höhepunkt der dreitägigen wirtschaftspolitischen Tagung der Sozialdemokratie in Essen. Sie beinhaltete eine Erklärung für die soziale Marktwirtschaft und eine Absage an jede dirigistische Wirtschaftslenkung.

Damit waren die Weichen für den Koalitionskurs der Sozialdemokratie im Jahre 1966 gestellt. Herbert Wehner – entscheidender Promotor einer Großen Koalition – wurde bei den Koalitionsverhandlungen im November 1966 von Helmut Schmidt unterstützt. Entgegen Brandt, der sich wie zunächst die Fraktionsmehrheit für eine Regierungsbildung mit der FDP aussprach, lehnte Schmidt eine sozial-liberale Koalition ab: „Meiner Auffassung nach geht es darum, zu entscheiden, ob wir in einer Regierung mitwirken wollen oder nicht", bemerkte er in der Fraktionssitzung am 26. November. „Eine Kleinstkoalition kommt wegen der zu geringen Mehrheit nicht in Betracht".[46] Willy Brandt paßte sich schließlich der auf eine Große Koalition zielenden Entwicklung an – auf die von ihm favorisierte Zusammenarbeit mit den Liberalen nochmals verweisend. Das schwarz-rote Regierungsbündnis war damit beschlossen. Ein maßgebliches Motiv nannte Wehner in einem *Spiegel*-Interview: „Ich persönlich hätte die Daueropposition noch ziemlich lange ertragen. Aber die Partei wäre daran zerbrochen".[47] Zweifellos war der Sozialdemokratie daran gelegen, nach siebzehn Jahren endlich die Oppositionsbänke verlassen zu können. Ein weiteres Motiv bestand in dem Bestreben, dem Wähler zu zeigen, „daß die Sozialdemokraten in Bonn nicht nur zum Opponieren taugen, sondern auch zum Regieren".[48] Innerhalb der Regierung hoffte die SPD darauf, sich dem Wähler mehr zu empfehlen als in der Opposition. Und schließlich sollte das relativ starke Motiv der Mannschaft um Brandt und Wehner nicht unbeachtet bleiben: der Nation „in einer Krisenzeit" ihre „konstruktive Mitarbeit" nicht vorenthalten zu dürfen.[49] In diesem Sinne klang Willy Brandts Eröffnungsrede der SPD-Konferenz vom 17. Dezember 1966 realistisch: „Wir hatten in Wirklichkeit, wenn man es ganz herunterdividiert, zum Schluß die Wahl zwischen Opposition und maßgeblichem Einfluß auf eine neue Regierung. Wir haben uns für die Regierungsbeteiligung entschieden, und in dieser Position können wir mehr und Nützlicheres leisten. Eine gescheiterte Politik ist abgelöst worden, ein anderer Stil, eine bessere Politik wird das Bild der Bundesrepublik, wie wir hoffen, in Zukunft prägen".[50]

Die Entscheidung der sozialdemokratischen Parteiführung für die Große Koalition stieß auf heftigen Widerstand; sie wurde von einer wahren Protestwelle des Parteivolkes begleitet. Bei vielen mündete die Kritik gegen den Koalitions-Entschluß in den Vorwurf, durch eine Regierungsbeteiligung helfe die SPD auf eigene Kosten den Unionsparteien zu sehr aus der Klemme. Vor allem aber fürchteten die sozialdemokratischen Genossen die Möglichkeit, daß sich ihre Partei in einer schwarz-roten Koalition gegen „links" scharf abgrenzen und nach „rechts" weit öffnen könnte. Am wohl eindringlichsten warnte deshalb noch am 30. November Günter Grass in einem Brief an Brandt vor der unmittelbar bevorstehenden Entscheidung: „Lieber Willy Brandt, bevor es zur Großen Koalition kommt, bevor Sie zwischen den Herren Kiesinger und Strauß den Kronzeugen einer falschen Harmonie werden abgeben müssen, bitte ich Sie, den Vorsitzenden der SPD, einer Partei also, in die ich meine Hoffnung setzte und setze, noch einmal die unabsehbaren Folgen einer solchen Entscheidung zu bedenken". Grass stellte die Frage, wie er gemeinsam mit seinen Freunden weiterhin die Sozialdemokratie als Alternative verteidigen solle, wenn das „Profil eines Willy Brandt" im „Proporz-Einerlei der Großen Koalition" nicht mehr zu erkennen sein werde. Zwanzig Jahre verfehlter Außenpolitik sah Grass durch das geplante Regierungsbündnis bemäntelt. Brandts Vorstellung vom „anderen Deutschland" werde einer „lähmenden Resignation" Platz machen. „Die große und tragische Geschichte der SPD wird für Jahrzehnte ins Ungefähr münden. Die allgemeine Anpassung wird endgültig das Verhalten zu Staat und Gesellschaft bestimmen. Die Jugend unseres Landes jedoch wird sich vom Staat und seiner Verfassung abkehren: sie wird sich nach links und rechts verrennen, sobald diese miese Ehe beschlossen sein wird".[51]

Die Große Koalition war und blieb beschlossene Sache.

Während sich viele Intellektuelle der Warnung von Günter Grass anschlossen und es im Parteivolk der Sozialdemokratie weiterhin gärte, ging es in den Koalitionsverhandlungen um Anzahl und Verteilung der Ministerien und bereits um Sachfragen wie beispielsweise um die sich ankündigende Rezession und die umstrittene Wahlrechtsreform. Was die führenden Repräsentanten der Koalition anbelangte, so bestanden zunächst noch Einwendungen gegen einen Kanzler Kiesinger. Der erfolgreiche und populäre Ministerpräsident von Baden-Württemberg galt zwar als ein „homme de lettre", der – vertraut mit den geschichtlichen Fakten und Zusammenhängen – von Platons und Tocquevilles Denken her über Politik reflektierte.[52] Aber über ihn war auch bekannt, daß er von 1933 bis 1945 Mitglied der NSDAP gewesen war. Vorbehalte wegen dieser Vergangenheit kamen allerdings weniger von der Sozialdemokratie als von Publizisten und Literaten. Die sozialdemokratische Parteiführung operierte, wie die *Neue Zürcher Zeitung* vom 30. November 1966 schrieb, mit dem Argument, es sei für die Aussöhnung gut, wenn ein ehemaliger NS-„Mitläufer" und ein früherer Emigrant nebeneinander an erster Stelle im Staate stünden. In Anbetracht der in den Bundestagswahlkämpfen von 1957 und 1965 betriebenen Verleumdung Brandts als „feigen" Emigranten verhielt sich damit die Sozialdemokratie der CDU gegenüber recht nobel. Von der Öffentlichkeit wurde der Effekt gegenseitiger „Rehabilitierung" innerhalb des Gespanns Kiesinger-Brandt erhofft. Indem er mit Kurt Georg Kiesinger zusammenarbeitete, verbürgte der Hitler-Gegner Brandt die „demokratische Ehrenhaftigkeit" des Kanzlers. Und indem der Kanzler dem Emigranten von 1933, der Norweger geworden war und erst 1947 wieder die deutsche Staatsangehörigkeit angenommen hatte, das Auswärtige Amt „anvertraute", bürgte er in der Meinung zahlreicher Westdeutscher für die „nationale Ehrenhaftigkeit" Willy Brandts. Damit waren auch die letzten Vorbehalte weggeräumt; die Große Koalition nahm ihre Arbeit auf. „Ein tiefergreifender Wandel und ein bedeutsamerer Einschnitt in die politische Entwicklung der Bundesrepublik war kaum vorstellbar", kommentierte Bernhard Vogel,[53] der spätere Ministerpräsident von Rheinland-Pfalz, das Ereignis.

Koalitionsparlament ohne Opposition

Mit der Großen Koalition entstand ein Koalitionsparlament im Deutschen Bundestag und damit ein nicht zu unterschätzendes Oppositionsproblem. Die darauf bezogenen Fragen wurden bereits in der Regierungserklärung Kiesingers vom 13. Dezember 1966 angesprochen. Der neue Bundeskanzler bezeichnete die Bildung der Großen Koalition als einen „Markstein in der Geschichte der Bundesrepublik" – ein Ereignis, an das sich viele Hoffnungen und Sorgen des Volkes knüpften. Die „Hoffnungen" richteten sich darauf, daß es der Koalition, die über eine große, zwei Drittel der Mandate übersteigende Mehrheit im Bundestag verfüge, gelingen werde, „die ihr gestellten schweren Aufgaben zu lösen, darunter vor allem die Ordnung der öffentlichen Haushalte, eine ökonomische, sparsame Verwaltung, die Sorge für das Wachstum unserer Wirtschaft und die Stabilität der Währung". Und die „Sorgen vieler gelten den möglichen Gefahren einer Großen Koalition, der nur eine verhältnismäßig kleine Opposition gegenübersteht". In dieser Koalition aber, so versprach der Kanzler, würden keine Macht und Pfründe zwischen Partnern geteilt, „keine Mißstände vertuscht und die Kräfte des parlamentarischen Lebens nicht durch Absprachen hinter den Kulissen gelähmt werden, wie es ihr mit dem Schlagwort ‚Proporzdemokratie' unterstellt wird". Die Opposition werde alle parlamentarischen Möglichkeiten erhalten, ihre Auffassung zur Geltung zu bringen.[54] Bruno Dechamps hob diesbezüglich in seinem *FAZ*-Leitartikel *Die Suche nach der Mitte* vom 14. Dezember 1966 hervor, die Große Koalition müsse sich an das Wort ihres Regierungschefs gebunden fühlen, daß in ihr nichts ‚vertuscht wird und die Kräfte des parlamentarischen Lebens nicht durch Absprachen hinter den Kulissen gelähmt werden'". Die Versuchung des „großen Preises" werde immer locken, die gemeinsame Konzentration auf die Mitte immer schwer sein. „Daß sie dennoch gelingt, dürfen wir hoffen, wir müssen es wünschen".

Trotz solcher und ähnlicher Worte über Kiesingers Botschaft fehlte bei vielen der Glaube. Die Große Koalition, die bei der Mehrheit der Westdeutschen Popularität genoß, weil sie ihrer Konfliktscheu entgegenkam, stieß besonders bei den intellektuellen Vertretern demokratischer Konfliktmodelle auf starke Bedenken. Die Stimmen der Kritik gingen zwar nicht immer so weit wie die Ralf Dahrendorfs, der in der *Zeit* vom 15. Dezember 1967 anmerkte, die Bundesrepublik sei mit ihrem parlamentarischen Regierungssystem am Ende, zumindest stünde es „zur Disposition", und der ein halbes Jahr darauf – am 5. Juli 1968 in *Christ und Welt* – die Große Koalition „ein sichtbares Kartell der Angst in einer Zeit" nannte, „in der die Institutionen der parlamentarischen Demokratie ihre Glaubwürdigkeit zu verlieren drohen". Aber auch konservative Stimmen deuteten auf verfassungspolitische Einwände, vor allem jedoch besorgt auf die parlamentarische Entkräftung hin. Zu Ostern 1967 schrieb Anton Böhm im *Rheinischen Merkur*: „Daß die Große Koalition den Parlamentarismus außer Kraft setze, scheint uns zuviel behauptet. Aber den parlamentarischen ‚Betrieb' hat sie bereits in vielem verändert ..." Das Regierungsbündnis dämpfe die rhetorische Leidenschaft, die sich schon in den letzten Jahren sichtlich beruhigt habe, noch mehr. Und die „Wahrer der Fraktionsdisziplin werden sich bemühen, jene Abgeordneten, die anderer Meinung sind – es gibt sie immer –, zu entsagungsvollem Schweigen zu veranlassen". Anton Böhm traf damit zweifellos die allgemeine Tendenz. Es gab zwar im „harmonischen" Zusammenwirken von Schwarz und Rot auch retardierende Kräfte; innerhalb der Parteien, ihren Fraktionen und in den Ministerien wurden bisweilen vom Koalitionskurs abweichende Meinungen vertreten, die über die zitierte Partei- und Fraktionsdisziplin hinweg auch kontrollierend wirkten. Die CSU beispielsweise bediente sich ihres *Bayernkuriers* als Oppositionsblatt. Doch im Ganzen betrachtet, kam es nur zu einer „Strategie des begrenzten

Konflikts", wie Horst Ehmke, Staatssekretär im Bundesjustizministerium, diese Form oppositioneller Alternativverlautbarungen[55] nannte.

Die „Strategie des begrenzten Konflikts" erwies sich während der gesamten Koalitionszeit als extrem begrenzt – in engster etymologischer Bedeutung. Eine solche Strategie vermochte zudem nichts daran zu ändern, daß die Alternationschance – die Möglichkeit eines turnusmäßigen Regierungswechsels – eine Zeitlang nicht mehr bestand. So wurde dann auch namentlich von den Verfechtern der damals diskutierten Wahlrechtsreform im Sinne eines relativen Mehrheitswahlrechts mahnend auf die Leistungen eines alternierenden parlamentarischen Regierungssystems hingewiesen. Das „Geheimnis" eines solchen Systems sei im Grunde denkbar einfach, versicherte der Politologe Wilhelm Hennis: „Denn in der Möglichkeit, bei der nächstfälligen Wahl in die Opposition zu geraten, verbunden mit der Hoffnung, es nicht immer bleiben zu müssen, andererseits der Möglichkeit, morgen die Regierungsverantwortung übernehmen zu müssen – was nicht immer eine vergnügliche Angelegenheit zu sein braucht –, in den psychologischen und institutionellen Folgen dieser Möglichkeiten liegen die Sicherungen der Leistungen des parlamentarischen Regierungssystems auf alternierender Grundlage".[56] Ein solches System setzt neben einem ausreichenden Konsens in den politischen Grundfragen eine relativ umfangreiche Oppositionspartei voraus. Während der betreffende Konsens – noch erhöht durch die inzwischen etablierten „Volksparteien" – gegeben war, fehlte es an einer genügend starken Oppositionsfraktion im Bundestag. Die FDP mit ihren neunundvierzig Abgeordneten entbehrte jeder Alternationschance; und sie konnte auch gegen eine Übermacht von neun Zehnteln der Mandate die allgemein-parlamentarische Aufgabe einer oppositionellen Kontrollinstanz nicht oder nicht genügend wahrnehmen. Opposition als Kontrollinstanz verstanden, heißt Kenntnis haben. Nur wer Mißstände kennt, kann sie beim Namen nennen und sie der öffentlichen Kritik unterziehen. Die Liberalen im Deutschen Bundestag litten unter einem beträchtlichen Informationsmangel; ihnen blieb auch versagt, Untersuchungsausschüsse zu erzwingen. Im klassischen Parlamentsverständnis stellten sie gar keine Opposition dar.

Dieses Manko einer echten parlamentarischen Opposition beinhaltet als Konsequenz, daß die Klarheit parlamentarischer Verantwortlichkeiten in entscheidendem Maße verlorengeht und die Parteien der Versuchung ausgesetzt sind, ihr „Erstgeburtsrecht" verantwortlicher Eigenständigkeit für das „Linsengericht des ‚Dabei-Seins' preiszugeben". Die Wähler, so der Politologe Winfried Steffani, „haben nur noch die Wahl zwischen einem Etwas-mehr-hiervon und Etwas-mehr-davon. Das Proporzprinzip wird zum Grundprinzip auch bei der Besetzung aller politischen Ämter in den entscheidenden staatlichen Letztinstanzen".[57] Dieser Sicht ist weitgehend zuzustimmen. Der von Steffani aufgezeigte Funktionswandel läßt sich auch nicht dadurch wegdiskutieren, daß – wie damals von Willy Brandt postuliert – die Pflicht der Opposition zur Kontrolle zur Pflicht des Parlaments in seiner Gesamtheit erhoben wird; oder daß man – wie Helmut Schmidt im Bundestag – das „Spannungsverhältnis zwischen dem Parlament als ganzem einerseits und der gesamten Regierung andererseits" unterstreicht und meint, damit „wäre ein bißchen die Rückkehr zu Montesquieu denkbar".[58] Mit solchen Äußerungen überpointierten politische Praktiker ganz bewußt traditionelle Theorien. Inzwischen hatte sich ein parlamentarischer Strukturwandel vollzogen, der die institutionelle Gewaltenteilung zwischen Exekutive und Legislative zugunsten einer funktionalen zwischen Regierung und Opposition ablöste. Während der Großen Koalition verlief die Linie der Gewalten-Trennung zwischen der Regierung und ihren sie tragenden schwarz-roten Koalitionsfraktionen auf der einen und der kleinen liberalen Oppositionsfraktion auf der anderen Seite. Montesquieus Gedanke – ohnehin durch den erwähnten Strukturwandel korrigiert – konnte sich damals schon gar nicht ausprägen.

Dieser Sachverhalt mußte Bedenken gegen die Große Koalition erwecken – Bedenken, die durch Kiesingers Andeutung noch verstärkt wurden, „wenn man ... ein wichtiges Problem nicht einfach ausklammern“ wolle, so müsse „man sich eben zu einigen ‚Kompromissen‘ versuchen“.[59] Die Große Koalition brillierte – da sich Kompromisse offenbar nicht leicht aushandeln ließen – immer mehr im „Ausklammern“. Und hierin zeigte sich nicht zuletzt die veränderte Rolle des Kanzlers; er mußte eher vermitteln als sich durchsetzen, was die Versuchung heraufbeschwor, Entscheidungen aufzuschieben, um Streitigkeiten zu mildern. Nicht zu Unrecht hat deshalb Conrad Ahlers den Bundeskanzler einen „wandelnden Vermittlungsausschuß“ genannt. Die Richtlinienkompetenz, einst von Konrad Adenauer in „seiner“ Kanzlerdemokratie so souverän gehandhabt, mußte Kurt Georg Kiesinger völlig anders praktizieren: in weitgehendem Einvernehmen mit dem Koalitionspartner. Es gab „keine Richtlinien gegen Brandt und Wehner“, wie Helmut Schmidt es formulierte.[60] Für die Richtlinien der Politik, die nach dem Grundgesetz der Kanzler zu bestimmen berufen ist, traf nun das zu, was im Juni 1967 Vizekanzler Brandt auf einer gemeinsamen Sitzung von Vorstand, Parteirat und Kontrollkommission der SPD anmerkte: „... jeder, der eine solche Regierung bildet und der ihr vorsitzt, weiß auch, daß es eine Richtlinienkompetenz nur im Verhältnis zu der Arbeitsgrundlage einer Großen Koalition gibt. Nein, die Gefahr ist nicht, auch nicht nach den bisherigen Erfahrungen, daß eine Richtlinienkompetenz gegen uns geltend gemacht werden könnte in Fragen, die wir für wesentlich halten“. Brandt bestätigte demgegenüber die genannte Tendenz, Entscheidungen aufzuschieben – ihr „Ausklammern“. „Die Gefahr ist eher, daß eben auch auf dem einen oder anderen Gebiet wichtige Dinge liegenbleiben können aus besonderen Gegebenheiten dieser Art von Regierungsbildung“.[61]

Die von Willy Brandt erwähnte Art der Regierungsbildung zeigte sich – vom „Ausklammern“ einmal abgesehen – auch in der Verlagerung bedeutsamer Entscheidungen auf einen besonderen Beraterkreis. Der politische Interessenausgleich erfolgte nicht mehr im Kabinett, sondern bei informellen Zusammenkünften, zu denen die wichtigsten Minister, die beiden

Fraktionsvorsitzenden, Rainer Barzel und Helmut Schmidt, und hohe Beamte beim Kanzler zusammenkamen. Es entstand damals der „Kreßbronner Kreis“, der vom Sommer 1967 an mindestens einmal wöchentlich zusammentraf. Er bildete als Koalitionsausschuß ein Verständigungsforum, auf dem zwar keine verbindlichen Beschlüsse getroffen, auf dem aber alle wesentlichen Probleme behandelt und detaillierte Vorschläge für die betreffenden Entscheidungen erarbeitet wurden. Das Integrationsinstrument des „Kreßbronner Kreises“ verlagerte die Arbeit von den Parlamentsausschüssen und damit vom Bundestag auf ein außerparlamentarisches Gremium, das zwar zur Funktionsfähigkeit des gewandelten Parlamentarismus der Bonner Demokratie beitrug, für den interessierten Beobachter aber den Eindruck bestärkte, die Große Koalition schotte sich bewußt ab und stelle für die Öffentlichkeit die „allseitige Harmonie“ heraus.

Für die große Mehrheit der Westdeutschen kam freilich eine solche Harmonie-Stimmung ihrer Konfliktscheu in der Politik entgegen. Parallel zum institutionalisierten „Kreßbronner Kreis“ und zur Großen Koalition konnte auf ideologischer Ebene ein Einigkeitsdogma wiedererstehen, dessen Tradition in Deutschland weit zurückreicht. Kaum jemals waren Konflikte, die aus der Konkurrenz der Anschauungen und Interessen hervorgehen, als politisch positiv – weil vor der Erstarrung bewahrend – gewertet worden. Nun konnte sich die Neigung, Einigkeit über Gebühr zu honorieren, bestätigt finden. Diese Neigung hat „in der deutschen Politik zu zwei Tatsachen geführt“, so Franz Schneider 1968 in seiner Studie *Die Große Koalition – zum Erfolg verurteilt?* „Erstens dazu, daß parteiinterne Auseinandersetzungen – ohne Rücksicht auf ihre faktische Nützlichkeit – der Partei in der Öffentlichkeit schaden. Zweitens hat das Einigkeitsidol dem Oppositionsdenken mancher Politiker und vieler Wähler in Deutschland den Weg verbaut; es hat die Partei der parlamentarischen Opposition als die ‚ewigen Nein-Sager‘, als die Unzufriedenen, Radikalen, Destruktiven verketzert. Abgründe trennen hier nach wie vor deutsches und englisches politisches Gespür“.[62]

4. Opposition und Establishment
Die Studentenrevolte

Themen des Protests

Die Große Koalition korrespondierte mit der Konfliktscheu der westdeutschen Mehrheit, während es bei einer Minderheit – den Studenten – zur Protestbewegung gegen die Politik des „Establishments“ kam. Es trat weitgehend das ein, was Günter Grass in seinem Brief an Willy Brandt meinte, als er vor der schwarz-roten Koalition mit ihren Folgen warnte: „Die allgemeine Anpassung wird endgültig das Verhalten zu Staat und Gesellschaft bestimmen. Die Jugend unseres Landes jedoch wird sich vom Staat und seiner Verfassung abkehren: sie wird sich nach links und rechts verrennen“, sobald die Große Koalition beschlossen sei. Wie erwähnt verzeichnete die Nationaldemokratische Partei Deutschlands im November 1966 bei den Landtagswahlen beachtliche Erfolge: in Hessen 7,9 und in Bayern 7,4 Prozent der Stimmen; die NPD drohte bei der nächsten Wahl zum Deutschen Bundestag (1969) die Fünf-Prozent-Hürde zu überspringen. Auffallend war, daß viele jüngere und nicht als Nationalsozialisten einzustufende NPD-Mitglieder und -Wähler die Partei unterstützten und sich, um mit Grass zu sprechen, nach „rechts“ verrannten. Ungleich stärker allerdings machte sich der Trend nach „links“ bemerkbar – bei der studentischen Protestbewegung. Diese Bewegung – repräsentiert insbesondere durch den Sozialistischen Deutschen Studentenbund, den SDS – verstand sich als außerparlamentarische Opposition und erregte durch ihre Demonstrationen gegen die Notstandsgesetze und den Schah-Besuch, gegen die Springer-Presse und gegen den Vietnam-Krieg der USA (des „neuen Vorbilds ihrer Elterngeneration“, so Margarete Mitscherlich) die Aufmerksamkeit des bundesrepublikanischen Publikums. Die Ereignisse am 2. Juni 1967 und zu Ostern 1968 bildeten die Höhepunkte der Bewegung, die freilich nur dann verstanden werden kann, wenn man ihren Entstehungsbedingungen kurz nachgeht.

Die studentische Protestbewegung bildete sich inmitten „links" einzuordnender Bürgerrechtsorganisationen, sozialistischer und neutralistischer Kreise, verschiedener Studentenverbände, Wahlbündnisse und Schülervereinigungen heraus – oppositionelle Gruppen, deren Aktionsfeld außerhalb von Parteien und Parlamenten lag. Sie erstreckten sich von der „Ostermarsch"-Bewegung (dem ersten Ostermarsch im Jahre 1960) bis zur „Kampagne für Demokratie und Abrüstung" (die bis zum Jahre 1970 aktiv war). Zunächst nur ethisch-pazifistisch gegen die atomare Rüstung gerichtet, weitete sich die Thematik zur gesellschaftskritisch begründeten Kampagne für Demokratie aus.[1] Die Bezeichnung „außerparlamentarische Opposition" – oder APO als Aktionskürzel –, als welche die unterschiedlichen „Ein-Punkt-Bewegungen" sich selbst begriffen und begriffen wurden, verbreitete sich vor allem im Zuge der erwähnten Demonstrationen gegen die Entwürfe der Notstandsgesetze und gegen die amerikanische Intervention in Vietnam. Hinzu trat der Protest gegen ehemalige Nationalsozialisten in führenden Ämtern, gegen die Konzentration und Manipulation der Presse und immer wieder gegen den Funktionsverlust des Bundestages zunächst durch die programmatische Angleichung der Sozialdemokratie an die Zielwerte der konservativ-liberalen Regierungspolitik und schließlich durch das Koalitionsparlament. Forderungen nach Demokratisierung innerhalb der Parteien und der gesamten westdeutschen Gesellschaftsordnung wurden erhoben, vor allem vom Sozialistischen Deutschen Studentenbund, der zunehmend eigenes Gewicht gewann und gegen Ende der sechziger Jahre die Funktion einer Avantgarde übernahm.

Dieser Sozialistische Deutsche Studentenbund verstand sich seit dem 6. November 1961 – dem Beschluß des SPD-Parteivorstandes, daß die Mitgliedschaften in SPD und SDS unvereinbar miteinander seien – als einzige intakte sozialistische Organisation der Bundesrepublik. Schon zuvor war der SDS als Opposition gegen die Wohlstandsgesellschaft der „Väter" und deren Derealisation der NS-Vergangenheit sowie gegen das „emanzipatorische Defizit" (Arnhelm Neusüss) bei der Demokratieverwirklichung tätig geworden. Die *Neue Zürcher Zeitung* vom 30. Mai 1959 brachte einen Bericht über den Frankfurter Kongreß der sozialistischen Studenten: „Das Wirtschaftswunder macht konform und innerlich träge. Dagegen rebellieren sie". Mit Lieblosigkeit, Kälte und Berechnung war der materielle Wohlstand zudem verbunden. Die SDS-Mitglieder empfanden die gesellschaftliche Unfähigkeit, in sozial fortschrittlicher Weise die Probleme anzupacken: den erwähnten psychischen Immobilismus, der mit dem Abwehrmechanismus der kollektiven Verleugnung der Nazi-Herrschaft einherging. So richtete sich nicht zuletzt ihr Protest – verbunden mit „untergründig gärenden Strömungen eines heftigen Generationskonfliktes" (Margarete Mitscherlich)[2] – gegen die Elterngeneration und deren Verhalten während der NS-Zeit. Dieser Protest äußerte sich beispielsweise in Form einer Ausstellung „Aktion ungesühnte Nazijustiz" im November 1959 in Karlsruhe. Charakteristisch war die Reaktion. Schon vor der Eröffnung kam es zu einer stürmischen Auseinandersetzung zwischen dem Sozialistischen Deutschen Studentenbund und dem Parteivorstand der SPD. Gegen den Vorsitzenden der SDS-Gruppe an der Technischen Hochschule in Karlsruhe wurde wegen des – unbegründeten – Verdachts, die Ausstellung sei von „Hintermännern" aus Ost-Berlin organisiert, ein schon damals keineswegs seltenes Verfahren auf Ausschluß aus der Partei eingeleitet.

Bei der Opposition gegen das „emanzipatorische Defizit" schließlich gingen die Überlegungen des Sozialistischen Deutschen Studentenbundes von der Kritik am bestehenden „System" aus, das die wirtschaftlichen Ressourcen und die geistigen Fähigkeiten nicht angemessen zu nutzen verstehe und verschwende. Ein Maßstab höheren emanzipatorischen Nutzens ergab sich für die studentische Protestbewegung – so

Arnhelm Neusüss: ein dem SDS nahestehender Politologe – „aus der Differenz der faktischen Lebensverhältnisse der Mehrzahl der Menschen" und der durch den Stand gesellschaftlichen Reichtums sowie der Produktionskapazitäten bereitgestellten Lebensmöglichkeiten – im Sinne bestmöglicher Befriedigung menschlicher Bedürfnisse. Zu ihnen gehörten nach Neusüss „nicht nur die Grundbedingungen ausreichender und gesicherter materieller Versorgung, sondern gleichermaßen die Freiheit von gesellschaftlichen Zwängen ...". Die Differenz zwischen dem hierzu Möglichen und der Realität zeige das „Defizit einer Gesellschaft und damit zugleich ihre Distanz vom historisch erreichbaren Grad der Demokratieverwirklichung".[3] Durch die Verringerung des emanzipatorischen Defizits sollte der Mensch seinem Ziel der Selbstverwirklichung nähergebracht werden.

Der dieserart bereits engagierte Sozialistische Deutsche Studentenbund zielte wie andere Studentenverbände damals noch primär auf die Demokratisierung der Hochschulen ab. Hier werde, „wie sonst kaum in einem anderen Betrieb, die tiefe Kluft deutlich zwischen dem Anspruch einer Demokratie, die Gesellschaft mündiger Menschen zu verwirklichen, und der bestehenden Wirklichkeit der autoritären Arbeitsverhältnisse und sachfremden Herrschaftsstrukturen", so die Denkschrift *Hochschule in der Demokratie* von 1961.[4] Gemeint waren die hierarchisch-autoritären Strukturen der als „Ordinarienuniversitäten" angeklagten Wissenschaftsuniversitäten. Gegen sie richtete sich der populäre Reim: „Unter den Talaren Muff von 1000 Jahren". In ihnen fanden Institutsbesetzungen und Go-ins, Sit-ins und Teach-ins statt; das „erkenntnisleitende Interesse" des Lehrangebots wurde „hinterfragt". Für manche bildeten hierbei die Hochschulen so etwas wie Testfälle für die Standfestigkeit etablierter Autoritäten. Das Verhalten ängstlicher Professoren, eingeschüchterter Fakultäten und die Erfahrung, wie leicht bei Teach-ins und Go-ins eine aktive Minderheit sich gegen eine passive Mehrheit durchsetzen konnte,[5] ermunterten die studentischen Aktionen – auch über den Hochschulbereich hinaus.

Das Gewicht verlagerte sich allmählich von den universitären Veranstaltungen zu außeruniversitären Massendemonstrationen innerhalb der erwähnten politischen Oppositionsbewegungen. Seitens der Studenten und des SDS gab es hierbei zunächst weder eine einheitliche Meinung zur Art der Opposition, noch läßt sich davon sprechen, daß die Mehrheit der Studenten sich auf Gelehrte wie Herbert Marcuse bezogen hätte. Über die Rolle der – außerparlamentarischen – Opposition waren die verschiedensten Auffassungen vertreten: von der *prinzipiellen* Opposition, die eine beschleunigte „Veränderung der Verhältnisse" erstrebte, bis zur *loyalen* Opposition, die sich um die Profilierung vordringlicher Konflikte bemühte, jedoch den Rahmen des Grundgesetzes für ausreichend hielt, um eine „temperierte Polarisierung" (Arnhelm Neusüss) auch auf parlamentarischer Ebene durchzusetzen. Was die Motivation der Studenten durch angesehene Gelehrte betrifft, so fühlte sich nur ein recht kleiner Kreis durch Herbert Marcuses Analyse der fortgeschrittenen Industriegesellschaften angeregt und bestätigt. Zwar wurde Marcuse bei SDS-Kongressen wie in Frankfurt und Berlin als Lehrer der „Neuen Linken" gefeiert, zwar zitierte der *Spiegel* Knut Nevermann, den ehemaligen ASTA-Vorsitzenden der Freien Universität Berlin, mit den Sätzen: „Marcuse bedeutet sehr viel für uns. Er ist ein Hintergrund für das, was wir tun".[6] Doch eine „positive Utopie" (Nevermann), die viele Studenten von ihm erwarteten, konnte und wollte er ebensowenig aufzeigen wie eine voluntaristische Ideologie.

Herbert Marcuse hat in seinem Buch *Der eindimensionale Mensch* den Versuch einer systematischen Kritik der Ideologie der fortgeschrittenen Industriegesellschaften unternommen. In diesen hochentwickelten Ländern lassen sich nach ihm die Individuen widerstandslos, weil der eigenen Unfreiheit nicht bewußt, in eine umfangreiche Maschinerie von Politik, Ökonomie und Technik einbeziehen. Marcuse nennt diese Maschinerie in einem neuen Sinn totalitär: „Denn ‚totalitär' ist nicht nur eine terroristische politische Gleichschaltung der Gesellschaft, sondern auch eine nicht-terroristische ökonomisch-technische

Gleichschaltung, die sich in der Manipulation von Bedürfnissen durch althergebrachte Interessen geltend macht".[7] Wo die ökonomisch-technische Gleichschaltung und die repressive technologische Rationalität herrsche, bestehe eine hedonistische Einschränkung des Glücks auf Konsum – keinerlei höhere Form. In der „eindimensionalen" Gesellschaft – ohne freies Individuum und private Autonomie – werde die wirtschaftliche und politische Herrschaft unverwundbarer denn je, rücke die Chance, ihr wirksam entgegentreten zu können, in weite Ferne. „Der Verweigerung der Freiheit und selbst ihrer Möglichkeit entspricht, daß Ungebundenheit dort gewährt wird, wo sie die Unterdrückung stärkt. Der Grad, in dem es der Bevölkerung gestattet ist, den Frieden zu stören, wo immer es noch Friede und Stille gibt, ... ist beängstigend. Beängstigend, weil er die gesetzliche, ja organisierte Anstrengung ausdrückt, das ureigene Recht des Nächsten nicht anzuerkennen, Autonomie selbst in einer kleinen, reservierten Daseinssphäre zu verhindern".[8] Hier war in anspruchsvoller Diktion das angesprochen, was einige der Studenten in vereinfachter Form ohnehin dachten. Aber es blieb für sie praxisferne Theorie, ebenso wie Marcuses dialektische Begrifflichkeit und seine Reflexion über „wertneutrale Gewalt" und „werthafte Gegengewalt" in seinem Aufsatz über *Repressive Toleranz*. Nicht von ungefähr hat der Argumentationsstil, der – später zudem an Jürgen Habermas' Sprache geschult – sich zu einer Art Geheimkodex der Eingeweihten entwickelte, viele um Aufklärung bemühte Studenten abgeschreckt. Er trug jedenfalls dazu bei, daß die theoriebezogene Basis in der eigenen sozialen Gruppe, der Studentenschaft, klein blieb.

Strategie und Reaktion

Damit zurück zur realen Protestbewegung der Studenten, zu ihrer außerparlamentarischen Opposition: Waren bis in die Mitte der sechziger Jahre die oppositionellen studentischen Gruppen verhältnismäßig isoliert, so änderte sich dies zunächst in West-Berlin sehr rasch aufgrund überzogener Reaktionen staatlicher Instanzen auf studentische Proteste. Den ersten Anlaß bildete eine Demonstration gegen den Vietnam-Krieg im Februar 1966, die von der Berliner Polizei niedergeschlagen wurde. Mit dieser Reaktion der staatlichen Gewalt ging eine entschiedene Ablehnung der Studentenaktionen in nahezu allen Bevölkerungsteilen einher – eine von der Presse mit verursachte Anti-Studentenstimmung. Was der *Rheinische Merkur* vom 11. Februar 1966 schrieb, war kein Einzelfall: „‚Narrenhände beschmieren Tisch und Wände'. Gemeinhin denkt man dabei an Schulbuben, die mit Kreide ihre Wut an Gartenmauern abreagieren". Genauso aber benahmen sich dem zitierten Blatt zufolge jene „politischen Klippschüler" der Freien Universität, die das Amerika-Haus mit Eiern bewarfen und auf Plakaten den Abzug der Amerikaner aus Vietnam forderten. „Die Randalierer ... sind freilich gefährliche Narren, deren Schmierereien und Ausschreitungen jenseits der Mauer begeistertes Echo finden ..."

Diese Konflikt-Situation nahm noch dadurch zu, daß sich die Protestbewegung gegen den Verzicht auf moralische Stellungnahmen der Bundesregierung und der westdeutschen Bevölkerungsmehrheit wandte – so bei der amerikanischen Intervention in Vietnam, so zum diktatorischen Schah-Regime im Iran. In diesen und ähnlichen Fällen hielt sich die Bundesregierung – mittlerweile in Gestalt der Großen Koalition – mit Kritik zurück und betrachtete sich als Anwalt bundesrepublikanischer Exportinteressen, deren Schutz von amerikanischem Wohlwollen abhängig war. Die Berliner Demonstration gegen den Schah-Besuch am 2. Juni 1967 eskalierte daher nicht von ungefähr zu einer großen Konfrontation zwischen Polizei und Protestierenden. Hierbei wurde der Student Benno Ohnesorg von einem Polizisten erschossen. Die studentische Oppositionsbewegung erreichte damit ihren ersten Höhepunkt – eine Bewegung, die auch weiterhin auf doppelte Ablehnung stieß: einmal durch die staatlichen Instanzen und dann durch die Bevölkerung. Mit ihren Protesten gegen das persische Regime trafen die Studenten die Sympathien der Westdeutschen für eine „autokratisch wohlgeordnete Wohlstandsgesellschaft" (*Bild*-Zeitung), als die der Schah sein System mit Hilfe der bundesdeutschen Massenpresse zu präsentieren verstanden hatte. Und seitens des Westberliner Senats wurde eine Art Ausnahmezustand verhängt, der die Befürchtung der Notstandsgegner zu bestätigen schien. Knut Nevermann schrieb damals: „Hinter der Haltung der politischen Führung nicht nur in Berlin wird ... ihre Konzeption sichtbar ... Die Notstandsgesetze würden den verfassungswidrigen Ausnahmezustand, wie er nach dem 2. Juni von der politischen Führung proklamiert worden war, seines staatsstreichähnlichen Charakters entkleiden und ihn legalisieren".[9]

Mit den Ereignissen am und kurz nach dem 2. Juni 1967 begann eine Phase der Radikalisierung und der räumlichen Ausdehnung der Studentenbewegung. Die „Berliner Inkubationszeit" (Arnulf Baring) war beendet. Der Tod von Benno Ohnesorg steigerte die Wut und die Militanz zahlreicher Studenten in der gesamten Bundesrepublik, wo sich in mehreren Universitätsstädten vielgestaltige Studentenunruhen ausbreiteten. Bereits der Widerstandskongreß in Hannover, dem Begräbnisort Ohnesorgs – eine Woche nach dessen Tod –, verdeutlichte die rasche Ausbreitung der Bewegung, repräsentiert durch Delegationen aus allen Teilen der Republik. Der Kongreß, der unter dem Leitthema „Bedingungen und Organisation des Widerstandes" stand, sollte einen Aufklärungsprozeß einleiten; er sollte die Ziele der studentischen Bewegung artikulieren und zugleich die politischen Mittel bestimmen. In dem, was Jürgen Habermas in seiner Hannoveraner Rede *Die politische Rolle der Studentenschaft in der Bundesrepublik* über Ziele und Mittel sagte, ließ sich ein gewisser Grundkonsens erkennen: Die studentischen Proteste brächten oft genug erst zum Bewußtsein, was die offiziellen Instanzen absichtslos oder auch vorsätzlich aus dem politischen Bewußtsein ihrer Bürger aussperrten und vielleicht sogar aus ihrem eigenen verdrängten. „Die Studentenproteste, das ist meine These, haben eine kompensatorische Funktion, weil die in einer Demokratie sonst eingebauten Kontrollmechanismen nicht oder nicht zureichend arbeiten".[10] Die studentische Protestbewegung als außerparlamentarische Opposition war nach Habermas ein Stück Wiederherstellung politischer Öffentlichkeit, ihr kam eine demokratische Kontrollfunktion zu. Mit dieser Rollenzuweisung war das Ziel abgesteckt, aus dem sich auch das Aktionsmittel – die Konfliktstrategie – ergab. „Die demonstrative Gewalt, welche die politische Aufklärung in unserer Situation, also in einer nicht-revolutionären Lage, allein in Anspruch nehmen darf, ist definiert durch das Ziel der Aufklärung", erklärte Habermas. Durch Demonstration erzwinge die studentische Opposition Aufmerksamkeit für ihre Argumente. Und wenn diese Opposition einen Vorzug aufweise, dann den: „daß sie Sensibilität für die Verletzung von Menschen und für deren Verletzbarkeit, einzelner Menschen wie ganzer Klassen, zu einer politischen Kategorie erhebt".[11] Habermas wies damit unzweideutig auf das Anliegen hin, Bereitschaft für die Aufnahme alternativer Argumente zu erzwingen, die aus der Politik des Pragmatismus – zumal in der Großen Koalition – ausgespart blieben. Die Demonstration als Zeichen, als Inspiration verzichtete auf Gewalt – auch als „werthafte Gegengewalt" (Herbert Marcuse).

Es wäre sicherlich für den Widerstandskongreß in Hannover hilfreich gewesen, statt von Gewalt und Gegengewalt von „Gegenmacht" zu sprechen, die zwischen physisch gewaltsamen und gewaltfreien, direkten Aktionen zu unterscheiden ermöglicht. Zum einen verhinderte aber die von Emotionen bestimmte Situation eine ausgewogene Prüfung der studentischen Konfliktstrategie. Und zum anderen bejahten zahlreiche Delegationen in Hannover bewußt die wiederholt eingesetzte „Gewalt gegen Sachen", die als Kampfmittel leicht zur „Gewalt gegen Menschen" ausufern kann. Das Werfen von Steinen oder Molotow-Cocktails sowie Provokationen der Polizei zählten für viele zur Konfliktstrategie, vor deren Eskalation Habermas mit seinem Wort von der Gefahr des „linken Faschismus" warnte und die Rudi Dutschke mit seiner voluntaristischen Ideologie verteidigte. Dutschke – Führungsmitglied des SDS und insofern klar distanziert von jeglichem Terrorismus, wie ihn Gudrun Ensslin und Andreas Baader beim Frankfurter Kaufhausbrand im April 1968 entfachten – erstrebte die direkte, die Rätedemokratie und richtete sich gegen die „etablierten Spielregeln" der Bundesrepublik. „Wir hatten", so Dutschke in Hannover, „in monatelanger Diskussion theoretisch herausgearbeitet, daß die bürgerliche Demokratie, in der wir leben, sich gerade dadurch auszeichnet, daß sie es dem Lord gestattet, mit seinem Hund spazierenzugehen und so auch den Vietnam-Protesten den Weg zur Verfügung stellt und die Kanalisierung des Protestes durchführt". Aus dieser Einschätzung der gesellschaftlichen Integrationsmechanismen sei für ihn deutlich geworden, daß die Spielregeln „dieser unvernünftigen Demokratie" nicht die der Protestbewegung darstellten, daß die Politisierung der Studentenschaft von der bewußten „Durchbrechung dieser etablierten Spielregeln" ausgehen müsse.[12] Damit wurde von Dutschke die „Systemopposition" geltend gemacht; sie ergab sich aus seiner speziellen Berliner Erfahrung, die er in Hannover auf die Formel brachte: „Jede Bewegung politischer Gruppen, die die Notstandsspielregeln der unvernünftigen Ordnung nicht mehr akzeptieren, wird von ihr als direkter Angriff auf die bestehende Ordnung angesprochen".[13]

Der von Dutschke beschriebene Spannungszustand folgte nicht allein aus der repressiven Gewalt staatlicher Instanzen, sondern auch daraus, daß es neben der studentischen Protestbewegung eine große Mehrheit von Bürgern gab, deren Verhalten zu Staat und Gesellschaft durch die von Günter Grass beschriebene Anpassung bestimmt war. Treffend hat der Pädagoge Hartmut von Hentig dieses Verhalten auf dem Hannoveraner Kongreß interpretiert: Die Durchschnittsöffentlichkeit „will und meint ein konfliktloses Gemeinwesen mit fleißigen, artigen und anständigen Menschen, die ungestört von Politik das Lächeln und die Mode einer Kaiserin genießen dürfen, ungestört von Vietnam, von Wachstums- und Finanzkrisen, vom 72. Absturz eines Starfighters, vom politischen Hintergrund eines Kaiserbesuchs". Diese Durchschnittsöffentlichkeit wolle daher auch eine Studentenschaft, die „still für sich" studiere, ihre Professoren verehre und, wenn überhaupt, nur so demonstriere, daß die Bürgerschaft sich darum für demokratisch und tolerant halten darf. „Diese Öffentlichkeit will – in einem Wort – die Demokratie als Alibi für den nicht stattfindenden Austrag der politischen Probleme. Sie hat nicht gelernt, mit Minderheiten zu leben, die etwas wollen. Sie ist im Begriff, sie schlicht zu unterdrücken, um ihre Nerven zu schonen".[14]

Diese Durchschnittsöffentlichkeit billigte auch all die weiteren Unterdrückungsmaßnahmen gegen die studentische Protestbewegung, die ihre in Berlin erprobte Konfliktstrategie beibehielt. Die Blätter des Springer-Konzerns – konkret: die *Bild*-Zeitung –, die am stärksten eine Pogromstimmung gegen Studenten und „Linke" verbreiteten, wurden zunehmend zum Aktionsziel der studentischen Opposition – unter dem Motto: „Enteignet Springer!" Während der Osteraktionen 1968, die gemeinsam mit der „Kampagne für Demokratie und Abrüstung" vorbereitet wurden und sich vorrangig gegen die Notstandsgesetzgebung und den „Rüstungsstaat" richten sollten, kam es dann zum zweiten Einschnitt (nach dem Tod von Benno Ohnesorg) in der Entwicklung der studentischen Protestbewegung: zum Attentat am Gründonnerstag, dem 11. April 1968, auf Rudi Dutschke, der lebensgefährlich verletzt wurde und an den Spätfolgen seiner Verletzungen frühzeitig, im Dezember 1979, starb. Der Mordanschlag durch einen eigentlich „unpolitischen" Jugendlichen, der sich von antikommunistischen Emotionen hinreißen ließ, wurde von vielen als „individueller Vollzug eines gesellschaftlichen Pogroms" (Heinz Grossmann) betrachtet.[15] Es kam darauf zu studentischen Demonstrationen und Ausschreitungen in Berlin, Hamburg, Frankfurt, München und anderen Städten. Die abermals gesteigerte Militanz der Protestbewegung eskalierte in der Nacht zum Ostersamstag, in der sich die Gewalt besonders gegen den Springer-Konzern richtete. Am heftigsten waren die Aktionen in West-Berlin. Dort versuchten rund fünftausend Demonstranten, das Hochhaus des Springer-Verlages an der Mauer zu stürmen. Sie schleuderten brennende Fackeln in das Gebäude und versuchten, durch eine Blockade der Zufahrtswege die Auslieferung der *Bild*-Zeitung zu verhindern.

Nach solchen direkten Aktionen tauchte in der Öffentlichkeit vielfach die Frage auf, weshalb sich die Attacken gegen das sogenannte Establishment auf den Springer-Konzern konzentrierten. Eine erste Antwort darauf fand Johannes Gross in *Christ und Welt* vom 19. April 1968. Er wies auf die Situation in Berlin hin, wo das Haus Springer einziges lohnendes Angriffsziel bilde. „Politische Machthaber sind, in extremis, die drei westlichen Stadtkommandanten, die großen politischen Fragen werden aus Bonn bezogen, der Senat, als Chef der örtlichen Administration, bietet kaum prinzipielle Angriffspunkte". Springer hingegen trete in Berlin als ein echter Machthaber vors Auge. Sein Konzern stelle sich imposant im Hochhaus an der Mauer dar, er beherrsche den Berliner Zeitungsmarkt weit mehr als im übrigen Bundesgebiet, „und er ist zudem die einzige Berliner Institution von zugleich überregionaler Bedeutung". Das Unternehmen „Enteignet Springer!" könne an allen größeren Plätzen der Bundesrepublik Filialen gründen – überall dort, wo Blätter des Springer-Konzerns redigiert, gedruckt und ausgeliefert werden. „Insofern ist die Wahl Springers zum ersten Objekt der Radikalisierung taktisch gerechtfertigt". Aber auch aus anderen Gründen war Springer für Gross ein gewissermaßen natürliches Angriffsziel. Es komme der namentlich von Intellektuellen erhobene Vorwurf hinzu, daß Springer vor allem durch die *Bild*-Zeitung die öffentliche Meinung manipuliere, und zwar im Sinne eines prinzipiellen Antikommunismus, ja, des Kalten Krieges. „Beides, antikommunistisches Sentiment und Kalter Krieg, sind aber die Etiketten, unter denen den Intellektuellen das politische Establishment seit Adenauers frühen Kanzlertagen sich darstellt".

Johannes Gross deutete damit zwei Elemente des sozialpsychologischen Hintergrunds der Protestbewegung zu Ostern 1968 an. Die Opposition der Studenten konfrontierte durch die Aktionen gegen den Presse- und Verlagskonzern die westdeutsche Mehrheit mit ihrem nicht zuletzt von der Springer-

Presse gespeisten Antikommunismus. Zum Tragen kam hierbei die unausrottbar scheinende Furcht vor der kommunistischen Bedrohung, vor der sich die Deutschen nicht erst seit Adenauers frühen Kanzlertagen ängstigten, sondern seit vielen Jahrzehnten. Für die Eskalation der Gewalt zeichnete daher nicht unerheblich die bundesdeutsche Gesellschaft verantwortlich, deren „Feind" noch immer „links" stand und bei der – um mit Günter Gaus zu sprechen – der „totalitäre Antikommunismus" als intellektueller Zustand den „Totalitätsanspruch der kommunistischen Ideologie" noch übertrumpfte.[16] So hat denn auch der spätere Bundespräsident Gustav Heinemann, damals Bundesjustizminister, in seiner berühmten Rundfunk- und Fernsehansprache am Ostersonntag weise argumentiert: „Wer mit dem Zeigefinger allgemeiner Vorwürfe auf den oder die vermeintlichen Anstifter oder Drahtzieher zeigt, sollte auch daran denken, daß in der Hand mit dem ausgestreckten Zeigefinger zugleich drei andere Finger auf ihn selbst zurückweisen. Damit will ich sagen, daß wir alle uns zu fragen haben, was wir selber in der Vergangenheit dazu beigetragen haben könnten, daß Antikommunismus sich bis zum Mordanschlag steigerte ..."[17]

Das zweite sozialpsychologische Element, auf das Gross zur Erklärung der gewaltsamen Springer-Kampagne hinwies, zeigt die Aktionsrichtung der Studenten noch klarer: Ihre Opposition zielte nicht nur auf die von Habermas genannten „offiziellen Instanzen" von Parlament und Regierung, sondern auch auf die starre Meinungsfront der bundesrepublikanischen Gesellschaft sowie – damit verbunden – auf die Meinungsmanipulation Springers. Der Presse- und Verlagskonzern war unter diesem Aspekt auch Symbol des sogenannten Establishments. Denn die studentische Opposition sah jene Wechselwirkung, die Herbert Marcuse in seinem *Spiegel*-Gespräch vom 26. August 1967 so kennzeichnete: „Das Publikum drückt nicht nur den Zeitungen, sondern auch den Politikern seine Meinung auf, aber es ist ein Publikum, das bereits von den Massen-Zeitungen und von den Politikern indoktriniert ist ..." Der Protest gegen dieses Publikum, die Kritik am Verhalten der „Väter“ waren – ohne daß deshalb der einzelne vom Vorwurf emotionalen Sich-Abreagierens freigesprochen werden konnte – sozialpsychologisch gesehen Ausdruck eines jahrelangen kommunikativen Versagens. Sicherlich, manchen der Studenten erlaubte die moralische Verurteilung des „Systems“, persönliche Aggressionen zu legitimieren.[18] Aber tiefgreifender waren ein starkes Mißbehagen an den Wertvorstellungen der Elterngeneration und die deprimierende Entfremdung zwischen Establishment und außerparlamentarischer Opposition, der die Diskussion hätte entgegenwirken können. Aber gerade vor einer solchen Diskussion verschlossen sich zuerst die Hochschulen, dann die politischen Institutionen und schließlich die „Durchschnittsöffentlichkeit“ (Hartmut von Hentig) und die Presse. Statt dessen konzentrierte sich namentlich die *Bild*-Zeitung darauf, mit groben Verunglimpfungen gegen die studentische Opposition vorzugehen und auf dem Wege „massenkommunikativer Indoktrination des Publikums“ (Herbert Marcuse) die autoritäre Stimmung zu fördern.

Der Sache entsprechend waren deshalb die Worte gewählt, die Heinrich Böll und namhafte Hochschullehrer wie Theodor W. Adorno, Ludwig von Friedeburg, Walter Jens, Eugen Kogon, Golo Mann, Alexander Mitscherlich und Heinrich Popitz in ihrer *Erklärung zum Mordanschlag auf Rudi Dutschke* fanden: „Zum zweiten Mal innerhalb eines Jahres hat blutige Gewalt die Studenten getroffen. So isoliert die Hintergründe des Mordanschlages auf Rudi Dutschke auch scheinen mögen, sie enthüllen den Zustand unserer Gesellschaft. Angst und mangelnde Bereitschaft, die Argumente der studentischen Opposition ernst zu nehmen, haben ein Klima geschaffen, in dem die gezielte Diffamierung einer Minderheit zur Gewalttätigkeit gegen sie aufreizen muß“. Dieses Klima sei von einer Presse systematisch vorbereitet worden, die sich als Hüterin der Verfassung aufführe und vorgebe, im Namen der Ordnung und der Mehrheit zu sprechen, mit dieser Ordnung aber nichts anderes als die Herrschaft über unmündige Massen meine. „Leitartikel des Springer-Konzerns forderten schon

Anfang 1967 dazu auf, die Stadt Berlin vom ‚immatrikulierten mobilisierten Mob' zu befreien. Es muß darum schärfstens der Erklärung des Springer-Verlags widersprochen werden, er habe die sachliche Auseinandersetzung gesucht". Die Unterzeichneten setzten sich dafür ein, endlich in die öffentliche Diskussion über den Springer-Konzern, seine politischen und wirtschaftlichen Voraussetzungen und seine Praktiken der publizistischen Manipulation einzutreten. Sie forderten die demokratischen Kräfte der Bundesrepublik, insbesondere an den Hochschulen, dazu auf, dem Problem einer demokratischen Öffentlichkeit vermehrte Aufmerksamkeit zu widmen.[19]

Über diese und die erwähnten Reaktionen auf den Mordanschlag auf Rudi Dutschke hinaus trat mit dem 11. April 1968 für den Sozialistischen Deutschen Studentenbund das ein, was er dem eigenen theoretischen Anspruch nach zu vermeiden suchte: die Personalisierung eines Konflikts. Dutschke geriet gegen seinen Willen in die Rolle eines Märtyrers. Die Verbindung Dutschke–SDS stellte sich für viele in der Weise dar, daß mit dem Attentat auch der Sozialistische Deutsche Studentenbund als außerparlamentarische Opposition vernichtet werden sollte. Über eine kurze Zeit hinweg lagen die weiteren Initiativen des Protests und der oppositionellen Kritik nahezu ausschließlich beim SDS. Und damals sahen einige seiner Wortführer die Stunde gekommen, eine breite Solidarisierung nicht nur in der Studentenschaft, sondern auch mit der Arbeiterschaft zu erreichen. So trugen im Mai 1968, zwei Tage vor der dritten Lesung der Notstandsgesetze im Bundestag, Münchener Studenten ihren Protest unter die Arbeiter, bei denen ihr Streikaufruf aber kein Echo fand. „Vom Hörsaal zum Fabriktor", so lauteten damals die Schlagzeilen der Presse. Doch weder damals noch später gelang ein Brückenschlag zu den Arbeitern wie etwa in Frankreich. Die Arbeiterschaft teilte die allgemeine Haltung der Westdeutschen, die – nicht unbeeinflußt durch Presse-Kampagnen – in demonstrierenden Studenten randalierende Nichtstuer auf Staatskosten sahen und durch die marxistischen Theorien vieler Studentengruppen abgeschreckt wurden. Auch die Arbeiterschaft war Teil jener Durchschnittsöffentlichkeit, wie Hartmut von Hentig sie beschrieben hat. Sie wollte ein „konfliktloses Gemeinwesen" – eine „Demokratie als Alibi für den nicht stattfindenden Austrag der politischen Probleme".

Die Änderung dieser Verhaltensweise stellte das große strategische Problem der studentischen Opposition dar, die der westdeutschen Bevölkerung „den Mangel an theoretischer Perspektive, den Mangel an Sensibilität gegenüber Verschleierungen und Verketzerungen, den Mangel an Radikalität bei der Auslegung und Praktizierung unserer sozialrechtsstaatlichen und demokratischen Verfassung" bewußt zu machen suchte. Hartmut von Hentig sah das Dilemma darin, daß einerseits mit gutem Zureden den Bürgern nicht beizukommen sei und andererseits Provokationen sie zwar einschüchtern, aber nicht ihr Bewußtsein ändern könnten.[20] Es blieb bei jener Unfähigkeit der bundesdeutschen Gesellschaft, mit ihrer akademischen Jugend zurechtzukommen, von der Rudolf Walter Leonhardt am 24. Januar 1969 in der *Süddeutschen Zeitung* schrieb. Leonhardt lieferte damit ein mutiges Beispiel für „anwaltschaftlichen Journalismus", der seine Aufgabe darin sieht, gerade auch die Interessen der Machtlosen in die Meinungsbildung einzubringen und auf diese Weise für die Chancengleichheit zu sorgen, von der das Grundgesetz in seinem Demokratieverständnis ausgeht. Die CDU, so Leonhardt, scheine drauf und dran, aus dem „Studentenschreck" Munition für einen Wahlkampf zu fabrizieren. „Relegiert alle akademischen Jungbürger, die sich gegen die Verfassung äußern oder die mit den Gerichten in Konflikt gekommen sind", fordere der Parteivorstand. „Streicht ihnen wenigstens die Studienbeihilfe nach dem Honnefer Modell", schlage der CDU-Innenminister Benda vor. „Zwei schlimme Vorschläge. Wobei der zweite als der noch schlimmere erscheint: da er außer der (verständlichen) Angst der Friedliebenden auch die (unverständlichen) Ressentiments der Steuerzahler mobilisiert; da er eine soziale Ungerechtigkeit verschärft, da er eine Leistungsprämie ‚umfunktioniert' in eine Wohlverhaltensprämie". Daran schloß sich Leonhardts Mahnung: „Man hüte sich ... vor einer Tendenz, die dieser Gesellschaft im Blute zu liegen scheint: immer dann, wenn man nicht weiter weiß, Sündenböcke zu finden – Juden, Kommunisten, Homosexuelle, Studenten ...“

Die studentische Protest- und Oppositionsbewegung und namentlich der Sozialistische Deutsche Studentenbund, dessen Bundesvorstand im März 1970 bekanntgab, daß er sich selbst aufgelöst habe, blieben bis zu ihrem Ende „Sündenböcke“. Die „Neue Linke“ der Studenten – die außerparlamentarische Opposition, die APO der akademischen Jugend – schien für manche bedrohlicher als die im Oktober 1968 gegründete DKP. Bundeskanzler Kiesinger sah im Januar 1969 nicht in dieser neuen kommunistischen Partei, nicht im organisierten Kommunismus die Gefahr für die Bonner Demokratie. „Die wirkliche Gefahr“, so meinte er, „droht von ganz links. Das ist von Anfang an in der Bundesrepublik so gewesen. Im Grunde genommen war es von Anfang an so, daß die drei demokratischen Parteien auf der einen Seite standen. All das große Hallo des Kampfes zwischen CDU und SPD, oder zwischen Adenauer und Schumacher usw., darf nicht darüber hinwegtäuschen, daß auf der einen Seite wir stehen und auf der anderen Seite das steht, was sich jetzt als APO einen Namen gibt, was wir ja alle kennen“.[21] Wer wollte, konnte im Sinne alternativer Politik zur Zeit des schwarz-roten Koalitionsparlaments aus Kiesingers Worten eine Existenzberechtigung für die außerparlamentarische Opposition ableiten. Habermas hatte der studentischen Protestbewegung gerade deshalb eine kompensatorische Funktion zugeordnet, „weil die in einer Demokratie sonst eingebauten Kontrollmechanismen nicht oder nicht zureichend arbeiten“. Wer wollte, konnte auch in des Kanzlers Aussage eine Bestätigung jener Bedrohung von „links“ finden, welche, wie angedeutet, die deutschen Bürger seit über hundert Jahren ängstigte. Wie anders – und klärender – klangen die Worte Gustav Heinemanns, die eine „zukunftsgerichtete Toleranz“ anstrebten und mahnend darauf hindeuteten, „daß in der Hand mit dem ausgestreckten Zeigefinger zugleich drei andere Finger ... zurückweisen“.

5. Mehr Demokratie wagen
Von Brandt zur Ära Schmidt

Machtwechsel

Nach zwanzig Jahren Bundesrepublik hegten viele ihrer Bürger die vage oder konkrete Hoffnung auf einen Wandel der Bonner Demokratie: auf eine politische und zugleich ideelle Erneuerung. Nicht erst Willy Brandts Kanzlerworte „Wir wollen mehr Demokratie wagen" und „Wir stehen nicht am Ende unserer Demokratie, wir fangen erst richtig an" weckten zuversichtliche Erwartung. Bereits die Bundestagswahl vom 19. September 1969 und der Wechsel der Regierungskoalition wurden als ein tiefer Einschnitt in der deutschen Nachkriegsgeschichte empfunden. Die Demokratie – „Herrschaftsauftrag auf Frist" (Theodor Heuss) – bestand mit dem Übergang der politischen Führung von einer der großen Parteien zur anderen eine Bewährungsprobe. Faktisch verbuchte die deutsche Sozialdemokratie mit dem besten Wahlergebnis seit ihrem Bestehen den größten Zugewinn, und die FDP mußte den größten Verlust an Wählern hinnehmen; die Unionsparteien waren stärkste Fraktion geblieben, aber nicht zur Regierungsbildung aus eigener Kraft fähig. Sie befanden sich nun zum ersten Mal und völlig unvorbereitet in der Opposition. Brandt, der sich schon 1966 für eine Koalition mit den Liberalen ausgesprochen hatte, zeigte sich – wie er in seinen *Begegnungen und Einsichten* notiert – entschlossen, eine sozial-liberale Regierung zu bilden und „das Risiko einzugehen, selbst wenn die ‚kleine' Koalition aus SPD und FDP nicht die ganze Legislaturperiode durchhalten würde".[1] Der Kanzlerkandidat erhob hierbei in „suggestiver Zuversicht" (Hans Ulrich Kempski) den Führungsanspruch, begleitet von der begeisterten Zustimmung zahlreicher Wähler. Und nicht zuletzt mit dieser Sympathie für Brandt verband sich weithin die Vorstellung, daß es sich in Bonn nicht nur um einen Regierungswechsel handele – sondern um einen Machtwechsel.

Das Schlagwort vom Machtwechsel signalisierte zunächst einmal den Wechsel der Koalitionspartner, es meinte konkret die Personalentscheidung: Brandt-Scheel. „Ich ließ niemanden darüber im Zweifel, daß ich Bundeskanzler werden wollte", bekannte Willy Brandt in seinen *Begegnungen und Einsichten.* „Vor der Wahl hatte ich ein paarmal mit Walter Scheel gesprochen. Wir waren übereingekommen, die Möglichkeit einer Koalition ernsthaft zu prüfen: Wenn das Wahlergebnis dies zuließe, wollten wir eine solche Lösung nicht wegen der Angebote anderer vorübergehen lassen".[2] Diese Überlegung hatte sich die Mehrheit der sozialdemokratischen Parteiführung nach der Wandlung, die in der FDP im Herbst 1968 sichtbar wurde, zu eigen gemacht. Damals, auf dem „Freiburger Parteitag" der Liberalen, erstarkte nach der Ablösung Erich Mendes der linksliberale Flügel der Partei gegenüber ihrem Wirtschaftsflügel. Die Führungsgruppe um Walter Scheel und Hans-Dietrich Genscher – ohnehin darum bemüht, „das Parteiodium zu beseitigen, nur CDU-Anhängsel zu sein" (Thomas Ellwein) – schien sich nun endgültig „links" zu orientieren. Es sah so aus, als wolle sie etwas von dem Bündnis zwischen Sozialismus und Liberalismus einlösen, das bereits 1919 Friedrich Naumann, die „politische Vaterfigur eines Theodor Heuss" (Werner Schulze-Reimpell), mit dem Hinweis angesprochen hatte: „Der Sozialismus ist die denkbar erweiterte Ausdehnung der liberalen Methode auf alle modernen Herrschafts- und Abhängigkeitsverhältnisse". In den *Freiburger Thesen* vom Oktober 1971 sollten dann die Liberalen die gesellschaftspolitischen Folgerungen aus der vorangegangenen Umorientierung ziehen. Vertreten wurde ein „sozialer Liberalismus", der die bisherigen liberalen Freiheits- und Menschenrechte durch soziale Teilhaber- und Mitbestimmungsrechte ergänzen wollte. Und schon vor dem Entschluß für eine sozial-liberale Koalition hatte sich ein solches Bündnis bei der Wahl des neuen Bundespräsidenten im März 1969 angedeutet. Es kandidierten der CDU-Politiker Gerhard Schröder und der SPD-Politiker Gustav Heinemann. Die Entscheidung lag angesichts des Stimmenverhältnisses in der Bundesversammlung bei der FDP, deren meiste Delegierte für Heinemann votierten.

So kam es am 5. März 1969 zur Wahl Gustav Heinemanns, der darin bereits „ein Stück Machtwechsel" vorweggenommen sah. Wie Willy Brandt, der andere Moralist, zielte der „Bürger-Präsident" auf den partizipatorischen Demokratisierungsprozeß. Seine Einführungsansprache vor Bundestag und Bundesrat am 1. Juli 1969 klang in wesentlichen Passagen wie eine prosaische Fassung der Regierungserklärung Brandts vom 28. Oktober desselben Jahres. „Wir stehen erst am Anfang der ersten wirklich freiheitlichen Periode unserer Geschichte", erklärte Heinemann. „Freiheitliche Demokratie muß endlich das Lebenselement unserer Gesellschaft werden". Die auf Menschenwürde und Menschenrechte begründete Ordnung der Bundesrepublik bedürfe „der fortwährenden Bemühung um täglich bessere Verwirklichung durch den mündig mitbestimmenden Bürger".[3] Der Bürger-Präsident wandte sich gegen die vielfach am „Obrigkeitsstaat" orientierte „Untertanengesinnung und Unterwürfigkeit" und damit gegen die tradierte Staatsgläubigkeit. „Ich liebe nicht den Staat, ich liebe meine Frau" – dieser sprichwörtliche Satz Heinemanns bedeutete mehr als eine schlagfertige Antwort, er richtete sich – um es mit Günter Grass zu formulieren – gegen „Tausende von Amtsstuben, ... in denen der Staat als Fetisch galt und die Demokratie als notwendiges Übel".[4] Schließlich gab es noch zwei weitere Parallelen zwischen dem designierten Bundeskanzler Brandt und dem Bundespräsidenten Heinemann. Wie Brandt bemühte sich Heinemann um die Integration der kritischen Jugend, was die Unionsparteien beiden ankreideten. Und wie Brandt stellte Heinemann im Ausland den „Sühnewillen des deutschen Volkes" (Friedrich Karl Fromme) heraus, besonders in denjenigen europäischen Nachbarstaaten, „die unter dem Nationalsozialismus gelitten haben und in denen die Erinnerung daran noch lebendig ist".[5]

Bei dieser schon zuvor sichtbaren Übereinstimmung der beiden Sozialdemokraten lag es nahe, daß das „Stück Machtwechsel", von dem Heinemann nach seiner Wahl zum Bundespräsidenten sprach, für viele Westdeutsche seine Ergänzung darin fand, daß Brandt am 21. Oktober 1969 zum Bundeskanzler gewählt wurde. Er erhielt zwar nur zwei Stimmen über die notwendige Kanzlermehrheit hinaus – eine Stimme mehr als Konrad Adenauer bei seiner ersten Kanzlerwahl. Doch die Wahl eines sozialdemokratischen Bundeskanzlers markierte nach zwanzigjähriger CDU-Herrschaft eine „historische Zäsur" (Rolf Zundel); die Sozialdemokraten, so die *Süddeutsche Zeitung*, waren, „so fremd dies manchen immer noch erscheinen mag, zur ‚Partei des Bundeskanzlers' geworden".[6] Zum „Faktum" Sozialdemokratie kam das der „ambivalent" scheinenden Persönlichkeit Brandts hinzu. Kanzler Brandt alias Frahm stammte nicht aus der Oberschicht, sondern aus der Lübecker Arbeiterschaft, er war für viele mit dem doppelten „Makel" der unehelichen Geburt und der Emigration behaftet. Heinrich Böll, der „Präses" der westdeutschen Nachkriegsliteratur und Nobelpreisträger, schrieb 1972: „In Willy Brandts Lebenslauf liegt Stoff für eine Legende, fast für ein Märchen, das wahr wurde. Nicht der legitime Aggressionskatholik aus München [Franz Josef Strauß] wurde Bundeskanzler, sondern der illegitime Herbert Frahm aus Lübeck, der diesen von der bürgerlichen Gesellschaft mitgegebenen Urmakel, diese Idioten-Erbsünde auch noch verstärkte, indem er Sozialist und außerdem noch Emigrant wurde". Böll, der darüber hinaus in Brandt den ersten deutschen Kanzler sah, der aus der „Herrenvolktradition" herausführe, aber sich noch zweifelnd fragte, ob „die Untertanen des ehemaligen Herrenvolkes ... wieder Herren haben und sein möchten oder ob sie sich selbst, dem Volk, nicht wenigstens ein wenig Herrschaft zutrauen können",[7] hoffte dabei wie viele Intellektuelle, aber auch breitere Bevölkerungsschichten auf ein „anderes" Deutschland.

Der Anfang hierzu, der Anfang „einer kurvenreichen Strekke" (Böll), schien gemacht. Zumindest verfing nicht mehr der in den Wahlkämpfen 1957 und 1965 von der Christlich Demokratischen Union herausgestellte „Makel der Emigration", jenes unfaire Argument, das so bereitwillig aufgenommen wurde. Sicherlich hatte der Vizekanzler und Außenminister Brandt in der Zwischenzeit – während der Großen Koalition – seine „nationale Ehrenhaftigkeit", wie es damals hieß, bewiesen. Aber bei jenem Teil der Bevölkerung, der sich von Brandt auf sympathische Weise vertreten fühlte, kam doch mehr hinzu. Dieser Bevölkerungsteil wenigstens lebte nicht oder nicht mehr nach dem Motto, man möge endlich das Vergangene auf sich beruhen lassen; er vermied es, die Nazi-Zeit zu derealisieren, zu entwirklichen. Seine Wertvorstellung beruhte Alexander Mitscherlich zufolge „auf der Einsicht, daß die geschichtlichen Ereignisse in Deutschland von 1914 bis 1945 eine Einheit darstellen und daß man nicht befugt ist, aus dieser Einheit herauszuschneiden, was einem nicht gefällt", im Sinne einer selektiven Derealisation also. Vielmehr war sich dieser Teil der westdeutschen Bevölkerung, so Mitscherlich 1972, „mit Brandt einig, daß von der immer wieder notwendigen kritischen Rückbesinnung auf die alltäglichen wie auf die extremsten Dinge, die sich in dieser Periode zutrugen, die innere Festigkeit unserer humanen Gesinnung für die Zukunft abhängt".[8] Für diejenigen, die so dachten, hatte sich Brandt, als er das Schicksal der Emigration auf sich nahm, richtig entschieden – aus „vermehrtem Aufwand an Reflexion" (Mitscherlich). Und für eben jene war er – um an Heinrich Böll zu erinnern – auch der erste deutsche Kanzler, „der aus der Herrenvolktradition herausführt".

Brandt wollte wirklich die Westdeutschen von der Herrenvolktradition lösen, und er hoffte darauf, daß sie sich selbst, dem Volk, „ein wenig Herrschaft" (Böll) zutrauten. In diesem Sinne war seine Regierungserklärung vom 28. Oktober 1969 verfaßt, die in ihrem politischen und ideellen Anspruch einem „Manifest des Neubeginns" (Wolfgang Jäger) glich und als brillantes Sprachwerk mit „moralisch und partizipatorisch mitreißender Kraft" (Klaus von Beyme) Optimismus verbreitete. „Wir wollen mehr Demokratie wagen. Wir werden unsere Arbeitsweise öffnen und dem kritischen Bedürfnis nach Information Genüge tun", so die vielzitierten Worte der Regierungserklärung, die auf des Kanzlers Bekenntnis zur Kontinuität folgten. „Mitbestimmung, Mitverantwortung in den verschiedenen Bereichen unserer Gesellschaft wird eine bewegende Kraft der kommenden Jahre sein. Wir können nicht die perfekte Demokratie schaffen. Wir wollen eine Gesellschaft, die mehr Freiheit bietet und mehr Mitverantwortung fordert".[9] Dem schloß sich ein ganzer Katalog von Reformen an: von der Modernisierung des Gesetzes gegen Wettbewerbsbeschränkungen und den Verbesserungen der Vermögensbildung in breiten Schichten über eine Steuerreform, eine Ehe- und Strafrechtsreform bis zu den Reformen im Bildungs- und Ausbildungssektor und in der betrieblichen Mitbestimmung. Diese auf die Innenpolitik gerichteten Reform-Ziele, von denen hier nur einige wichtige herausgegriffen wurden, standen unter dem Leitthema der „sozialen Demokratie" und vor allem der Partizipation: „Wir wollen die demokratische Gesellschaft, zu der alle mit ihren Gedanken zu einer erweiterten Mitverantwortung und Mitbestimmung beitragen sollen". Entgegen jenem passiven und formalen Demokratieverständnis, wie es die Mehrheit der Westdeutschen – zumeist mit zugespitzt juristischer Staatseinstellung – noch immer pflegte, hieß es in der Regierungserklärung: „Die Regierung kann in der Demokratie nur erfolgreich wirken, wenn sie getragen wird vom demokratischen Engagement der Bürger".[10] Die Demokratie sollte zur „Lebensform" (Theodor Heuss), zu einem Prinzip werden, „das alles gesellschaftliche Sein der Menschen beeinflussen und durchdringen muß", wie Brandt sie – alternativ zur christdemokratischen Demokratieauffassung als „Organisationsform des Staates" – definierte.[11] Des hohen Anspruchs bewußt, stellte er an den Schluß seiner Regierungserklärung den markanten Satz: „Wir stehen nicht am Ende unserer Demokratie, wir fangen erst richtig an" – in Brandts *Begegnungen und Einsichten*: „gewiß eine provokative Äußerung, aber nicht ungewollt".[12]

Diesem innenpolitischen Vorsatz einer Demokratisierung

aller Lebensbereiche entsprach in der Außen- und Sicherheitspolitik das Ziel der Neugestaltung der Ost/West- und der Deutschlandpolitik, das auch bald erreicht wurde. Nach dem Atomwaffensperrvertrag im November 1969 unterzeichneten Brandt und Scheel im August 1970 zunächst den Moskauer Vertrag mit der Sowjetunion, der insbesondere den Gewaltverzicht festschrieb. Dem folgte im Dezember desselben Jahres der Warschauer Vertrag mit Polen, der vor allem darauf abzielte, die gegenseitigen Beziehungen zu normalisieren. Bereits im März 1970 war es in Erfurt zu jenem Treffen des Kanzlers mit DDR-Ministerpräsident Willi Stoph gekommen, bei dem Tausende „erregter und hoffender Menschen" (Brandt) dem westdeutschen Bundeskanzler zujubelten. Zwei Monate darauf, im Mai, wurden die Verhandlungen über den Grundlagenvertrag bei einer erneuten Begegnung in Kassel fortgeführt, bei der namentlich neonazistische Gruppen aufmarschierten und im Sprechchor riefen: „Volksverräter Hand in Hand – Willi Stoph und Willy Brandt". Die Gäste aus Ost-Berlin konnten erkennen, daß sich, so Brandt in seinen *Begegnungen und Einsichten*, „der Haß der alten und jungen Neonazis keineswegs nur auf die DDR richtete, sondern auch auf den sozialdemokratischen Bundeskanzler und die Politik, für die er stand".[13] Diese Politik war, im Kontrast zu den Zwischenfällen in Kassel, von Prinzipien bestimmt, die sich „durch das Mittel der Vernunft und der aus ihr fließenden Nüchternheit" (Kurt Sontheimer) auszeichneten. Entgegen der starren Politik des Alles oder Nichts, wie sie die Unionsparteien betrieben, erstrebte die Brandtsche Friedenspolitik, mit behutsamen und kleinen Schritten menschliche Erleichterungen zu erreichen. Sie stieß gleichwohl auf heftige und unversöhnliche Opposition, die – wie der Politologe Kurt Sontheimer 1972 zu Recht bemerkte – neben „der deutschen Neigung, Rechtspositionen für die Sache selbst zu halten", vor allem darauf beruhte, „daß viele Deutsche nicht bereit sind, die Folgen der nationalen Geschichte auf sich zu nehmen ... Die Tatsache zu akzeptieren, daß Hitler-Deutschland den Krieg verloren hat, den es vom Zaun brach, ist von vielen

Deutschen, auch maßgeblichen Politikern, zu lange verdrängt worden".[14]

Sontheimer attestierte dem Bundeskanzler den „moralischen Impuls, Politik in den Dienst der Menschen ... zu stellen" – einen Impuls, aus dem heraus Brandt ebenso die Innenpolitik zu gestalten suchte. Auch hier war er bemüht, zunehmend aber auch gezwungen, die behutsamen und kleinen Schritte zu gehen; also nicht im Sinne des ungestümen Aufbruchs zu neuen Ufern, wie seine Regierungserklärung verstanden werden konnte und wurde, sondern nach dem Prinzip des Machbaren. „Die Durchführung der notwendigen Reformen", daran hatte Brandt in seiner Regierungserklärung keinen Zweifel gelassen, ist „nur möglich bei wachsender Wirtschaft und gesunden Finanzen".[15] Und solange genügend Hoffnung auf weiteres Wachstum der Wirtschaft und des Wohlstands bestand, fiel es nicht schwer, gemeinsam mit Wirtschaftsminister Schiller dieses Wachstum zu stabilisieren und beispielsweise das Betriebsverfassungsgesetz voranzutreiben. Viele der inneren Reformen, wie die zur weiteren Wirtschaftsverfassung, zum Staatsschutz, zur Justiz und zum Bildungs- und Ausbildungswesen, lassen sich kaum zeitlich exakt abgrenzen. Einige davon wurden erst unter Helmut Schmidts Kanzlerschaft weiterbearbeitet, andere immer wieder über die Bundesratsmehrheit der Unionsparteien blockiert. Hier nur soviel: Nachdem sich bis 1972/73 eine leichte Konjunkturbelebung bemerkbar machte, wurden die Regierungsgeschäfte unter dem Motto betrieben, „mehr" zu erreichen: mehr Wohlstand, mehr Sicherheit, mehr Freiheit, mehr Fortschritt, mehr soziale Gerechtigkeit, mehr Selbstbestimmung und – nicht zuletzt – mehr Lebensqualität. Damit verbanden sich Brandts emanzipatorische Grundsätze, die er in seiner Rede auf dem „Dortmunder Parteitag" der Sozialdemokratie im Oktober 1972 heraushob: Lebensqualität ist „Sicherheit durch menschliche Solidarität, die Chance zur Selbstbestimmung und Selbstverwirklichung, zur Mitbestimmung und Mitverantwortung, zum sinnvollen Gebrauch der eigenen Kräfte in Arbeit, Spiel und Zusammenleben, Teilhabe an der Natur und den

Werten der Kultur. Die Chance gesund zu bleiben und es zu werden. Lebensqualität bedeutet Bereicherung unseres Lebens über den materiellen Konsum hinaus".

Des Kanzlers Grundsatzentscheidungen waren stark von ethischen Impulsen und weit weniger von machtpolitischen Erwägungen geprägt. Moral, Vernunft und Toleranz zählten zu seinem Politikverständnis. Damit waren die Fähigkeit und die Bereitschaft verbunden, Meinungen anderer zu achten, zuhören zu können, demokratisch überzeugen zu wollen und sich auch überzeugen zu lassen – Eigenschaften von Brandts Führungsstil. Er praktizierte ihn, gleich, welche Position er jeweils innehatte: „Ich schätze es", so Brandt als Regierender Bürgermeister von Berlin im Fernsehgespräch *Zur Person* vom 25. September 1964, „eine Frage zu diskutieren, ... die Argumente gegeneinander abzuwägen, zu spüren, was in einer Situation drin ist und was nicht, Änderungen anzuhören und dann meine Entscheidung zu fällen". Als Außenminister bekannte er im *ZDF*-Interview vom 4. Dezember 1968: „Ich bemühe mich, ... möglichst viel von dem zusammenzufassen, was andere entwickeln, und immer zu versuchen, einen gemeinsamen Nenner herauszuarbeiten ... Aber nicht, indem man einfach nur summiert, sondern indem man Zielvorstellungen, die man hat, an dem mißt, was andere mitzutragen, mitzudenken, mitzugestalten bereit sind". Im *Spiegel*-Gespräch vom 24. Mai 1971 erklärte der Bundeskanzler Brandt: „Ich werde nicht darauf verzichten, zu diskutieren und ... zu überzeugen – dort, wo man dies kann. Ein Kollegium wie das Bundeskabinett funktioniert sicher nicht gut, wenn es zu häufig vor die Notwendigkeit von Abstimmungen gestellt wird. Es funktioniert auch nicht gut, wenn es zu häufig mit Richtlinienentscheidungen konfrontiert wird".

Brandts Identifikationsangebot

Der schon oft zitierte Psychoanalytiker Alexander Mitscherlich hat 1972 – ergänzend zum Aspekt des Führungsstils –

treffend darauf hingewiesen, daß sich am Politiker die Widerstände gegen und die Chancen für die Befriedigung eigener Interessen personalisieren und sehr unterschiedliche psychische Bereiche der Bevölkerung von verschiedenen Repräsentanten der Politik angesprochen werden. Er illustrierte dies in kontrastreichem Vergleich an Willy Brandt und Konrad Adenauer: an der Identifikation mit und an der Sympathie zu den beiden Kanzlern der Bonner Demokratie. Adenauer, das „Uraltgesicht", das der „gesichtslosen Bundesrepublik" ein „respektables Ansehen" gab, rief, so Mitscherlich, die „führerlose Herde" der Westdeutschen wieder zurück „zu den bürgerlich-kleinbürgerlichen Pflichten". Das Identifikationsangebot, das von ihm ausging, war die vom Nationalsozialismus unberührte Persönlichkeit, deren Moral es gestattete, die Jahre von 1933, mindestens von 1938 bis 1945 auszuklammern. Die Identifikation mit ihm galt dem unbescholtenen alten Herrn, „gänzlich überzeugt, daß verführte Millionen keinen anderen Wunsch haben, als heim- und zurückzukehren zu einem Alltag und zu einem Credo, das sich nicht wesentlich vom Alltag vor der Kriegskatastrophe unterschied". Adenauers berühmtes Wort: „Keine Experimente!" stand in diesem Zusammenhang, es besaß nach Mitscherlich aber noch eine weniger offensichtliche Nebenbedeutung:[16] „Nicht zuviel nachdenken!"

Ganz anders die Identifikation mit Brandt: Er hatte nichts „quasi Jenseitiges von Gut und Böse" anzubieten, er war ein Mann, „den das Unheil seiner Zeit nicht unbenetzt ließ". Er nahm das Los der Emigration auf sich. Und vor allem: er dachte in „allen Wechselfällen des Schicksals". In der Mühe des eigenen Denkens lag Brandts stärkstes Identifikationsangebot. Gleichermaßen unähnlich stellten sich für Mitscherlich die Sympathien dar, welche die betreffenden Teile der Bevölkerung den beiden entgegenbrachten. Adenauer war sympathisch, weil er – von seiner Meinung überzeugt – davon überzeugte, daß es zu ihr keine Alternative gab. Er gewann „seine Kraft aus der Eindeutigkeit". Brandt hingegen war sympathisch, weil er durch seine Reflexion zeigte, „wie verworren die Interessenverflechtungen in unserer Gesellschaft sind";

weil er die Möglichkeit bot, nachzuvollziehen, wie er zu seiner Stellungnahme gelangte. Er war sympathisch, weil er Lösungen suchte, die auf „rationalen Kompromissen und nicht auf tradierten Privilegien" beruhten. Und während Adenauers Moral in der Tradition bis hin zum kaiserlichen Deutschland wurzelte, lag Brandts Tugend darin, „denkend Alternativen sehen und konstruieren zu können".[17]

Bei aller Einschränkung einer solchen Merkmalsbeschreibung ist Mitscherlich sicherlich weitgehend zuzustimmen. Brandt kam es auf das gemeinsame Nachdenken an; und seine Stärke bestand nicht im respektheischenden Befehlen, sondern im Argumentieren aus der Reflexion heraus. Zugleich barg diese Flexibilität und Liberalität im Identifikationsangebot Brandts aber eine nicht zu unterschätzende Schwäche in bezug auf das „Image" zumal eines westdeutschen Politikers. Alexander Mitscherlich stellte denn auch die Frage, ob ein Staatsmann, der sich als „Unfertiger, als Lernender, als jemand, mit dem man Argumente tauschen kann", versteht und der „unter Umständen zur Änderung seiner Meinung bereit und fähig ist", tatsächlich ein Staatsmann sei. Er bejahte diese Frage mit dem Hinweis auf das menschliche Verlangen nach „Urvertrauen", nach einem „unerschütterlichen Schutz". So gesehen war Brandt ein politischer Führer, der durch öffentliches Nachdenken bei seinen Reden bewies, „daß die Sachverhalte in unserer hocharbeitsteiligen Welt so kompliziert sind, daß sie nur durch gemeinsames Nachdenken überhaupt einer Lösung zugeführt werden können". Brandts Besonderheit als politischer Führer bestand dann darin, „daß er zu denken fortfährt, wo seine Gefolgschaft schon bereit ist, sich ihren Affekten zu überlassen".[18] In dieser Weise die Funktion eines politischen Führers zu deuten, setzte freilich voraus, daß des Kanzlers Tugend, denkend Alternativen sehen und konstruieren zu können, kurz: die Dynamik seiner Reflexionskraft niemals versagte und zumindest nach westdeutscher Erwartungshaltung schließlich zum Erfolg führte.

Die Problematik einer solchen Erwartungshaltung läßt sich mit den Gedanken der Publizistin Dorothee Sölle vertiefen.

Willy Brandt faszinierte sie durch seine „Schwäche“: dadurch, daß er sich dem „herrschenden Klischee des Erfolgreichen so selbstverständlich wie unbeirrbar“ widersetzte. Er entsprach nicht dem Leistungsdenken, wie es die westdeutsche Gesellschaft beherrschte; er hatte nichts mit jenem Erfolgstyp gemein, der keine Schwächen aufwies, dem kein Sentiment unterlief, der seine Affekte beherrschte und für den die Sprache ein „geschmeidiges griffiges Instrument“ war – jederzeit verfügbar. „In bestimmten Situationen“, so Dorothee Sölle, „verschlägt es Brandt die Sprache. Bestimmte Infamien treffen ihn so, daß er nicht mehr argumentativ reagiert, sondern rein affektiv“. Der Kanzler zielte ihr zufolge überhaupt nicht auf die Rolle des Herrschenden: „Herrschen – sich beherrschen, die Sprache beherrschen, andere beherrschen – ist gar nicht das Modell, an dem er baut“. Darum enttäusche er aber auch zahlreiche Führererwartungen. Fürwahr – Sölle hat hiermit einen bedeutsamen sozialpsychologischen Aspekt der traditionellen deutschen Führer- und „Vater“-Vorstellung angesprochen. Die Deutschen waren jahrhundertelang in den Tugenden von Untertanen geübt und schoben so nach 1949 wie selbstverständlich den ersten Bundeskanzler in das alte Passepartout vom „Vaterbild“. Von all jenen, die noch diese Gesinnung trugen, war eine konservativ-autoritäre Führer-Einstellung und somit auch kaum Verständnis für Willy Brandts Kniefall im Warschauer Ghetto zu erwarten, einem der „konzentriertesten Momente“ (Alexander Mitscherlich) in seinem Leben. „Verdienen die Deutschen diesen Kanzler?“ – danach war bei Brandts Besuch in Polen gefragt worden, und dies bedeutete für Dorothee Sölle soviel wie: „Verdienen sie einen, der nicht Vater ist? Können sie schon ohne Vaterbild leben? Ist ... das Bedürfnis nach dem starken Mann nicht zu wichtig, als daß sie diesen Kanzler verdienten?“ In solchen Fragen lag eine tiefgreifende Berechtigung: Denn daß ein Regierungschef keinem Vater wie Adenauer, keiner „spendenden“ Mutter wie Erhard, sondern „einem älteren Bruder“ (Sölle) glich, bedeutete für Deutschland etwas Neues. „Ein älterer Bruder, der etwas mehr, aber keineswegs alles übersieht, der weiß, was er will, das Argument aber dem Befehl vorzieht" – das war ein „Versuch in mehr Demokratie",[19] auf den Dorothee Sölle wie viele andere ihre Hoffnung setzte.

Dieser „Versuch in mehr Demokratie" stand fortan im Sinne einer „regulativen Idee" (Kant) für das partizipatorische Bemühen einer engagierten Minderheit; denn dem Bewußtsein der bundesrepublikanischen Mehrheit in puncto Emanzipation entsprach des Kanzlers Demokratieauffassung nur sehr sporadisch. Demgegenüber kam der „sympathisierenden Identifikation mit Brandt" (Alexander Mitscherlich) zweifellos mehr Bedeutung für seine Politik zu. Was diese Identifikation anbelangt, war Brandt in den ersten drei Jahren seiner Kanzlerschaft – der Zeit der Planung und Reform, der Jahre ostpolitischer Annäherung und Entspannung, der Zeit des Wachstums und des unbedingten Glaubens, daß alles mit gutem Willen und Einsatzbereitschaft machbar sei – der unangefochten populärste Politiker der Bundesrepublik, der durch die Verleihung des Friedens-Nobel-Preises Ende 1971 auch offizielle Anerkennung im Ausland fand. Nicht zuletzt wegen dieser Popularität und Brandts anerkannter Leistungen hielt die knappe Kanzlermehrheit – auch beim ersten „konstruktiven Mißtrauensvotum" in der Geschichte der Bonner Demokratie am 26. April 1972. Und aus demselben Grund gestaltete sich die von der sozial-liberalen Koalitionsregierung mit Unterstützung des Bundespräsidenten nach Art. 68 des Grundgesetzes vorzeitig herbeigeführte Bundestagswahl vom 19. November 1972 zu einer Kanzlerwahl mit Bekenntniskomponenten. Mehr denn je setzten sich Intellektuelle und Künstler wie Günter Grass und Heinrich Böll für Brandt ein. Einprägsam warben die Formel „Bürger für Brandt" und die Plakette „Willy wählen". Zum ersten Mal wurde die Sozialdemokratie stärkste Partei im Deutschen Bundestag.

Der große Wahlerfolg Brandts markierte allerdings nicht nur den Höhe-, sondern auch den baldigen Endpunkt seiner Amtszeit. Nach dieser Kanzlerwahl wurden alsbald „Zeichen von Amtsmüdigkeit und Führungsschwäche" (Karl Dietrich Bracher) registriert; und Ende 1973 setzte eine Wirtschaftskrise – spürbar vor allem in Form der Ölkrise – ein, die Brandts Reformprogramm tangieren mußte. Es wurde nun immer deutlicher, daß sich die Koalitionsregierung in der Reformpolitik übernommen hatte. Als die großen Reformen steckenblieben, wurden zeitweise kleine Veränderungen und Verbesserungen von Gesetzen sozusagen ersatzweise geboten. Ein inflationärer Umgang mit dem Wort „Reform" kam in Mode, der Begriff wurde überstrapaziert. Über den wirtschaftlichen Bereich hinaus schufen der Terrorismus und dessen Umfeld neue Probleme der inneren Sicherheit. Des weiteren verschärften sich innerhalb der Sozialdemokratie die Flügelkämpfe zwischen den Partei-Linken und dem Parteivorstand mit seinem von der Schmidt-Kommission erarbeiteten Langzeitprogramm. Theo Sommer fragte damals in der *Zeit*, ob Willy Brandt der richtige Kanzler für eine richtige Krise sei; und zu Beginn des Jahres 1974 kommentierten die Zeitungen kaum noch die Politik des Kanzlers, sondern beschäftigten sich nahezu ausnahmslos mit seinem Formtief. Dazu kam schließlich der „Fall Guillaume" – die Enttarnung eines DDR-Spions in nächster Umgebung des Bundeskanzlers. Brandt übernahm die Verantwortung „für Fahrlässigkeit im Zusammenhang mit der Agentenaffäre", wie es in seinem Schreiben an den Bundespräsidenten hieß, und erklärte am 6. Mai 1974 seinen Rücktritt.

Pragmatische Humanität: Schmidt

Helmut Schmidt, Brandts Nachfolger als Bundeskanzler, wurde als „Macher" und „Pragmatiker" begrüßt, vor allem von denen, die sich mehr an einer Verbindung von Sozialdemokratie und Herrschaft als an einer Synthese von Sozialdemokratie und Demokratisierung interessiert zeigten. Der Übergang von Brandt zu Schmidt vollzog sich relativ rasch und reibungslos. In seiner Regierungserklärung vom 17. Mai 1974 knüpfte der neue Bundeskanzler an die Prinzipien seines Vorgängers an, die allerdings unter dem Motto „Konzentration" in bezug auf die überdehnte Reformpolitik verfolgt werden sollten: „Der Wechsel im Amt", so Schmidt, „ändert nichts an der fortgeltenden Richtigkeit und Notwendigkeit sozial-liberaler Politik in unserem Lande. Diese Leitlinien werden wir konsequent weiterhin verfolgen. In einer Zeit weltweit wachsender Probleme konzentrieren wir uns in Realismus und Nüchternheit auf das Wesentliche, auf das, was jetzt notwendig ist, und lassen anderes beiseite. Kontinuität und Konzentration – das sind die Leitworte dieser Bundesregierung".[20] Insgesamt betrachtet, bestach Schmidts Regierungserklärung mehr durch „analytische Schärfe" als durch jene „moralisch und partizipatorisch mitreißende Kraft" (Klaus von Beyme), die der Brandtschen Erklärung von 1969 ihren Impuls verliehen hatte. Dadurch unterschied sie sich auch von Gustav Heinemanns Ansprache vor Bundestag und Bundesrat am 1. Juli 1974 beim Abschied aus dem Amt des Bundespräsidenten. Heinemann erinnerte erneut an die zu erstrebende soziale und lebendige Demokratie. „Ich wollte helfen", so bekannte er, „Untertanengesinnung und Unterwürfigkeit in staatsbürgerliches Selbstbewußtsein und Mitverantwortung zu verwandeln. Wir alle wissen, daß hier bei uns eine Vergangenheit nachklingt, die sich mit lebendiger Demokratie nicht verträgt". Der scheidende Bundespräsident zeigte sich darüber hinaus über „die noch immer bei uns herrschende Kurzsichtigkeit" bekümmert, wie sie bei den großen – friedenspolitischen, weltwirtschaftlichen und ökologischen – Schicksalsfragen und bei den notwendigen inneren Reformen zutage trete. „Wer heute nur für sich selbst sorgen will", so Heinemanns eindrucksvolle Worte, „verspielt mit der Zukunft anderer auch die eigene". Das richte sich nicht zuletzt gegen die verbreitete Reformmüdigkeit. So schwer es auch falle, Reformen durchzuführen, so unverrückbar gelte: „in einer so schnell sich verändernden Welt kann nur bewahren, wer zu verändern bereit ist. Wer nicht verändern will, wird auch das verlieren, was er bewahren möchte".[21]

Heinemann, der Moralist, akzentuierte seine Abschiedsrede von seiner partizipatorischen Demokratievorstellung her, meinte aber sachlich dieselben Probleme, die Helmut Schmidt, der Vertreter einer pragmatischen Humanität, zu bewältigen sich anschickte. Der neue Bundeskanzler – mit dem neuen Führungsstil: ein bißchen Demokratisierung, ein bißchen mehr Autorität, ein bißchen Diskussion, sehr viel mehr Hierarchie – begann zunächst damit, der durch den Ölpreisschock ausgelösten Wirtschafts- und Strukturkrise entgegenzusteuern. Später als andernorts führte diese Krise auch in der Bundesrepublik zu einer Wachstums- und Fortschrittskrise mit steigender Arbeitslosigkeit. Hierbei war die beginnende wie die weitere Ära Schmidt von der Suche nach oft schwierigen Kompromissen gekennzeichnet, zunächst von der Notwendigkeit, Brandts hochgesteckte Ziele umzuarbeiten, aber auch abzubauen. Der neue Bundeskanzler stand unter dem Zwang, Reformen reformieren und dabei Wirtschaftskonflikte ausgleichen zu müssen. Konservative Kritiker sprachen von der „Erwartungsrevolution", die Brandt ausgelöst habe und die Schmidt nicht habe eindämmen können. Die Kritik war insofern berechtigt, als manche Reformgesetze auch während Schmidts Kanzlerschaft dasselbe Schicksal wie zuvor andere Reformvorhaben der sozial-liberalen Koalition erfuhren: „Ihre Amputation wurde erfolgreich beendet" (Axel Murswieck). Die gesellschaftliche Situation erlaubte aber auch kaum eine andere Möglichkeit. Denn neben und im Zusammenhang mit der erwähnten Wirtschafts- und Strukturkrise und deren sozialen Folgeerscheinungen wurde nicht nur das lange gehegte Vertrauen in die Fortdauer der wirtschaftlichen Prosperität erschüttert. Die soziale und wirtschaftliche Unsicherheit führte auch zu einer Anti-Reformstimmung im Bewußtsein der westdeutschen Bevölkerung.

Die Bereitschaft, sich auf Reformen in Wirtschaft und Gesellschaft einzulassen, war gegenüber 1972 und 1969 zunehmend gesunken. Der ursprünglichen Euphorie folgte schließlich Ernüchterung, begleitet von einem deutlichen Umschwung zu konservativen Werthaltungen. „Tendenzwende" oder wie auch immer, es war charakteristisch, daß das Wort Konservatismus – zuvor in der Bonner Demokratie zumeist gemieden – allmählich wieder respektabel wurde und sich Parteien zum Inhalt dieses Begriffs bekannten. Die in diese Richtung steuernden Unionsparteien reduzierten über ihre Mehrheit im Bundesrat weiterhin Reformvorhaben auf zufallsbestimmte Kompromisse – wenn sie sie nicht völlig blokkierten. Und im Zuge der „Tendenzwende" erstarkte nicht zuletzt der mächtige Wirtschaftsflügel des Regierungspartners FDP, was sich an dem wohl größten Reformversuch illustrieren läßt, mit dem Sozialdemokraten und Liberale ein jahrelanges Tauziehen im Juli 1976 beendeten: an der Einführung der Arbeitnehmer-Mitbestimmung in Kapitalgesellschaften mit mindestens 2000 Beschäftigten. Die Gewerkschaften und der DGB hatten die Parität zwischen den Vertretern von Kapital und Arbeit angestrebt. Gesetz wurde ein Modell, wonach zwar Kapital- und Arbeitnehmervertreter paritätisch in den Aufsichtsräten repräsentiert sind, bei Pattsituationen jedoch die Kapitalvertreter über den Aufsichtsratsvorsitzenden den Ausschlag geben. Gleichwohl – in dieser sozialökonomisch konfliktreichen Situation schien der Wirtschaftsexperte Helmut Schmidt mit den Qualitäten des Pragmatikers der richtige Kanzler zur rechten Zeit.

In Helmut Schmidt verband sich das Pragmatische, das „know how" – immer nach den Motivationen, nach den natürlichen Zusammenhängen suchend –, mit einer pragmatischen Humanität, für die es in Deutschland mit seiner „idealisierenden Überheblichkeit" (Alexander Mitscherlich) zumeist wenig Gegenliebe gab. Nun, nach den hohen Entwürfen der Brandtschen Reformen, wurde sie gebraucht und als notwendig empfunden. Die Identifikation mit und die Sympathie für Schmidt zeigte sich sowohl bei den Repräsentanten von Wirtschaft und Gesellschaft wie bei einer Mehrheit der westdeutschen Bevölkerung. Der Bundeskanzler, der „große Macher", überzeugte sie von seiner pragmatischen Humanität. Schmidt wurde, wie er in seinen *Maximen politischen Handelns* bekennt, vor allem von der politischen Ethik Kants und des Neukantianismus geprägt. Kants Schrift *Zum ewigen Frieden* schätzte Schmidt wegen ihres Realitätssinnes und der vorgeschlagenen friedenspolitischen Schritte, nach denen er seine Außen- und Sicherheitspolitik auszurichten bestrebt war. Hinzu kam Kants Abhandlung *Idee zur allgemeinen Geschichte in weltbürgerlicher Absicht*, in der Schmidt wertvolle Richtlinien für das politische Handeln sah. Ihm begegnete bei Kant das Sittliche als Imperativ, und der Imperativ ist kategorisch, duldet keine Rücksicht auf Neigungen und persönliche Interessen: „Handle so, daß die Maxime deines Willens jederzeit zugleich als Prinzip einer allgemeinen Gesetzgebung gelten könne".[22] Dieser kategorische Imperativ beinhaltet das Grundgesetz der reinen praktischen Vernunft; und Schmidt hielt es mit Kant für wesentlich, daß sittliches Verhalten von der Fähigkeit und Bereitschaft, Vernunft walten zu lassen, begleitet sein muß. „Der Politiker", so Schmidt, „wird nicht schon dadurch gerechtfertigt, daß er die richtigen, die moralisch begründeten Zwecke oder Ziele verfolgt. Das ist bestenfalls ein Teil seiner Legitimation". Seinem politischen Handeln müsse eine vernunftgeleitete Analyse der Situation, der Zusammenhänge vorausgehen. Wenn er das unterlasse, dann könne das Handeln des Politikers auch moralisch nicht begründet, nicht legitimiert werden. „Irrtümer, die ihm unterlaufen, in der Beurteilung der Situation oder Fehler in der vernunftgemäßen Auswahl der Mittel, zu denen er greift, um ein sittlich-legitimiertes Ziel zu erreichen, können sehr tragische Folgen haben. Ebenso schlimme Folgen wie falsche moralische Grundsätze".[23]

Mit der politischen Ethik Kants verband Schmidt diejenige von Max Weber – ausgehend von dessen typisierender Entgegensetzung von Gesinnungs- und Verantwortungsethik. Der „moralische Politiker" bei Kant war der „Verantwortungsbewußte", nicht der Gesinnungsethiker, der sich nach Weber bedingungs- und kompromißlos an einer Welt der Güte und des Friedens orientiert, ohne die Folgen seines Handelns zu beachten. Der Gesinnungspolitiker folgt nach Weber der Parole: „Die Welt ist dumm und gemein, nicht ich; die Verantwortung für die Folgen trifft nicht mich, sondern die andern, in deren Dienst ich arbeite ..."[24] Entgegengesetzt der Verantwortungspolitiker, an dem sich Schmidt orientierte. Hier bezieht sich die Verantwortlichkeit zunächst auf die angestrebten Ziele und die eingesetzten Mittel, dann aber auch auf die Wirkungen des eigenen Handelns – auf „die (voraussehbaren) Folgen seines Handelns".[25] „Ich orientiere mich hier", so Schmidt in seinen *Maximen politischen Handelns*, „sehr stark an Max Weber": Ein Politiker, der für andere handele, dürfe sich keineswegs auf seine Gesinnung oder auf „Gesinnungsethik" zurückziehen; vielmehr habe er „für die Folgen seines Handelns aufzukommen". Und dann stehe da bei Max Weber in Klammern noch dabei: „für die ‚voraussehbaren' Folgen seines Handelns. Ich möchte am liebsten das Wort ‚voraussehbar' streichen, obwohl es natürlich für den Politiker angenehmer ist, wenn ihm attestiert wird, daß er nur für die voraussehbaren Folgen aufkommen müsse. In Wirklichkeit muß der Politiker auch für die Folgen aufkommen, die er nicht voraussehen konnte!"[26] Schmidt entschied sich damit für jene Ethik politischen Handelns, die sich an den Postulaten der Leidenschaft, des Augenmaßes und der Verantwortlichkeit orientiert. Er stimmte dem zu, was Weber in seinem berühmten Vortrag *Politik als Beruf* hervorhob: „Die Politik bedeutet ein starkes langsames Bohren von harten Brettern mit Leidenschaft und Augenmaß zugleich".[27]

Neben diesen Richtlinien für das politische Handeln verfolgte Schmidt das materielle – demokratische und soziale – Rechtsstaatsziel. „Der Staat", dieser Satz war für ihn zentral, „der ... sich selbst die Achtung vor dem Gewissen seiner Bürger als oberste Richtschnur allen Handelns seiner Organe gegeben hat und auch im Hinblick auf das Zusammenleben von Menschen verschiedener religiöser und geistiger Grundüberzeugung den Schutz von Gewissen und Würde jedes einzelnen Menschen übernommen hat, wird ... selbst ein Wert".[28] Diese so begründete Einschätzung des Staates, der für Schmidt alles andere als ein „Selbstbedienungsladen" war, ging in der Tendenz auf Ferdinand Lassalle zurück, einen Sozialdemokraten, den Schmidt neben August Bebel und Eduard Bernstein häufig zitierte. Hinzu kam schließlich noch ein Politiker, in dessen pragmatischer Tradition sich Schmidt gleich doppelt fühlte: Bismarck. Zum einen bewunderte er das Kunstwerk der Gleichgewichtspolitik Bismarcks nach der Reichsgründung. Zum anderen begriff Schmidt sein Konzept der sozialen Sicherheit in der Nachfolge von Bismarcks Sozialpolitik: Das damals geschaffene System der Sozialversicherung verstand er als einen „ersten Durchbruch gegenüber dem rein marktwirtschaftlichen Prinzip", als „eine Korrektur der Marktresultate". Auch für Schmidt korrigierte die Sozialpolitik die von ihm grundsätzlich verfolgte soziale Marktwirtschaft. Sozialpolitik bedeutete ihm soziale Sicherung, bessere Gesundheitsvorsorge, Vermögensbildung, vor allem aber die Mitbestimmung der Arbeitnehmer am Arbeitsplatz und im Unternehmen, wodurch ein soziales Klima geschaffen werde, „in dem kritische Partnerschaft und die gewaltlose Austragung von Konflikten zwischen Unternehmern und Arbeitnehmern, zwischen den Managern des Kapitals und den Gewerkschaften der Arbeitnehmer möglich wird".[29]

Ohne Zweifel, Helmut Schmidt bejahte mit seiner Sozialpolitik die soziale Marktwirtschaft. Er und der größte Teil der Sozialdemokratie hatten das Leitprogramm eines „freiheitlichen Sozialismus" immer mehr jenem neoliberalen Wirtschaftssystem der „sozialen Marktwirtschaft" angepaßt, in dem die SPD vor Godesberg lange Zeit nichts anderes als die bloße Restauration des Kapitalismus erblickt hatte. Die beste soziale Marktwirtschaft, die es je gab, glaubten die Sozialdemokraten inzwischen anbieten zu müssen. SPD und sozial-liberale Koalition kamen damit – bei tendenziell abflachendem Wirtschaftswachstum und steigender Arbeitslosigkeit – dem Verlangen der Westdeutschen nach wirtschaftlicher Neubelebung entgegen, das mit der konservativen „Tendenzwende" spürbar wurde. „Wir sind wieder wer" – diese Formel klang im politisch-gesellschaftlichen Bewußtsein der Bevölkerung weiterhin nach. Ihr Empfinden, „wieder wer zu sein", verband sich hauptsächlich mit der Erfahrung einer Wohlstandsperiode der Vergangenheit. Es schwang deshalb ein „starkes Element untergründiger Sorge um die mühsam erworbene Respektabilität“ (Wolfgang J. Mommsen)[30] hierbei ebenso mit wie eine pragmatische Konsum-Mentalität.

Parallel zu dieser Orientierung am Konsum beherrschte die massenkommunikative Sprache der Industrie die politische Kultur großer Teile der westdeutschen Bevölkerung, weit von jeder demokratisch-diskursiven Kommunikation entfernt. Diese technisch-instrumentelle Sprache ließ Ausdrucksfähigkeit nur noch im Werbeslogan zu. „Du sollst keine anderen Jeans haben neben mir“ – dieser auf das erste der zehn Gebote zurückgreifende Slogan, mit dem damals die „Jesus-Jeans“ warben, war für dessen Expressivität charakteristisch: für eine Ausdrucksfähigkeit, die im Zuge des Konsumierens und der Massenkommunikation im zwischenmenschlichen Bereich verlorengegangen war. „Der Verlust an Expressivität“, so schreibt Dorothee Sölle – im Rückgriff auf Pasolinis linguistische Analyse des erwähnten Werbeslogans – „ist ein Abgeschnittensein von jeder Form des Transzendierens“. Das junge Paar, dessen Leben sich im Konsumieren ausdrücke, verspüre gemäß der herrschenden Fernsehprogrammatik nicht einmal mehr das Bedürfnis nach einer Sprache, die den eigenen Schmerz und die eigenen Wünsche artikuliert. „Das Leben selber steht gar nicht auf dem Spiel, es ist in der Tat nur soviel wert, wie man und solange man kaufen kann“. Für Sölle brachte der Konsumismus eine völlig neue Gesprächskultur hervor, in der die „seriösen“ Fragen herrschen, wie man Steuern spart und wo man was günstig bekommt; „die Klassenunterschiede sind dann nur noch Fragen der Geographie des günstigen Grapschens“.[31] Hier hatte sich in der Tat das rein Pragmatische ausgebreitet, das weit von der pragmatischen Humanität entfernt war, die Helmut Schmidt als Bundeskanzler zu verwirklichen strebte. Und hier zeigten sich Orientierungsmechanismen, die, wie Alexander Mitscherlich mahnte, der so wichtigen Demokratisierung der Bundesrepublik widersprachen: „Demokratie bedarf, um zu funktionieren, eines hohen Maßes von Einsicht in die Eigenarten zwischenmenschlicher Beziehungen, von der Familie bis in die supranationalen Konstruktionen. Orientierungsmechanismen, die diese Einsicht nicht vermehren, sind der Demokratie schädlich ...“[32]

Bundestagswahl 1976 und Grundwerte-Diskussion

Tendenziell – auch dies ist eine Frage von Orientierungsmechanismen – lassen sich die verschiedenen Phasen der Bonner Innenpolitik in den siebziger Jahren anhand jener Leitworte markieren, die jeweils über den Regierungserklärungen standen und die im Rückblick politische Absichtserklärungen wie weltpolitische Enzykliken erscheinen lassen: zunächst noch die mitreißende „Politik innerer Reformen“ Willy Brandts, sodann die moderat-kühle Erklärung unter dem Leitgedanken „Kontinuität und Konzentration“ des ins Amt gerufenen Nachfolgers und 1976 das Motto „Solidarität und Liberalität“ der zweiten Regierungserklärung Helmut Schmidts. Der Bundestagswahl vom 3. Oktober 1976 war ein wortreich polarisierter Wahlkampf vorausgegangen, in dem die Unionsparteien jenen harten Konfrontationskurs gegenüber der sozial-liberalen Koalition steuerten, dessen Taktik Franz Josef Strauß bereits 1974 in Sonthofen umriß: „Nur anklagen und warnen, aber keine konkreten Rezepte etwa nennen ... Lieber eine weitere Inflationierung, weitere Steigerung der Arbeitslosigkeit, weitere Zerrüttung der Staatsfinanzen in Kauf nehmen, als das anzuwenden, was wir für notwendig halten“. Unter unbedingtem Vorrang allgemeiner Konfrontation müsse „man die anderen identifizieren damit, daß sie den Sozialismus und die Unfreiheit repräsentieren, daß sie das Kollektiv und die Funktionärsherrschaft repräsentieren, daß ihre Politik auf die Hegemonie der Sowjetunion über Westeuropa hinausläuft“.[33]

Der Frontalangriff zielte auf die Regierungskoalition und vor allem auf die Sozialdemokratie, die ihrerseits vorwiegend unpolemisch auf den „Kanzlerbonus“ und auf Schmidts Image als Wirtschaftsexperte setzte. „Freiheit statt Sozialismus“ (CDU) und „Freiheit oder Sozialismus“ (CSU) – so lauteten die Parolen, die durch Angstvokabeln wie „Ende der Freiheit“

und „Sicherheitsrisiko" noch ergänzt wurden. Die Unionsparteien wagten damit noch kompromißloser als 1972 eine Wahlkampftaktik, die über die Gleichsetzung von Sozialdemokratie, Sozialismus und Kommunismus erneut auf die antikommunistische Geisteshaltung der Wähler zielte. Als die Evangelische Akademie Schleswig-Holstein vier Wochen vor dem Wahltermin eine Tagung dem alten deutschen Thema „Stilfragen politischer Auseinandersetzung – Feindbild oder demokratische Gegnerschaft?" widmete, klang zudem das, was der damalige CDU-Generalsekretär Kurt Biedenkopf zur Rechtfertigung der Freiheit/Sozialismus-Alternative vorzutragen hatte, nicht gerade überzeugend. Laut *Neue Zürcher Zeitung* vom 9. September 1976 leitete er „aus dem Anspruch des Marxismus, die Welt nach einem vorgegebenen Plan zu verändern und den Staat als Werkzeug dieser Veränderung einzusetzen, eine Bedrohung der Freiheit des einzelnen ab", als hätte die zur Volkspartei gewordene Sozialdemokratie sich noch auf den Marxismus berufen. Ihr Vorsitzender Willy Brandt wandte sich dann auch auf derselben Tagung energisch gegen jede Gleichsetzung zwischen dem Sozialismus der SPD und dem, was unter der Etikette Marxismus-Leninismus in der DDR praktiziert werde. Brandt beschuldigte die Christlich Demokratische Union, „Angst politisch zu vermarkten, sie zur manipulierbaren Psychose zu steigern" und neben antikommunistischen Ressentiments geschichtliche Vorurteile gegen die deutsche Sozialdemokratie wie das Wort von den „vaterlandslosen Gesellen" wiederzubeleben. Auch das Verhalten der Unionsparteien in der Wirtschaftskrise der letzten Jahre, insbesondere die von Strauß in Sonthofen ausgegebene Parole, den Niedergang der Regierung nicht mit guten Ratschlägen aufzuhalten, gehörte für Willy Brandt in den Bereich der „Angstmacherei", die er als schlechten politischen Stil wertete.[34]

Über die politische Stilfrage hinaus schienen die Polarisierung und der formelhafte Propagandastil auch einer allgemein-parteilichen Kompensation zu entsprechen – im Sinne des Eindrucks Horst-Eberhard Richters, „daß die großen Parteien sich immer mehr einander angleichen, nur noch Parolen, aber keine Ideen mehr hervorbringen". Die Parteien waren nach dem Psychoanalytiker Richter nur noch mit sich selbst, dem technischen Funktionieren ihrer Bürokratien und mit einer attraktiven Selbstdarstellung, immer weniger hingegen damit beschäftigt, was die Bürger wünschen und denken.[35] Auf diese Weise trugen auch sie durch die Expressivität in ihrem Konfrontationsverhalten – wie die Industrie mit ihren Werbeslogans – zu dem von Dorothee Sölle beschriebenen Konsumismus großer Bevölkerungsteile bei. Die ohnehin ausgeprägte Konsum-Mentalität der westdeutschen Wähler wurde damit ebenso begünstigt wie jene konservative Grundhaltung, die sich mit der „Tendenzwende" ausbreitete. Konservative Einstellungen gewährleisteten schließlich auch die Fortsetzung der machtpolitischen Gruppierung in Bonn. Die Wähler hatten in ihrer großen Mehrheit eine konservative Entscheidung getroffen, und davon konnte auch der Kanzler, ein Sozialdemokrat mit konservativen Zügen, wie ihn die *Zeit* vom 8. Oktober 1976 bezeichnete, bei seinem knappen Wahlsieg profitieren. Bei Schmidts zweiter Regierungserklärung im Zeichen des vielzitierten Wertezerfalls bekamen, wie die *Süddeutsche Zeitung* vom 17. Dezember prophezeite, „die Semantiker wieder einiges zu tun – jene Leute, die politische Signalbegriffe besetzen und diesen Besitz dem politischen Gegner streitig machen". „Wir arbeiten für eine Gesellschaft", so Schmidt in seiner Regierungserklärung vom 16. Dezember 1976, „in der die Menschen einander mit Respekt und Verständnis begegnen können, eine Gesellschaft, ... in der Lebensangst und Isolierung der Zuversicht weichen ... Wenn wir eine solche Gesellschaft wollen, dann brauchen wir mehr Solidarität und Liberalität in unserem Land – Liberalität, weil sie der Kern der Demokratie ist, und Solidarität, weil sie Gerechtigkeit erst möglich macht ..."[36]

Mit dieser Regierungserklärung wurden abermals hohe Werte angesprochen: „Freiheit" und „Solidarität", die gemeinsam mit dem Begriff der „Gerechtigkeit" die Grundsatzprogramme der Parteien bestimmten (und bestimmen). Diese

Grundwerte stehen in der wenngleich gebrochenen Tradition der bürgerlichen Emanzipationsbewegung: „Freiheit – Gleichheit – Brüderlichkeit". Und sie bildeten im Jahre der Bundestagswahl den Gegenstand einer Grundwerte-Diskussion – einer vehement geführten parteipolitischen Debatte, mit der die „gesellschaftliche Orientierungskrise" und der „Wertezerfall" aufgefangen werden sollten. Dazu bestimmt, über die sozialen – materiellen – Beziehungen hinaus das ideelle Fundament der Bonner Demokratie zu bilden und den Zusammenhalt der bundesrepublikanischen Gesellschaft zu gewährleisten, hatten die Grundwerte immer mehr an übereinstimmender Überzeugungskraft verloren; und dies nicht nur in breiten Kreisen der Bevölkerung, sondern vor allem auch zwischen und in den Parteien. Nun, Mitte der siebziger Jahre, versuchten die „Volksparteien", sich durch Wertmaßstäbe gegeneinander abzugrenzen, was allerdings in der Reaktion darauf nicht selten zu einer Wiederherstellung ideologischer Grundsätze führte. Zunächst mitbedingt durch die öffentliche, vornehmlich kirchliche Diskussion über gesetzliche Reformmaßnahmen zum Straf- sowie zum Ehe- und Familienrecht, kam es zu einer parteipolitischen „Begriffsbesetzung", die als „Wertebesetzung" zum Teil autoritär-konservatives Gepräge annahm und den Verdacht erweckte, den ursprünglich durch das „Wirtschaftswunder" hergestellten Grundkonsens in der Bundesrepublik durch neue Identitätsmuster wiederzubeleben.

In dieser Grundwerte-Diskussion und bei der Werte- und Begriffsbesetzung ging es nicht zuletzt – wie auf der Tagung der Katholischen Akademie Hamburg im Mai und Juni 1976 – um das Verhältnis von Grund*werten* und Grund*rechten.* Parteipolitiker waren zu Gesprächen mit Wissenschaftlern und Publizisten eingeladen. Unter Anteilnahme einer interessierten Öffentlichkeit, die durch eine recht breite Presseberichterstattung ermöglicht wurde, zeigten sich in der Diskussion tiefgreifende Unterschiede: vor allem bei den Vorträgen von Helmut Schmidt und Helmut Kohl. Für die Sozialdemokratie bezeichnete der Bundeskanzler die Grundrechte als Abwehrrechte gegen staatliche Über- und Eingriffe, als politische Mitwirkungsrechte sowie als soziale Entfaltungsrechte. Es sei falsch, „diese Grundrechte des Grundgesetzes mit transzendent orientierten, mit religiösen oder sittlichen Grundwerten gleichzusetzen". Denn die Grundrechte „enthalten keine Garantie, keine Gewährleistung ganz bestimmter Auffassungen, Überzeugungen, Werthaltungen oder eines ganz bestimmten Glaubens oder Bekenntnisses". Wohl aber garantierten die Grundrechte die Freiheit, Auffassungen und Überzeugungen zu vertreten und sich zu einem Glauben zu bekennen, dafür einzutreten und dementsprechend zu handeln.

„Mit der Gewährleistung der Grundrechte für den einzelnen Menschen, auch für Gruppen, eröffnet das Grundgesetz die Möglichkeit, Grundwerte zu verwirklichen", so Schmidt. Ob und welche Grundwerte entstehen, dauerhaft bleiben oder sich wandeln, lag nicht in der Reichweite von Grundrechten. Diese stellten zwar eine notwendige, jedoch keine ausreichende Bedingung und schon gar keine Garantie dafür dar, daß Grundwerte entstehen und sich entfalten. So könne beispielsweise trotz Garantie der Religionsfreiheit „Religion absterben, wenn etwa in den Menschen die religiösen Überzeugungen, der Glaube absterben". Es handle sich mithin um eine Freiheitsgarantie, aus der umgekehrt auch folge, daß sich der Staat religiös und weltanschaulich neutral zu verhalten habe. Der demokratische Staat hat nach Schmidt die Werthaltungen und die sittlichen Grundhaltungen nicht geschaffen. „Er findet sie vielmehr in den einzelnen und in der Gesellschaft vor, und er muß bei seinem Handeln dort anknüpfen" – und diese Grundwerte schützen. Wie und mit welchen Mitteln der Staat dabei vorgehe, das entscheide sich im Prozeß der politischen Willensbildung. Ebenfalls im Zuge dieses demokratischen Prozesses können Schmidt zufolge neu sich bildende sittliche Grundhaltungen in die Rechtsordnung aufgenommen werden. Und umgekehrt vermag der Staat historisch überlebte Wertorientierungen nicht einfach zurückzuholen. Immer muß „die Rechtsordnung einen Wandel des tatsächlich vorhandenen Ethos berücksichtigen".[37]

Dieser sozialdemokratischen Grundwerte-Auffassung gegenüber sah Helmut Kohl, der CDU-Vorsitzende und damalige Kanzlerkandidat, für die Christlich Demokratische Union die Antwort auf die Frage nach den Grundwerten des Staates im Grundgesetz gegeben. Es binde „den Staat an oberste Grundwerte des menschlichen Zusammenlebens" und kenne „nicht nur formale Grundrechte, sondern auch materielle Grundwerte". Es genüge nicht zu sagen, daß der Staat die Grundwerte nicht geschaffen habe, sondern sie vorfinde. Er finde sie vor – „aber nicht empirisch in der Gesellschaft, sondern in der Natur des Menschen". Für den CDU-Vorsitzenden, der zu Beginn seiner Rede betonte, als Christ verstehe er die Grundwerte „als Ausdruck eines religiösen Bekenntnisses" – das sei „keine beschauliche Ausflucht", sondern „ein verbindlicher Handlungsauftrag, Politik aus dem ‚C' heraus zu gestalten" –, schaffen die Grundwerte „die Grundlage, um staatliche Macht und Kultur zu verbünden". Sie begründen nach Kohl die Autorität des Staates, die es ihm ermöglicht, „Recht und individuelle Ethik wenigstens teilweise in Einklang zu bringen"; sie bilden die Voraussetzungen für eine Rechtsgemeinschaft, „die nicht nur wegen des Rechtszwanges das Recht befolgt, sondern es auch innerlich bejahen kann". Damit legitimieren die Grundwerte, wie sie von Kohl dargestellt wurden, die bestehende staatliche Ordnung. Da ihm zufolge der Staat „nicht nur der Notar von Mehrheitsmeinungen"[38] ist, steht nicht eigentlich das Prinzip der Volkssouveränität im Mittelpunkt der Betrachtung, sondern „der Staat" selbst und die ihn jeweils repräsentierenden gesellschaftlichen Gruppen, die Mehrheitsmeinungen nur dann akzeptieren, wenn sie in den Grenzen verbleiben, die durch die Grundwerte festgelegt wurden.

Ohne hier näher auf die Ausführungen von Kohl und Schmidt eingehen zu können, läßt sich der Hinweis zur Diskussion stellen, daß die Grundwerte über die erwähnten sozialen – materiellen – Beziehungen hinaus einen gemeinschaftlichen Fundus ethischer Überzeugungen beinhalten: eine Gesamtheit freischwebender Werte. „Jede historische Zivilisation oder Kultur", so Richard Löwenthal in diesem Sinne, „wird durch ein System von tragenden *Werten* zusammengehalten, die das Sozialverhalten ihrer Mitglieder letztlich motivieren ... Die tragenden Verhaltensnormen und Institutionen einer Zivilisation beruhen nicht nur auf den materiellen Existenzbedingungen ..., sondern auf der Gestaltung dieser Bedingungen im Sinne jener Werte".[39] So einleuchtend dies klingen mag, so problematisch bleibt die Frage, *woher* diese freischwebenden Werte kommen sollen. Denn der Staat, so hatte bereits Helmut Schmidt hervorgehoben, schaffe die sittlichen Grundhaltungen – die Grundwerte – nicht, er finde sie vielmehr in den einzelnen und in der Gesellschaft vor. Die Herkunft der Grundwerte war damit freilich nicht geklärt, wie Schmidt selbst zugab. Helmut Kohl als Christ-Demokrat wußte sich zu helfen, indem er die Grundwerte zum „Ausdruck eines religiösen Bekenntnisses" erhob. Wurden die Grundwerte hier direkt von Gott abgeleitet, so bezogen sie für die Sozialdemokraten ihre Rechtfertigung aus ihrer reinen Existenz. So oder so: mögen die Grundwerte auf metaphysische Instanzen zurückgeführt oder positivistisch als vorhanden hingenommen werden – in der Selbstdarstellung des Staates und der Parteien waren (und sind) sie „Orientierungsmarken" oder „Maßstäbe" ihres Handelns. Daraus aber ergibt sich, wie Kurt Bayertz aufgezeigt hat, eine Argumentationskette, die wesentliche Rückschlüsse auf die politische Funktion der Grundwerte erlaubt. „Wenn *erstens* die Grundwerte entweder Inbegriff der allgemein akzeptierten ethischen Überzeugungen der Bevölkerung oder unmittelbarer Ausfluß der ‚göttlichen' Seinsordnung oder der Natur des Menschen sind, und *zweitens* der Staat und die ihn tragenden Parteien nichts weiter im Sinn haben, als die Verwirklichung der Grundwerte, dann ergibt sich *drittens*, daß die Politik dieses Staates und der ihn tragenden Parteien sich im Einklang mit der ethischen Überzeugung der Bevölkerung, der (göttlichen) Seinsordnung oder der Natur des Menschen befindet, und daß *viertens* jede Alternative zur Politik des Staates und der ihn tragenden Parteien in Widerspruch zu diesen Instanzen steht und deshalb illegitim ist. Kurz, die Grundwerte dienen der Legitimation der bestehenden politischen und sozialen Verhältnisse".[40]

Bei dieser Legitimationsfunktion muß freilich auf den unterschiedlichen Standpunkt der beiden Parteiredner in Hamburg zurückverwiesen werden. Während Helmut Kohl dozierte, das Grundgesetz kenne „nicht nur formale Grundrechte, sondern auch materielle Grundwerte", betonte Helmut Schmidt den Charakter der Grundrechte als Abwehrrechte gegen staatliche Über- und Eingriffe in bezug auf die Grundwerte, aber abgehoben von diesen. Mit Recht: denn während die Grund*rechte* in der Verfassungsordnung der Bundesrepublik kodifiziert sind, zeichnet sich das Grundgesetz der Bonner Demokratie durch seine Offenheit in der Frage der Grund*werte* im Rahmen der freiheitlichen demokratischen Grundordnung aus. Dieser Unterschied erweist sich als bedeutsam. Denn wer vom Vorrang der überempirischen „Natur des Menschen" und der tabuierten Grundwerte gegenüber parlamentarisch-demokratischen Mehrheiten ausgeht, läuft Gefahr – hier ist Christian Graf von Krockow zuzustimmen –, die demokratische Pluralität der Wertvorstellungen auf eine monistische Wert- und Machtinstanz zu reduzieren – in äußerster Konsequenz bis hin zu einem totalitären Führer wie in der deutschen Vergangenheit. „Ganz so schlimm wird es schon nicht kommen, mögen viele meinen", schreibt Krokkow, die bedenkliche Frage anschließend: „wirklich nicht? Kann man angesichts deutscher Vorzeichen und Erfahrungen darauf vertrauen, daß der Biedermann als Brandstifter eine literarische Kunstfigur bleibt? Gibt es nicht vielleicht so etwas wie ein überdauerndes Hindenburg-Syndrom machtgeschützter Innerlichkeit, das deutsch-nationale ‚Grundwerte' markiert?"[41]

Die Diskussion über Grundwerte, wie sie in Hamburg geführt wurde, zeigte, wie erwähnt, autoritär-konservative Tendenzen, versuchte aber wohl vorrangig, schwindendem Leistungswillen und übertriebenem Anspruchsdenken mittels ideeller Impulse entgegenzusteuern. Im Zusammenhang mit dem „Verfall bisheriger Werte" (Karl Dietrich Bracher) kamen der

Grundwerte-Diskussion also auch wirtschaftspolitische Ziele zu. Wenn Helmut Kohl die Grundwerte das „ideelle Integrationselement" nannte, „das in besonderer Weise dazu beiträgt, die geschichtliche Identität unseres Staates zu stiften",[42] so konnte, wer wollte, damit auch die Identität in der wirtschaftsgeschichtlichen Entwicklung der Bonner Demokratie verbinden. Für denjenigen, der dies tat, sollten solche Integrations- und Identitätselemente dazu beitragen, den verlorenen Grundkonsens des „Wirtschaftswunders" der fünfziger Jahre im Sinne einer Wirtschaftsethik der sozialen Marktwirtschaft schlechthin zu erneuern. Beispielhaft kommt dies in einem Artikel von Anton Szöllösi in der *FAZ* vom 10. Mai 1977 zum Ausdruck: Das „Wesen" der freiheitlichen Ordnung der Bundesrepublik beruht für den Verfasser auf Gewinnstreben und Wettbewerb, unternehmerischer Privatinitiative und privater Eigentumsordnung, Eigenverantwortung und privater Risikohaftung. Es sei mithin das „Individualprinzip", das der sozialen Marktwirtschaft zugrunde liege – „recht besehen ... im wesentlichen ‚zentrifugale' Verhaltensweisen". Um das Gemeinwesen dennoch nicht zu sprengen, „bedürfen sie eines weltanschaulich-ideologischen sowie sozialphilosophischen und -moralischen Gegengewichts" in Form überlieferter Werte und Wertordnungen. Christliche Ethik und Moral, gesundes Nationalgefühl, europäisch-humanistisches philosophisches Erbgut sind Szöllösi zufolge solche Gegengewichte, „um die eigennützigen konkurrenzmotivierten, individualistischen Fliehkräfte des ökonomischen Neoliberalismus (auf welchem die soziale Marktwirtschaft beruht) auszubalancieren". In verklärender Begrifflichkeit wurde damit die Einsicht formuliert, daß die soziale Marktwirtschaft nur so lange fortbesteht, wie „gemeinsame Grundwerte" sozialökonomische Probleme überdecken. Und daran mußte – einmal abgesehen von den unterschiedlichen Wertvorstellungen – beiden Grundwerte-Rhetorikern in der Katholischen Akademie Hamburg gelegen sein.

6. Die verunsicherte Republik

Extremismus und Terrorismus

Die siebziger Jahre sollten das Jahrzehnt der inneren Reformen sein: ein Dezennium des Wandels von Gesellschaft und Staat – unter der Losung „Mehr Demokratie wagen". Im Rückblick sahen sich viele, die auf mehr Demokratie hofften, in ihrer Erwartung – „konkret gerichtet auf die Politik in einem restaurativen Staat, in dem nicht jede Regierung auch schon die Macht hat" (Günter Gaus) – enttäuscht. Das Defizit an Partizipation blieb weithin bestehen. Nur ein halbes Jahrzehnt nach dem „Machtwechsel" folgte die „Tendenzwende" und schließlich die „Wende" selbst. Bereits 1972 kam es – fern von einer etymologisch zutreffenden „radikalen" Demokratie – zum sogenannten „Radikalenerlaß": zu dem von den Regierungschefs des Bundes und der Länder getroffenen „Extremistenbeschluß" in bezug auf die Beschäftigung von verfassungsfeindlichen Personen im öffentlichen Dienst. Dieser Beschluß stand im Zusammenhang einer erregten Debatte um innere Sicherheit – ausgelöst vom linksextremistischen Terrorismus, dessen „harter Kern" in der Öffentlichkeit zumeist als Baader-Meinhof-Gruppe oder -Bande bezeichnet wurde. In den Jahren 1970 bis 1977 ereigneten sich Terroranschläge, Polizeiaktionen und Entführungen, die in der bundesrepublikanischen Bevölkerung Angst, Symptome der Hysterie und den Ruf nach energischem „Durchgreifen des Staates" zur Folge hatten. Die Reaktion auf den Terrorismus war bei den Westdeutschen jedenfalls weit heftiger als in irgendeinem anderen betroffenen Lande, was mit „unserer Geschichte, mit dem fehlenden demokratischen und nationalen Selbstbewußtsein, einem tiefsitzenden Unsicherheitsgefühl" (Iring Fetscher)[1] zusammenhing.

Der politisch motivierte Terrorismus in der Bundesrepublik gründete auf einem vielgestaltigen Mißbehagen an ihrer – als neofaschistisch, kapitalistisch und imperialistisch verstandenen – Politik und Gesellschaftsstruktur. In dogmatischer Frontstellung gegen die „Wohlstands"-Wirtschaftsordnung und gegen den gesamten „politischen Überbau" der staatlichen Instanzen „zur Unterdrückung der arbeitenden Bevölkerung" und „zur imperialistischen Ausbeutung kolonialer Völker" (RAF) begann der Terrorismus im Mai 1970 organisierte Formen anzunehmen. Damals wurde der Kaufhausbrandstifter Andreas Baader aus seiner Westberliner Haft von einer Kommandoaktion befreit, an der sich die Journalistin Ulrike Meinhof und der Rechtsanwalt Horst Mahler beteiligten: die theoretischen Führer der „Roten Armee Fraktion" (RAF). Neben der RAF, der mächtigsten deutschen Terroristengruppe, bestanden die „Revolutionären Zellen" und die weitgehend auf West-Berlin beschränkte „Bewegung 2. Juni". Alle drei Gruppen verfolgten bei unterschiedlicher Motivation das gleiche politische Ziel: den bewaffneten Kampf gegen „das System" der Bonner Demokratie. Hierbei stellte zunächst der Sympathisantenstreit eine erhebliche Belastung für das öffentliche Klima dar. Es ging um den Stellenwert gesellschaftlichen Wandels von systemerhaltender Reformpolitik bis zur „Systemveränderung". Während die konservative Seite, namentlich die Unionsparteien, einen direkten Weg vom Neo-Marxismus zum Terrorismus sah, neigte die linke Öffentlichkeit – einschließlich großer Teile der SPD – zu einer begrenzten Dialogbereitschaft. Wegen der Auseinandersetzung über die Brandtsche Reform- und Ostpolitik stand jedoch die Sozialdemokratie unter dem Zwang, sich gegen Kommunisten und kommunistenfreundliche Kräfte abzugrenzen. Hinzu kam der Druck weitreichender Befürchtung, daß mit dem „langen Marsch durch die Institutionen" (Rudi Dutschke) die linksextremistischen Bewerber aus der APO-Zeit in den öffentlichen Dienst eindringen könnten.[2]

Die vom Terrorismus und vom nichtterroristischen Extremismus herausgeforderte Auseinandersetzung um innere Sicherheit führte am 28. Januar 1972 zu den von den Regierungschefs des Bundes und der Länder beschlossenen Grundsätzen zur Frage der Beschäftigung von verfassungsfeindlichen Personen im öffentlichen Dienst. Dieser sogenannte Extremistenbeschluß (polemisch: „Radikalenerlaß"), der auf einen Vorschlag der Ständigen Konferenz der Innenminister der Länder zurückging, schrieb zwar die Einzelfallprüfung vor, legte aber für die Mitgliedschaft in verfassungsfeindlichen Organisationen fest: „Gehört ein Bewerber einer Organisation an, die verfassungsfeindliche Ziele verfolgt, so begründet diese Mitgliedschaft Zweifel daran, ob er jederzeit für die freiheitliche demokratische Grundordnung eintreten wird. Diese Zweifel rechtfertigen in der Regel eine Ablehnung des Einstellungsantrages".[3] Vor allem diese Kompromißformel von Einzelfallprüfung und bloßer Mitgliedschaft in einer als verfassungsfeindlich eingestuften Organisation barg das Problem, daß der Extremistenbeschluß keine Vereinheitlichung, sondern im Gegenteil – wie die *Zeit* vom 21. Juli 1972 vermutete – „heillose Verwirrung stiften und verheerende Folgen zeitigen" werde. Frühzeitig wurde dann auch die Kritik gegen den Beschluß und eine Behördenpraxis laut, „die in kurzer Zeit die politische Sprache um so fragwürdige Begriffe ‚bereicherte' wie: Überwachungsstaat, Gesinnungsschnüffelei, Berufsverbot ..."[4] Aber auch die Einmütigkeit der Parteien und ihrer Repräsentanten wich bald der unterschiedlichen Beurteilung der Mitgliedschaft in verfassungsfeindlichen Organisationen.

Bei dieser Beurteilung neigten die SPD und Teile der Liberalen mehr zum Erfordernis der Aktivität, um einen Bewerber abzulehnen, während die Unionsparteien mehrheitlich die bloße Mitgliedschaft für ausreichend hielten. Im Sommer 1974 legte die sozial-liberale Regierungskoalition einen Gesetzentwurf vor, nach dem die Mitgliedschaft in einer verfassungsfeindlichen Organisation allein zur Ablehnung nicht genügen sollte. Demgegenüber vertraten die Bundestagsopposition und die von den Unionsparteien gestellte Ländermehrheit im Bundesrat die Auffassung, „die Mitgliedschaft in einer Partei oder sonstigen Vereinigung, die verfassungsfeindliche Ziele" verfolge, begründe „in der Regel Zweifel daran, ob der Bewerber jederzeit für die freiheitliche demokratische Grundordnung eintreten" werde, und zwar auch dann, „wenn die Partei oder Vereinigung noch nicht verboten ist. Bleiben die Zweifel bestehen, so ist der Bewerber abzulehnen".[5] In der Bundestags-Debatte am 15. November 1974 appellierte der damalige Bundesinnenminister Werner Maihofer an das Parlament, mit dem vorliegenden Entwurf nun ein Kapitel der Innenpolitik abzuschließen, „das weite Teile unseres Volkes aufgewühlt hat". Die Parteien rief er auf, die Auseinandersetzung mit Extremisten in erster Linie „in der politischen Arena und mit politischen Argumenten" zu führen und zu bestehen. „Zum Schutz unserer Verfassungsordnung soll ein juristisches Verbot, wenn ich es einmal so sagen darf, nur als Ultima ratio der Politik, als letzte Waffe der streitbaren Demokratie eingesetzt werden". Wogegen sich der Regierungsentwurf vor allem wende, sei das „pauschale Verdikt". Gerade bei den betroffenen jüngeren Bewerbern offenbare erst eine „sorgfältige Prüfung des Einzelfalls, eine gründliche Beschäftigung mit den tatsächlichen Aktivitäten und Motivationen", was vom jeweiligen Bewerber zu halten sei.[6]

Mitbedingt durch die anhaltenden Gewalttaten der Terroristen und die dadurch erregten Kontroversen um die innere Sicherheit konnten sich die Koalitionsmehrheit des Bundestages und die Unionsmehrheit des Bundesrates nicht einigen. Der sogenannte Extremistenbeschluß blieb bestehen und wurde durch das Bundesverfassungsgericht in seiner „Radikalen-Entscheidung" vom 22. Mai 1975 weitgehend bestätigt. Anlaß für die Entscheidung war, daß ein Absolvent des Juristischen Staatsexamens in den schleswig-holsteinischen Referendardienst aufgenommen werden wollte. Er gehörte während seines Studiums an der Kieler Universität der „Roten Zelle Jura" an, und wegen dieser Mitgliedschaft lehnte das Land Schleswig-Holstein die Übernahme in den Referendar-Vorbereitungsdienst ab. Zwar hat das Bundesverfassungsgericht sich auch mit dem Anliegen des geprüften Rechtskandidaten befaßt. Überwiegend handelt seine Entscheidung jedoch von der „gesinnungsbezogenen Haltung“ des Beamten und von der Unterordnung des Gleichheitssatzes, also einer demokratischen Fundamentalnorm, unter das „Prinzip der Staatstreue“; und zwar mit dem Argument: aufgrund des „Kontextes der Verfassung“ sei „es schlechterdings ausgeschlossen, daß dieselbe Verfassung, die die Bundesrepublik Deutschland aus der bitteren Erfahrung mit dem Schicksal der Weimarer Demokratie als eine streitbare, wehrhafte Demokratie konstituiert hat, diesen Staat mit Hilfe des Art. 3 Abs. 3 GG seinen Feinden auszuliefern geboten hat“.[7]

Das Bundesverfassungsgericht unterstrich damit den Grundsatz der „streitbaren Demokratie“ sowie die „Treuepflicht“ der Beamten – ein Prinzip, bei dem der Verfassungshistoriker Ernst-Wolfgang Böckenförde einmal weise zwischen einem „*verhaltens*bezogenen“ und einem „*gesinnungs*bezogenen Moment“ unterschieden hat. Er setzte sich dafür ein, daß an die Stelle der praxisgewordenen Forderung nach politischer „Gesinnungsloyalität/-treue“ eine „Verhaltensloyalität/-treue“ der Beamten tritt, und meinte, daß dadurch die „Aufgabe, den öffentlichen Dienst auch für die Verteidigung der Verfassungsordnung des GG funktionstüchtig zu erhalten, auf eine einwandfreie rechtsstaatliche Grundlage gestellt“ werde.[8] Damit war eine Unterscheidungsmöglichkeit zur Debatte gestellt, an der das Bundesverfassungsgericht in seiner „Radikalen-Entscheidung“ vorbeiging: „Die politische Treuepflicht – Staats- und Verfassungstreue – fordert“ dem Bundesverfassungsgericht zufolge „mehr als nur eine formal korrekte, im übrigen uninteressierte, kühle, innerlich distanzierte Haltung gegenüber Staat und Verfassung; sie fordert vom Beamten insbesondere, daß er sich eindeutig von Gruppen und Bestrebungen distanziert, die diesen Staat, seine verfassungsmäßigen Organe und die geltende Verfassungsordnung angreifen, bekämpfen und diffamieren“. Vom Beamten werde erwartet, daß er den Staat und seine Verfassung als einen hohen positiven Wert erkenne und anerkenne, für den einzutreten sich lohne. Politische Treuepflicht bewähre sich in Krisenzeiten und in ernsthaften Konfliktsituationen, in denen der Staat darauf angewiesen sei, daß der Beamte Partei für ihn ergreife. Der Staat müsse sich darauf verlassen können, daß der Beamte in seiner Amtsführung „Verantwortung für diesen Staat, für ‚seinen' Staat zu tragen bereit ist, daß er sich in dem Staat, dem er dienen soll, zu Hause fühlt – jetzt und jederzeit und nicht erst, wenn die von ihm erstrebten Veränderungen durch entsprechende Verfassungsänderungen verwirklicht worden sind".[9]

Mit Recht hat der Politologe und Jurist Jürgen Seifert darauf aufmerksam gemacht, daß beim „Akt des bewertenden Erkennens" des Bundesverfassungsgerichts das durch Verfassungsnormen abgesteckte politische Feld sich immer mehr von einer „offenen Stätte" – von einem Forum – zu einem „geschlossenen Gebilde" – zu einem Haus – entwickelt habe.[10] So ist es für ihn auch nicht zufällig, daß die zitierte Entscheidung davon spricht, der Staat müsse sich darauf verlassen können, daß sich ein Beamter „in dem Staat, dem er dienen soll, zu Hause fühlt". Werde das Verfassungssystem in dieser Weise zu einem Haus verändert, in dem man sich zu Hause fühlen müsse, dann erkläre das zugleich denjenigen, der sich nicht zu Hause fühle oder dem dies nachgesagt werde, zu einem „Feind", dem nicht mehr alle Bürgerrechte zuzubilligen sind. Ein neuer Begriff war damit eingeführt: der des Verfassungsfeindes, dem das Bundesverfassungsgericht die Treuepflicht des Beamten kontradiktorisch gegenüberstellte – und zwar mit einer weiteren Folgerung: Wenn, so das Gericht, „der Beamte habituell, seiner Persönlichkeit nach nur dann für ein öffentliches Amt geeignet ist – Eignung im Sinne des Art. 33 Abs. 2 GG als Voraussetzung für die Berufung ins Beamtenverhältnis –, wenn er jederzeit bereit ist, für die freiheitliche demokratische Grundordnung einzutreten, dann muß unter diesem verfassungsrechtlichen Aspekt verlangt werden, nur solche Anwärter ins Beamtenverhältnis zu berufen, die auch die Gewähr dafür bieten, daß sie jederzeit für die freiheitliche demokratische Grundordnung einzutreten bereit sind".[11] Hierzu ist mit Jürgen Seifert zu sagen, daß sich aus dem

Grundgesetz die vom Bundesverfassungsgericht als Verfassungsgrundsatz in Art. 33 GG projizierte Formulierung des Beamtengesetzes nicht ablesen läßt. Für die Beamten reichte es zuvor aus, durch ihren Eid zu bekunden, sich verfassungstreu verhalten zu wollen, das heißt unabhängig von ihrer Einstellung, Verfassung und Gesetz zu wahren. Seit dem Extremistenbeschluß und der Entscheidung des Bundesverfassungsgerichts sollten der Eid und die in mehreren Bundesländern zudem verlangte Erklärung, bestimmte Grenzmarken der freiheitlichen demokratischen Grundordnung zu achten, nicht mehr genügen.[12]

„Das Bundesverfassungsgericht hat kleinmütig wieder eine Bastion liberaler Rechtsstaatlichkeit geschleift, um deren vermeintlichen Verteidigern freies Schußfeld im Glacis zu verschaffen", schrieb Hans Schueler über die Entscheidung des Bundesverfassungsgerichts in der *Zeit* vom 1. August 1975. Es gab zahlreiche Kräfte in der Bonner Demokratie, die ihre Hoffnung darauf konzentrierten, das Gericht werde den Extremistenbeschluß wenigstens in einigen Punkten korrigieren. Statt dessen formulierte es den „sybillinischen Kernsatz" (Hans Schueler): „Ein Teil des Verhaltens, das für die Beurteilung der Persönlichkeit eines Beamtenanwärters erheblich sein kann, kann auch der Beitritt oder die Zugehörigkeit zu einer politischen Partei sein, die verfassungsfeindliche Ziele verfolgt – unabhängig davon, ob ihre Verfassungswidrigkeit durch Urteil des Bundesverfassungsgerichts festgestellt ist oder nicht".[13] Mit dieser Entscheidung hat das Gericht zudem das ihm vom Grundgesetz übertragene Entscheidungsmonopol, Parteien für verfassungswidrig zu erklären und zu verbieten, im Grunde der Exekutive überantwortet; sie konnte von nun an Parteien als „verfassungsfeindlich" bezeichnen. Bundesverfassungsrichter Hans Rupp warnte in seinem Sondervotum: „Wenn man, wie es die Mehrheit für zulässig hält, ... dem Grundsatz des Art. 21 GG die Anwendung versagt, wonach eine Partei so lange als legal anzusehen ist und die Mitgliedschaft bei ihr nicht verfassungswidrig ist, bis sie vom Bundesverfassungsgericht verboten wird", so bestehe die Gefahr, daß in Zukunft unter einer ganz anderen politischen Konstellation möglicherweise einmal eine Regierung einen Bewerber „deshalb nicht einstellt, weil er einer Partei angehört, die sie zwar nicht für verfassungswidrig halten kann, die ihr aber aus anderen Gründen mißliebig oder unbequem ist".[14]

Die Bundesverfassungsgerichts-Entscheidung weckte Befürchtungen, daß nun das „Schnüffeln" erst richtig einsetze. Der Politologe Alfred Grosser warnte vor einem „gefährlichen Mitläufertum", das durch den Extremistenbeschluß heraufbeschworen werde; und Gustav Heinemann, der Alt-Bundespräsident, erinnerte an die „ängstliche Haltung", die sich bei der jungen Generation auszuprägen beginne. Wenn jeder Anwärter auf eine Stelle im öffentlichen Dienst – so Alfred Grosser in seiner Ansprache anläßlich der Verleihung des Friedenspreises des Deutschen Buchhandels 1975 – „auf Herz und Nieren geprüft werden soll, wenn er Fragebogen (ja, Fragebogen!) auszufüllen hat, wenn dem Gymnasiasten schon klar wird, was er zu unterlassen und was er brav zu sagen hat, um später keine Schwierigkeiten zu bekommen, so vermeidet man weniger Gefahren für die Grundordnung, als wenn man junge Generationen zum Konformismus und zu einem gefährlichen Mitläufertum verleitet".[15] Gustav Heinemann sorgte sich in seiner Betrachtung *Freimütige Kritik und demokratischer Rechtsstaat* 1976 darum, daß sich „anstelle politischer Wachheit und rigoroser moralischer Bewertung des politischen Alltags ... offensichtlich Anpassung und Schweigen" ausbreite, als gelte es nur noch die eigene Haut und Karriere zu retten.[16] Beide, Grosser und Heinemann, hielten es für sinnvoll, eine Dienstpflichtverletzung erst post festum zu ahnden. Heinemann vermerkte, es stünden Dienstaufsichts- und andere personalrechtliche Verfahren bereit, um gegen Beamte und Angestellte des öffentlichen Dienstes, die sich verfassungswidrig betätigen, vorzugehen; und Grosser vertrat den Grundsatz: „Wenn jemand gegen das Gesetz verstoßen hat, soll er bestraft werden. Wenn ein Beamter seine Dienstpflicht verletzt hat, soll er gemaßregelt werden". Aber er könne nur schwer verstehen, was eine zukunftsbezogene *Be*urteilung, eine zukunftsbezogene *Ver*urteilung sei. Der Gedanke, es solle eine „Gesinnungsprüfung“ mit anschließender „Prognose“ über das zukünftige Benehmen des Geprüften geben, erscheine ihm „in doppelter Hinsicht etwas absonderlich“.[17]

Solche und ähnliche mahnende Worte vermochten an der damaligen Behördenpraxis nichts zu ändern – zumal ein Teil der Presse eine Dramatisierung der Gefahr für Staat und Gesellschaft schürte. Die *FAZ* forderte am 28. Juli 1975 ein „Radikalengesetz“, auf das so mancher SPD-Regierungschef und FDP-Innenminister pochen könne „gegenüber denen im eigenen Lager, die immer noch im demütigen Wohlverhalten gegenüber Kommunisten den Ausweis wahrer Fortschrittlichkeit sehen wollen“. Die *Welt* vom 19. August 1975 sah die Bundesrepublik durch zahlreiche „Elemente“ für extrem-sozialistische Entwicklungen vorbereitet: „In vielen Zeitungsredaktionen sitzen maskierte oder offene Parteigänger der radikalen Linken, in den Fernsehanstalten sind sie ganz offen in der Überzahl, an vielen Universitäten ist die Professorenschaft eingeschworen systemfeindlich, in den Schulen vieler Bundesländer gehen radikale linke Lehrer auf Kinder und Halbwüchsige los“. Knapp zwei Monate später – am 14. Oktober 1975 – entgegnete Günter Zehm in der *Welt* der erwähnten Ansprache des deutsch-jüdischen Politologen Alfred Grosser: Die Ministerpräsidenten könnten es sich leicht machen, indem sie Grosser darauf hinwiesen, daß er und seine Familie 1933 möglicherweise nicht aus Frankfurt vertrieben worden wären, wenn es in der Weimarer Republik schon einen „Radikalenbeschluß“ gegeben hätte, wenn es also damals gelungen wäre, „all die ungetreuen Richter, Lehrer und Regierungsräte abzuweisen, die die Republik von innen her zersetzten und wehrlos machten“. Das Thema der Radikalen im öffentlichen Dienst sei „zu ernst und politisch zu wichtig“, um im Stile liberaler Harmlosigkeit abgetan zu werden.

„Gewiß soll man“ – so antwortete Alfred Grosser im *Vorwärts* vom 19. Februar 1976 – „das Schlagwort ‚Wehret den Anfängen!‘ gelten lassen und auch den Begriff der ‚streitbaren Demokratie‘“. Nur sollte dabei klar herausgestellt werden, was dies im Hinblick auf Weimar wirklich bedeutete, „und zwar gewiß nicht den Kampf gegen die Unterwanderung des öffentlichen Dienstes durch Links- und Rechtsextremisten". Was der Weimarer Demokratie fehlte, um streitbar zu sein, waren fürwahr keine Regierungserlasse, waren keine Fragebogen, sondern das waren „Demokraten, die wirklich glaubten, daß es sich lohnte, für die demokratischen Prinzipien zu streiten und sie zunächst erst einmal ernst zu nehmen und zu verwirklichen". Und Grosser war auch darin zuzustimmen, daß er den Hinweis auf die Radikalen im öffentlichen Dienst in der Weimarer Republik „recht dürftig als Rechtfertigung einer neuen Form der Inquisition" bezeichnete und zu bedenken gab: „Sollten nicht eher streitbare Demokraten sich das Wort ‚Wehret den Anfängen!' zu eigen machen? Denn wenn eine Inquisition einmal begonnen hat, wenn sie anfängt, eine neue Furcht zu verbreiten, wer kann da wissen, wo und bei wem sie stehenbleiben wird?"

Die Auseinandersetzung um den Ausschluß von Extremisten aus dem öffentlichen Dienst zog sich über die ganzen siebziger Jahre hin – auch nachdem die von SPD und FDP regierten Länder 1976 den Extremistenbeschluß aufgekündigt hatten und gemeinsam mit der Bundesregierung nach neuen Grundsätzen für die Prüfung der Verfassungstreue suchten. Die Diskussion und Politik der inneren Sicherheit verlagerte sich jedoch vom Extremismus zum Terrorismus angesichts der von 1975 bis 1977 überhandnehmenden Gewalttaten. In dieser Zeitspanne versuchten die eingangs genannten Terror-Gruppen ihre Strategie zu verwirklichen: „das System" durch die Tötung von Menschen vermenschlichen, die Bevölkerung durch den Terror für eine gewaltsame Revolution gewinnen und durch den Terrorismus in der Bundesrepublik den Befreiungskampf der kolonialen Völker unterstützen zu können.[18] Zu den tragischen Folgen dieser Irrziele zählten die Ermordung des Berliner Kammergerichtspräsidenten Günter von Drenkmann (1974), die Entführung des Berliner CDU-Vorsitzenden Peter Lorenz (1975), der Überfall auf die Deutsche

Botschaft in Stockholm (1975), die Morde an Generalbundesanwalt Siegfried Bubak (1977), Bankier Jürgen Ponto (1977), Arbeitgeberpräsident Hanns-Martin Schleyer und an vier Sicherheitsbeamten (1977) sowie die Entführung der Lufthansa-Maschine „Landshut" nach Mogadischu (1977).

Namentlich die Ermordeten standen stellvertretend für die gesamte bundesrepublikanische – kapitalistische – Gesellschaftsordnung, welcher der bewaffnete Kampf galt. Der Versuch, diese Gesellschaftsordnung dadurch anzugreifen, daß führende Exponenten in Wirtschaft und Politik ermordet und entführt wurden, klammerte die „Fungibilität" der Opfer, ihre Ersetzbarkeit, völlig aus. Er bewirkte eine entschiedene Frontstellung der übergroßen Mehrheit der westdeutschen Bürger, die sich bedroht fühlten und zudem die neomarxistischen Kapitalismus- und Faschismusthesen als unzutreffende Slogans ablehnten. Ebenso abwegig wie die Annahme, „das System" – dessen Inhumanität die Terroristen durchschaut zu haben glaubten – durch die Tötung von Menschen bekämpfen und verändern zu können, war die Vorstellung, die Bevölkerung durch Terror für eine gewaltsame Revolution und für den Befreiungskampf der kolonialen Völker gewinnen zu können. An einem „Befreiungskampf" in den Ländern der Dritten Welt bestand damals ebensowenig wie an deren existenziellen Problemen ein Interesse bei den Westdeutschen; und einer Revolution im eigenen Lande zeigten sich diese gänzlich abgeneigt. Die große Mehrheit der Bürger, besonders das sogenannte Proletariat, zog das Leben in einem demokratisch verfaßten Staat mit kapitalistischer Gesellschaftsordnung dem Leben in einer realsozialistischen Pseudodemokratie wie in der DDR vor. Es zeugte von bewußtseins-abgehobener Theorie, wenn RAF-Programmschriften behaupteten, die Herrschenden benutzten die „Angst, die sie durch Terror erzeugen, um sich das Proletariat gefügig zu halten". Deshalb müßten sich die Unterdrückten „ebenfalls der Angst bedienen, die sie durch Terror ihren Feinden einjagen, um sich endlich zu befreien".[19] Die Absicht, das „revolutionäre Bewußtsein" der durch das „Ausbeutersystem" unterdrückten Massen wecken zu wollen, ging an der bundesrepublikanischen Einstellung zur Realität vorbei.

Die programmatischen Zielsetzungen der Terroristen fanden mithin keine Resonanz. Gleichwohl gelang es, über die Medien – psychoanalytisch gesprochen – ein „Agieren aus der Gegenübertragung" (W. W. Kemper) zu provozieren. Die Terroristen wollten Unsicherheit erzeugen, und in der öffentlichen Reaktion stellte sich über die Schlagzeilen in der Presse, die Fernsehberichte und die Bilder in den Illustrierten genau diese verallgemeinerte Verunsicherung ein. Vorwiegend dadurch kam es zur überaus emotional aufgeladenen Reaktion eines erheblichen Teils der westdeutschen Bevölkerung, die sich in der steigenden Befürwortung der Todesstrafe ebenso äußerte wie in den zahlreichen Petitionen an Regierungsmitglieder und Abgeordnete. Eine Erwartungshaltung dem Staat gegenüber entstand, für den es keine unlösbaren Probleme, nicht einmal eine Unsicherheit im Vorgehen geben durfte. Nicht der liberale Rechtsstaat war gefragt, sondern der dezisionistische Machtstaat. Der „Ruf nach dem großen Knüppel" wurde laut, so die Herausgeberin der *Zeit*, Marion Gräfin Dönhoff, die auf ihre liberalen Kommentare hin Leserbriefe mit dem Inhalt erhielt: „Mich kotzt das Geschwätz vom freiheitlichen Rechtsstaat an, ich kann es nicht mehr hören", oder: „Jetzt muß der Staat aber endlich zuschlagen und seine Macht einsetzen".[20] In solchen emotionalen Reaktionen schwang erneut jene Staatsauffassung mit, die aus der Obrigkeitsstaats-Ära stammt. Die Demütigung des „Übervaters Staat" (Iring Fetscher) durch Terroristen empfanden große Bevölkerungsteile als einen schwerwiegenden Makel, der nur durch blutige Gegenmaßnahmen wieder entfernbar schien. Es ließ sich im Vergleich zu anderen vom Terrorismus betroffenen Ländern von Symptomen der Hysterie sprechen. Die Frage tauchte auf, ob die Westdeutschen „vielleicht in ihrer Seele ein besonderes Potential haben" für etwas, was Helmut Schmidt auf dem Hamburger SPD-Landesparteitag im September 1977 mit dem Begriff „Ordnungshysterie" umschrieb. Wohlgezielt waren deshalb des Kanzlers Schlußworte gewählt: „Verharmlosung wäre gefährlich, aber ebenso gefährlich wäre es, Panik und Übertreibung und Hysterie Vorschub zu leisten. Was wir brauchen, ist eine ruhige besonnene Entschlossenheit ..."[21]

Die Bundesregierung blieb jedenfalls der erregten Bevölkerungsmehrheit konzeptionell überlegen. Sie reagierte fest und flexibel zugleich, und auf dem Höhepunkt der Gewalttaten kam es zur Zusammenarbeit zwischen ihr und der Opposition – gemeinsam entschlossen, den Emotionen der Westdeutschen nicht nachzugeben, sondern immer wieder zu prüfen und zu beraten und die vereinbarte Nachrichtensperre strikt durchzuhalten. Schließlich scheiterte das Konzept der Gewalt, das die Terroristen aus dem der Stadtguerilla ableiteten und bei dem sich der „harte Kern" auch – namentlich in den letzten Briefen der Inhaftierten – auf Bertolt Brechts *Lehrstücke* bezog, in denen es an einer Stelle heißt: „Furchtbar ist es, zu töten. Aber nicht andere nur, auch uns töten wir, wenn es Not tut. Da doch nur mit Gewalt diese tötende Welt zu ändern ist, wie jeder Lebende weiß".[22]

Zur Holocaust-Reaktion

Nach der vom Terrorismus bestimmten Diskussion und Politik zur inneren Sicherheit erlebte die verunsicherte Republik eine andere Herausforderung ihrer politischen Kultur: durch die amerikanische Fernsehfilmserie *Holocaust.* Dreißig Jahre nach Gründung der Bonner Demokratie wurden Millionen westdeutscher Bürger mit ihrer eigenen Geschichte und der Vergangenheit ihrer Eltern konfrontiert. Die von den meisten bereits als ausgestanden angesehene Debatte über das NS-Regime begann erneut; und das Wort „Holocaust" stand von da an in aller Welt als Name für das Genozid im Nationalsozialismus. Schon vor Ausstrahlung der Fernsehserie im Januar 1979 war es zu Kontroversen um diese Sendung gekommen, zu mannigfachen Widerständen, angesichts derer sich der Westdeutsche Rundfunk entschloß, zwei Features mit zahlreichen historischen Dokumenten sowie ein zweitägiges Pressesemi- nar der *Holocaust*-Serie vorauszuschicken. Emotionen, die der Film erwarten ließ, sollten Diskussionen als rationale Gespräche in aufklärerische Richtung lenken. Dies galt bereits für den Titel: den biblischen Begriff „Holocaust", der in schwacher deutscher Übersetzung als „Brandopfer" im Alten Testament erscheint. Er erreichte nun als ein starkes Wort der Bibel auf dem Umweg über das Englische eine bundesrepublikanische Bevölkerung, die an die abstrakten und bürokratischen Begriffe „Massenvernichtung" und „Endlösung" gewöhnt war. Mit dem Wort „Holocaust", welches das Geschehen in den Vernichtungslagern Auschwitz, Treblinka, Sobibor, Belzec und Chelmno meinte, mußte – so stand zu befürchten – das schwerwiegende Problem der Kollektivschuld neu zur Debatte gelangen.

Ende Januar wurde dann die vierteilige Fernsehserie über alle zusammengeschalteten Dritten Programme der ARD vom Westdeutschen Rundfunk mit einer jeweils anschließenden Live-Diskussion ausgestrahlt. Die befürchtete Frage nach der Kollektivschuld, die – so Eugen Kogon – viele Deutsche nach 1945 davon abgehalten hatte, „dem Schock der Niederlage und des Zusammenbruchs Besinnung folgen zu lassen", blieb aus. In den Verflechtungen der doppelten TV-Familiengeschichte tauchte dagegen das wirklichkeitsnähere Problem der Mitschuld jedes einzelnen Deutschen auf. Die halbfiktive Geschichte der deutsch-jüdischen Familie Weiss und der deutschen, nationalsozialistischen Familie Dorf – Opfer und Täter – bot zudem die Identifikation mit dem Schicksal der Familie Weiss an. Der *Holocaust*-Film zielte damit – sozialpsychologisch ausgedrückt – auf „eine innere Bindung, die am psychischen Material haftet" – nach Freud die Voraussetzung für das Bewußtwerden von Verdrängtem. Die Filmserie wies zwar Detailfehler auf, aber sie gab mit ihren erzählerischen Mitteln allgemein die geschichtliche Realität zutreffend wieder. „Ja, so war in der Tat die Wirklichkeit", bestätigte Eugen Kogon aus eigenem Erleben heraus: „So haben sich die Diskriminierung der jüdischen Bevölkerung, die Verhaftungen, die Abtransporte, die Einlieferungen in die Konzentrationslager, in die Ghettos und schließlich in die Vernichtungslager zugetragen. Wir, politische Gefangene in Buchenwald, haben stets auf die verschiedenste Weise davon erfahren ..."[23]

Die *Holocaust*-Fernsehserie wandte sich mit ihrer Darstellung der geschichtlichen Realität nicht nur an den Verstand, sie wollte in erster Linie menschlich „packen". Damit hob sie sich von den zahlreichen Büchern und Filmen über Hitler ab, die als Hitler-Welle die Bundesrepublik damals überschwemmten und die eine „sachliche Einstellung" zu den nationalsozialistischen Geschehnissen zu vermitteln strebten. Die Westdeutschen, so hieß es, sollten endlich zu einer distanzierten Betrachtung der NS-Zeit fähig sein. Eine solche „Erwartung" setzte nun freilich voraus, daß die Nazi-Vergangenheit inzwischen kritisch aufgearbeitet und bewältigt worden wäre. Dies allerdings traf, wie Margarete Mitscherlich auf dem erwähnten Presseseminar im Januar 1979 mit Recht betonte, nicht zu: „Es kann meines Erachtens keine Rede davon sein, daß sie [die NS-Geschichte] wirklich tiefgehend bewältigt wurde, sofern millionenfacher Mord denn überhaupt zu bewältigen ist". Ihr zufolge sollte auch nicht für Sachlichkeit – im Sinne der Gefühlsdistanzierung – plädiert werden, sondern dafür, „daß die innere und äußere Auseinandersetzung mit dem, was unter Hitler geschah, weitergeht oder erst wirklich beginnt. Eine scheinbare Versachlichung der Vergangenheit kann nur zu einer erneuten Verdrängung unserer gefühlsmäßigen Beteiligung an ihr führen".[24] Was Margarete Mitscherlich forderte, erschöpfte sich mithin nicht in einer „nüchternen" Aufklärung, gemeint war die zitierte – emphatische – Auseinandersetzung mit den Ursachen und Wirkungsmechanismen der nationalsozialistischen Herrschaft. „Nicht bloße Aufklärung, sondern partizipatorische Aktivierung muß das gemeinsame Ziel sein" – diese einprägsame Formel gebrauchte hierfür der Historiker Hans Mommsen.[25]

Daß die Nazi-Vergangenheit von den Westdeutschen noch immer nicht bewältigt und nicht aufgearbeitet war, dafür sprachen nicht nur die Filbinger-Affäre, die umstrittene Verjährungsdebatte für NS-Verbrechen, die zunehmenden neonazistischen Tendenzen bei Randgruppen der Jugendlichen sowie der hohe Verkaufserfolg von Hellmuth Diwalds *Geschichte der Deutschen* mit eindeutig neonazistischem Grundzug. Ein gewichtiges Indiz für die nicht oder nur ungenügend erfolgte Durcharbeitung dessen, was zum Nationalsozialismus führte, war, wie Margarete Mitscherlich erkannte, noch immer jenes Phänomen, welches sie und ihr inzwischen verstorbener Mann vor damals zwölf Jahren den „psychischen Immobilismus" nannten. Wie im gemeinsam verfaßten Werk *Die Unfähigkeit zu trauern* von 1967 unterstrich sie auch 1979 den Zusammenhang zwischen der Abspaltung der Gefühlsbeteiligung den Erinnerungen der Vergangenheit gegenüber und diesem – zugleich sozialen und geistigen – Immobilismus. Er zeichnete nach wie vor dafür verantwortlich, daß sich die westdeutsche Mehrheit vorrangig mit ihrem Wirtschaftssystem identifizierte. „Aus Deutschland", so Margarete Mitscherlich 1979, „ist ein im wesentlichen dem Konsum zugewandtes Wirtschaftsland geworden, das mit der gefühlsmäßigen Verleugnung seiner nationalsozialistischen Vergangenheit auch die Beziehung zu Tradition, Werten, geistigen Möglichkeiten des vorhitlerischen Deutschland mehr oder weniger verloren hat".[26] Der psychische Immobilismus als Folge der Unfähigkeit zu trauern hatte sich fortgesetzt und mit ihm die Unfähigkeit, in sozial fortschrittlicher Weise die gesellschaftlichen Probleme anzupakken. Die Deutschen – so schon die damit verbundene These des Buches von 1967 – wehrten nach Kriegsende mit aller Energie das Erlebnis einer melancholischen oder depressiven „Verarmung des Selbst" ab. Um nach dem Untergang des Nazi-Regimes die Angst, die Schuld und die Scham zu vermeiden, wurden „alle seelischen Abwehrvorgänge von der Art der Verdrängung, der Verleugnung, der Projektion wie z. B.: nicht die anderen, sondern wir waren die unschuldigen Opfer etc., eingesetzt". Denn wenn überhaupt Erinnerung sein mußte, geschah das meist als „Aufrechnung der eigenen gegen die Schuld der anderen".[27]

Margarete Mitscherlich traf diese Diagnose auf jenem vom

WDR veranstalteten Presseseminar am 11. und 12. Januar 1979, das der Ausstrahlung der *Holocaust*-Fernsehserie vom 22. bis 26. Januar vorausging und bei dem die deutsche Synchronfassung vorgestellt wurde. Ohne größere Einzelkorrekturen vornehmen zu müssen, fand sich ihre Diagnose weithin bestätigt. Die *Holocaust*-Reaktion, wie sie in den Briefen an den Westdeutschen Rundfunk zum Ausdruck kam, verdeutlicht zwar, daß etwa zwei Drittel der Zuschriften – zumeist von jüngeren Müttern, Studierenden und Schülern (oft aus Leistungskursen Geschichte) – *Holocaust* mit unterschiedlicher Begründung nachdrücklich begrüßten, daß aber bei der kleineren Zahl der negativen Stellungnahmen weit stärkere Gegenargumente entsprechend der erwähnten Abwehrmechanismen angeführt wurden. Neben antisemitischen Äußerungen (die Juden gelte es „zu verachten", alles beruhe nur auf ihrer Forderung nach „noch mehr Geld") überwog der Hinweis auf Dresden, Hiroshima und Vietnam als Indiz für die Kriegsverbrechen der anderen – verbunden mit den Vokabeln „aufhören", „Schluß machen!" Die Reaktionen waren vertraut: „Wo bleiben dann die Grausamkeiten und Greueltaten der Russen, Franzosen, Engländer und anderen Länder während des Krieges?" – „Die Ermordung von angeblich ‚6 Millionen' Juden war eine grausame Sache, aber noch grausamer war die Ermordung von Millionen unschuldiger Menschen in Dresden, Hamburg, Berlin und vielen anderen Städten" – und: „Über eigene Kriegsverbrechen drehen die Amerikaner wohl keine Filme – Bomben auf deutsche Städte, Atombomben auf Hiroshima, Vietnam usw."[28]

Über diese „Schuldaufrechnung" hinaus zeitigte die *Holocaust*-Fernsehserie zweifellos auch positive Wirkungen; sie brachte sicherlich manche Appelle zum Schweigen, den Streit über die nationalsozialistische Vergangenheit zu begraben und zur Tagesordnung überzugehen. Die Sendung bewirkte zudem – wie aus den Zuschriften hervorgeht – eine Sensibilisierung bei vielen Zuschauern, die allerdings dann folgenlos bleiben mußte, wenn es nicht gelang, bei kritischer Aufarbeitung der historischen Belastungen die „partizipatorische" Diskussion auch auf die wirtschaftlichen und politisch-sozialen Ursachen des Terrorregimes zu lenken. Vieles sprach gegen die gehegte Hoffnung auf eine differenzierte Aufarbeitung. Manche Historiker schienen hierzu auch gar nicht bereit. Ernst Nolte unternahm als erster den Versuch, den Holocaust, bei aller Singularität dieses Genozids, mit äußerlich vergleichbaren Fällen in Verbindung zu bringen. Er entdeckte hierbei eine Überreaktion Hitlers auf die als „asiatische Tat" betrachtete bolschewistische Gefahr, und sein Kollege Andreas Hillgruber setzte das Kriegsschicksal der deutschen Bevölkerung im Osten und die „opferreichen Anstrengungen" der deutschen Wehrmacht im Zuge des Vordringens der Roten Armee mit dem Holocaust in Beziehung. Margarete Mitscherlich nannte den Versuch, die Verantwortung für die Verbrechen im Nationalsozialismus aufzurechnen, einen Abwehrvorgang der Projektion. Sie meinte damit die „Aufrechnung der eigenen gegen die Schuld der anderen" – und dies nicht nur im Sinne der vertrauten Geisteshaltung eines Antibolschewismus oder Antikommunismus. Doch darüber und zum Historiker-Streit später.

Die Zeit bis zur „Wende"

Die Jahre von 1977 bis 1980 – die Zeit vom Höhe- und Endpunkt des Baader-Meinhof-Terrorismus bis zur abebbenden *Holocaust*-Reaktion – waren vom Aufstieg politischer Bewegungen begleitet, die am Rande des bisherigen Parteifeldes ein verstreutes Protestpotential gegen die herkömmliche Wirtschafts- und Rüstungspolitik mobilisierten. In dieser Zeitspanne erlebte die verunsicherte Republik die Entfaltung der Ökologie- und der neuen Friedensbewegung sowie der Partei „Die Grünen" – während sich die „etablierten" Parteien auf den Bundestagswahlkampf 1980 vorbereiteten. Diese Periode zeichnete sich für die sozial-liberale Koalition durch die Konsolidierung ihrer Wählerschaft in der „Mitte" aus: auf der Grundlage einer Konjunkturbelebung und leicht rückläufiger

Arbeitslosenzahlen. Die Unionsparteien hingegen wurden in den Jahren vom Kreuther Trennungsbeschluß der CSU (1976) bis zur Kanzlerkandidatur von Franz Josef Strauß (1979) – dem unentbehrlichen „Sicherheitsrisiko" im Wahlkampf (Klaus Bölling) – eher schwächer. Der auf eine bundesweite CSU bedachte Beschluß von Kreuth, die zeitweise Kündigung der Fraktionsgemeinschaft mit der CDU, zog weitere Streitigkeiten zwischen den Unionsparteien nach sich.[29] Und für die Liberalen schien es im Hinblick auf die Bundestagswahl keine Alternative zum Regierungsbündnis mit der Sozialdemokratie unter Kanzler Helmut Schmidt zu geben, trotz beginnender wirtschaftspolitischer Kontroversen in der Koalition. Zudem ließ das Absinken der FDP unter die Fünf-Prozent-Grenze bei der damaligen Landtagswahl in Nordrhein-Westfalen die Frage nach dem „Überleben" der Partei aufkommen. „Diesmal geht's ums Ganze" betonte ein Bundestagswahlplakat der Liberalen, die für sich mit der Argumentenreihe warben: „Für die Regierung Schmidt/Genscher, gegen die Alleinherrschaft einer Partei, gegen Strauß".

Die Werbung der Liberalen weist zugleich auf die hohe Aufmerksamkeit hin, die Bundeskanzler und Kanzlerkandidat bei den Wählern auf sich zogen. Während Konflikte wie die um Kernkraftwerke und den NATO-Doppelbeschluß weitgehend ausgeklammert blieben, richtete sich der Wahlkampf auf eine personale Polarisierung aus. Die beiden großen Volksparteien setzten alles auf eine Karte: auf das Image des Kanzlers und seines Herausforderers – auf das „Ringen der Titanen" (*Die Zeit*). Das Duell Schmidt-Strauß glich fast einer amerikanischen Präsidentenwahl und ließ viele vergessen, daß sich die politischen Kräfte außerstande sahen, auf die drängenden Fragen von Energie und Umwelt und von Arbeitslosigkeit und Inflation angemessene Antworten zu geben. Während die Sachdebatte in hohem Maße verarmte und Einmütigkeit im Angst-Haben und im Angst-Machen vorherrschte, nahm die Bundesrepublik die Form einer Akklamationsdemokratie an. Autoaufkleber und erneut Ansteckplaketten traten neben die Wahlplakate. „Optimismus gegen Sozialismus" hieß eine

CDU-Parole. „SPD-Staat? Nein Danke" verkündete eine andere Gegenwerbung; garniert mit den karikierten Köpfen von Wehner, Brandt und Schmidt und, wohl um die Gefährlichkeit der SPD-Troika zu unterstreichen, mit einem roten gezackten Blitz: Vorsicht! Inhaltlich und sprachlich war das Programm der Unionsparteien – „Für Frieden und Freiheit in der Bundesrepublik Deutschland und in der Welt" – von einem deutlich kämpferischen Stil geprägt. Anders das der Sozialdemokraten, deren Motto „Sicherheit für Deutschland" einen eher konservativen Eindruck erweckte. Der Unterschied gründete auf der gegensätzlichen Ausgangslage der beiden Parteien. Mit Recht vermißte der Politologe Wilhelm Hennis die Substanz in den Parteiaussagen: „Mehr als dressierte Reflexe, die Kreuze ... an der richtigen Stelle" würden den Wählern von den Politikern gar nicht mehr abverlangt, klagte er im *Rheinischen Merkur* vom 29. August 1980.

Hennis erinnerte damit an einen Sachverhalt, der die Westdeutschen in ihrer politischen Kultur ebensosehr hemmen mußte wie die inzwischen übliche Polarisierung, die sich vom demokratischen Pluralismus abhob und den Kompromiß nicht länger erlaubte. Auch die Parolen in dieser Akklamationsdemokratie wollten ja emotional wirken, nicht informieren. Polarisierung statt Sachdiskussion[30] – so stellte sich der Bundestagswahlkampf dar, was freilich zu einem guten Teil an der Persönlichkeit des Kanzlerkandidaten lag. Der „Große Vorsitzende", wie Herbert Wehner einige Male Strauß nannte, war für seine starken Worte bekannt, die dadurch noch eindringlicher wirkten, daß seine Stimme das trug, was sie hervorhob. Wer bayerische Kraftmeierei nicht angemessen einzuordnen vermochte, mußte aus dem, was er sagte, schon beängstigende Vorbedeutung hören, obgleich er nicht selten öffentlich aussprach, was viele insgeheim dachten. Unabhängig davon zählte Franz Josef Strauß zweifellos zu den „ganz wenigen großen, strategisch denkenden Köpfen in dieser Bundesrepublik" (Klaus Bölling). Ohne ihn und die politische Richtung, die er vertrat, „verharmlosen" zu wollen, verkörperte er eine bedeutende politische Kraft, vergleichbar mit Adenauer und Wehner.[31]

Strauß verfügte jedenfalls über die Gabe, die bundesrepublikanischen Bürger unerhört herauszufordern durch die „Einfachheit" seiner Äußerungen und politischen Zielsetzungen und die „Direktheit, mit der er sie verkündete, freilich ohne sich selbst stets beim Wort zu nehmen" (Arno Plack).[32] Die hohe Aufmerksamkeit, die der CSU-Vorsitzende bei vielen fand, beruhte auf seinen „kühnen Behauptungen" und seinen „rasanten Vergleichen" (Plack) sowie stets erneut auf seinen provozierenden Angriffen. Hier nur wenige Beispiele dafür aus den beiden Jahren vor seiner Kanzlerkandidatur: Am 9. April 1977 stellte Strauß in der *Welt* fest, in den Fragen der inneren und äußeren Sicherheit habe die Regierungskoalition Schmidt-Genscher „immer schon ein hohes Maß an Unkenntnis und Unfähigkeit bewiesen". Im *Bayernkurier* vom 9. Juli 1977 attackierte er Brandt, „der als Idol diese Schwarmgeister [der studentischen Protestbewegung] Ende der sechziger Jahre ja sozusagen mobilisiert hat, Willy Brandt, der sozusagen der geistige Nährvater dieser Demonstrationen der APO-Zeit ist ..." Herbert Wehner nannte er in der *Frankfurter Rundschau* vom 25. September 1978 einen „Mitarbeiter Josef Stalins" – eine Charakteristik, die er im *Bayernkurier* vom 14. April 1979 erweiterte: Wehner demontiere die Sicherheit und Freiheit Europas und marschiere „im Gleichschritt mit der ‚Prawda'". Darüber hinaus boten Themen wie „Demokratisierung" und „Intellektuelle" für Strauß stets Angriffspunkte seiner Kritik. Im *Deutschen Allgemeinen Sonntagsblatt* vom 1. Januar 1978 bezeichnete er die „Demokratisierung der Gesellschaft" als den „Beginn der Anarchie, das Ende der wahren Demokratie". Und in bezug auf die Intellektuellen, die „roten Ratten" und „Schmeißfliegen", verkündete er auf dem CSU-Parteitag vom September 1977: Wer wie Professor Gollwitzer, Pastor Albertz und Nobelpreisträger Heinrich Böll die freiheitlich-demokratische Ordnung in der Bundesrepublik „maßstabslos, augenmaßwidrig" verzerre und verleumde, die „Motive terroristischer Bandenverbrecher als Ausdruck ‚gesellschaftskritischer Haltung' verständlich zu machen" suche, der könne sich auch nicht in einem Aufruf an die Terroristen von der „Mitschuld an Verwirrung moralischer Maßstäbe und deren Folgen wieder lossprechen".

Ohne Zweifel, die emotional eher beherrschten bundesrepublikanischen – insbesondere norddeutschen – Bürger, die „solche Töne" vernahmen, wußten nicht recht, ob sie „darüber lachen oder weinen" sollten.[33] Der Anti-Strauß-Effekt wirkte jedenfalls nachhaltig. Und seine Gegner nutzten diesen Effekt, indem sie den CSU-Vorsitzenden als den „bösen Geist", den „furchterregenden Golem" darstellten, „der unseren Staat an den Rand des Abgrundes bugsieren würde".[34] Sicherlich, auch Helmut Schmidt, der „hanseatische" Bundeskanzler, griff gemeinsam mit Willy Brandt, dem SPD-Vorsitzenden, in der „heißen Phase" des Wahlkampfes zur Polemik. Die beiden Sozialdemokraten und ihre Partei schienen dem Kanzlerkandidaten das heimzahlen zu wollen, was dieser an Diffamierungen verbreitet hatte. Ihm, Strauß, fehlten die Fähigkeiten zum Frieden und die Fähigkeit, Verträge mit Nachbarn und anderen Völkern abzuschließen, meinte der Kanzler laut *Süddeutscher Zeitung* vom 8. September 1980. Nach derselben Quelle skizzierte Brandt den Kanzlerkandidaten mit den Worten: „Strauß ist verworren, Strauß ist verquollen, Strauß ist unbeherrscht und unberechenbar. Diesem Strauß kann man guten Gewissens das Bundeskanzleramt nicht überlassen". Doch diese Polemik ließ sich nicht mit der von Strauß vergleichen – schon gar nicht die des Kanzlers, der für Strauß wie dieser für Schmidt allerhand Hochachtung empfand. Aber auch von provozierenden Angriffen abgesehen, standen sich im Wahlkampf 1980 zwei sehr unähnliche Politiker gegenüber. Rückblickend, nachdem für Strauß das Amt des Bundeskanzlers unerreichbar geworden war, meinten zwar viele, wie Klaus Bölling – der langjährige Regierungssprecher und Vertraute Helmut Schmidts –, „die Ansicht begründen zu können, daß dieser Republik etwas Wichtiges vorenthalten geblieben sein wird, wenn Strauß eines Tages aus der aktiven Politik ausscheidet, ohne in Bonn noch einmal auf die nationale Politik in einem wichtigen Amt eingewirkt haben zu können".[35] Bei der Kandidatur des CSU-Vorsitzenden im Oktober 1980 freilich überwogen die Bedenken gegen einen Kanzler Strauß, der, was die *Spiegel*-Affäre dokumentierte, bereits Anfang der sechziger Jahre in seinem „selbstherrlichen Umgang mit der Staatsgewalt" so anstößig geworden war, „daß er vorübergehend die Bonner Ministerfähigkeit einbüßte" (Günter Gaus).[36]

Diesem „Mann der Affären", wie Strauß apostrophiert wurde, stand ein Bundeskanzler mit internationalem Ansehen gegenüber, ein Mann der pragmatischen Humanität, der „große Macher", in dessen Umgang mit den Repräsentanten der Wirtschaft ebenbürtige Souveränität und zudem die „Versöhnung der Sozialdemokraten mit Staat und Gesellschaft" gesehen werden konnte – die „späte Anerkennung der vaterlandslosen Gesellen" (Gaus). Von sozialdemokratischer Seite aus blickten viele Genossen stolz oder wehmütig darauf, „wie der eine von ihnen es geschafft hatte". Dabei wirkte sich weniger aus, daß er Regierungschef war; das war Brandt auch gewesen. Was mehr zählte: Schmidt schien sich mit den Industriekapitänen, Bankiers und Verbandspräsidenten von gleich zu gleich zu verstehen. „Kanzler Schmidt hatte" Günter Gaus zufolge „viele sozialdemokratische Väter im Land, die in ihm den alten Vatertraum erfüllt sahen: Der Junge war etwas Besseres geworden ... Wie viele Verletzungen, von bürgerlicher Seite zugefügt, wurden da in der Partei gelindert; welches Bedürfnis nach wenigstens stellvertretender Genugtuung war offenbar, so lange schmerzliche Zeiten hindurch, ungestillt geblieben in diesem Land, in dem blanke Feindseligkeiten einen sehr leichten Schlaf haben".[37]

Neben den vielen Sozialdemokraten, die so dachten, standen große Teile der Westdeutschen, die in Helmut Schmidt jenen Politiker sahen, den Theo Sommer im Vergleich mit dem Kanzlerkandidaten in der *Zeit* porträtierte – zwei Tage vor dem Wahlsieg der sozial-liberalen Koalition am 5. Oktober 1980: „‚It's time for a change' – ein Wechsel wäre an der Zeit – ist ein gesunder und urdemokratischer Reflex. Im Wahljahr 1980 will sich dieser Reflex nicht einstellen". Dies liege nicht allein, doch in erster Linie an den beiden Männern, die Koalition und Opposition gegeneinander ins Wahlfeld führten. Mit

Helmut Schmidt verfüge die Bundesrepublik über den „vielleicht fähigsten politischen Führer in der westlichen Welt" (*The Times*). Franz Josef Strauß hingegen, seit einem Vierteljahrhundert die „Skandalfigur Nummer eins" der westdeutschen Politik, stelle als Kandidat für das eigene Volk und für das Ausland die „größte Provokation" dar, die sich die Opposition habe einfallen lassen können. „Was wir brauchen, ist nicht ein Bundeskanzler, der mit Schaum vor dem Munde Ausnahmesituationen heraufbeschwört, die große Wende verspricht und mit rettender Gebärde den Rückwärtsgang einlegt. Wir brauchen einen Mann, der Erfüllung darin findet, ein Kanzler der Normalität zu sein ...; der Krisen, wenn sie auftreten, als Teil der Normalität begreift und sie mit unaufgeregter Entschlossenheit durchsteht – ohne durchzudrehen; und der sich im politischen Betrieb einen Sinn für Würde und Anstand bewahrt, der über die Routine des Protokolls hinausreicht. Wir haben diesen Mann. Helmut Schmidt".

Bundeskanzler Schmidt bemühte sich, jener „Kanzler der Normalität" zu sein, den Theo Sommer beschrieb – in den beiden letzten Jahren einer konfliktreichen „Wendezeit". Seine Regierungserklärung vom 24. November 1980 war nüchtern verfaßt und knapp gehalten. Erneut sei das Koalitionsbündnis damit beauftragt worden, seinen politischen Kurs fortzusetzen: „den Kurs des Friedens, der Sicherheit und der guten Nachbarschaft nach außen und im eigenen Land". Der Kanzler ließ keinen Zweifel daran, daß die kommende Zeit schwierig würde. Und in der Tat gestaltete sie sich von Anfang an zunächst innerhalb der Regierungskoalition sehr spannungsreich. Hier blieben die Wirtschaftsfragen vorherrschend, bei denen sich der von Graf Lambsdorff repräsentierte Wirtschaftsflügel der FDP immer stärker durchsetzte. Manche Liberale sprachen bereits von einer kommenden Bewährungsprobe, wenngleich ihre Fraktion mit dem großen Koalitionspartner in der Haushaltsdebatte vom Juni 1981 unter massiven Vorwürfen der Opposition nochmals zusammenrückte. Hinzu kam nun vor allem das Phänomen der Ökologie- und der neuen Friedensbewegung sowie der Grünen, die sich in mehreren Ländern (1977/78) und im Bund (1979/80) als Partei etabliert hatten und deren wirkliche Stärke bei der Bundestagswahl 1980 durch den Anti-Strauß-Effekt nur überlagert wurde. Kurz, die Absetzungsbewegung der FDP vom sozialliberalen Koalitionsbündnis und die Abschottungsbemühungen der SPD gegenüber den neuen sozialen Bewegungen, die starke parteiinterne Meinungsverschiedenheiten mit sich brachten, dominierten. Sie erschwerten, ja verhinderten weithin den angemessenen Bewußtseinswandel innerhalb der sozialdemokratischen „Volkspartei", deren Führungsspitze sich ganz auf ihre schwierige Regierungsrolle konzentrierte. Im Bemühen, seine Befürchtungen und Hoffnungen über die Sozialdemokratie auf den Begriff zu bringen, warf Peter Glotz, der damalige SPD-Bundesgeschäftsführer, zwei Fragen auf: „Welches Verhältnis entwickelt diese inzwischen ans Regieren gewöhnte Partei zum modernen Staat ...? Wie soll sie auf die neuen sozialen Bewegungen reagieren, die – in Opposition zu diesem ‚Staats-Scheißkerl' – um die großen ungelösten Zeitprobleme (Frieden, Ökologie, Gleichstellung der Frau usw.) entstehen und die Partei sozusagen von unten anfressen".[38]

Glotz traf mit seinen beiden Fragen einen neuralgischen Punkt. Die um die Regierbarkeit eines Industriestaates mit stagnierender Ökonomie bemühte Sozialdemokratie war zunehmend mit den neuen sozialen Bewegungen konfrontiert – zunächst mit der Ökologiebewegung. Diese stellte eine qualitativ neue Stufe der Bürgerinitiativen dar, die sich als „praktizierter Ausdruck eines basisorientierten, partizipatorischen Demokratieverständnisses" (Karl-Werner Brand) betrachteten.[39] Mit der Ökologiebewegung verbanden sich die Dimensionen von Natur und Gesellschaft und von Ökonomie und Ökologie; die Umweltfrage wurde zum Hauptpunkt der Politik. Die Entwicklung hatte zwischen 1973 und 1975 mit der Bildung ökologischer Bürgerinitiativen gegen umweltgefährdende Industrien und vor allem gegen den Bau von Atomkraftwerken begonnen. Im Juni 1976, nach einer Kesselexplosion in einem Chemiewerk nahe der oberitalienischen Kleinstadt Seveso, bei der zwei Kilo hochgiftiges Dioxin entwichen, sah sich die Ökologiebewegung in ihren Warnungen bestätigt. „Dioxin" und „Seveso" blieben Synonyma für schwerwiegende Umweltschäden durch die moderne Chemie. Und nachdem sich im März 1979 in einem Kernkraftwerk bei Harrisburg, USA, ein schwerer „Störfall" ereignet hatte, durch den radioaktive Stoffe in die Außenwelt gelangten, erfuhren die Großdemonstrationen gegen Kernkraftwerke verschiedenen Typs wie in Whyl (1975), Brokdorf (1976/77) und Kalkar (1977) sowie gegen die Lagerung von radioaktivem Abfall (Gorleben/Wendland) eine dramatische Berechtigung. Das steigende Potential der Anti-Atomkraftbewegung korrespondierte mit einer Verunsicherung der Regierungsparteien, besonders der Sozialdemokratie. „Mit Schmidt und Eppler für und gegen Kernenergie" – so haben interne SPD-Kritiker den Kurs der Parteiführung ironisch umschrieben.

Noch stärker zur Verunsicherung der sozial-liberalen Koalition – vor allem im Zuge der bald einsetzenden Diskussion um „rot-grüne Bündnisse" – trug der Umstand bei, daß 1977/78 die parteipolitische Formierung des grünen Protests begann. Es kam zu einer neuen Etappe der westdeutschen Protestbewegung, „die sich zum ersten Mal auch als Wählerbewegung und Partei gesellschafts- und bundesweit ausdehnte".[40] Den Grünen gelang es bereits früh, in mehreren Bundesländern und bei den Europa-Wahlen (1979) beachtliche Wählerzahlen zu erreichen. Als „Antiparteien-Partei" (Petra Kelly) mit einem „außerparlamentarischen Stand- und einem parlamentarischen Spielbein" (Bernd Guggenberger) verfolgten sie eine Doppelstrategie auf der Grundlage von Formelkompromissen zwischen Fundamentalisten und Pragmatikern. Orientiert an den Ideen von Basisdemokratie, Rotation und imperativem Mandat bezeichneten sich die Grünen als eine „Alternative zu den herkömmlichen Parteien", so die Präambel ihres Bundesprogramms. Und neben der Friedenspolitik und vor allem der zum politischen Kernproblem erhobenen Umweltfrage stand von Anfang an die Ablehnung der geltenden Kriterien politischer Zweckrationalität. Aus ihrer Sicht waren die etablierten Parteien der Wachstumsgesellschaft innovationsarm und fundamental reformunfähig. Demgegenüber zielten die Grünen auf einen „völligen Umbruch" des „kurzfristig orientierten wirtschaftlichen Zweckdenkens" sowie darauf ab, gegenüber der „eindimensionalen Produktionssteigerungspolitik" eine ökologische und soziale Politik von „langfristigen Zukunftsaspekten" zu setzen.[41] Einen Teil der Mitglieder- und Anhängerschaft bildeten enttäuschte Reformer, die mit den Entscheidungen sowie dem Nichthandeln der sozial-liberalen Regierungskoalition in Bereichen wie der Energie-, Umwelt- und Rüstungspolitik unzufrieden waren. Insbesondere die SPD als „Staatspartei" hatte sich als innovationsarm erwiesen.

Die sozialen Bewegungen gewannen schließlich mit der neuen Friedensbewegung eine noch stärkere Breite. Es bildete sich eine Koalitionsbereitschaft von Bürgern unterschiedlichster Herkunft in einer Massenbewegung heraus, die von Kriegsangst motiviert war. „Der dritte Weltkrieg wird dann stattfinden, wenn er gewonnen werden kann", prognostizierte bereits 1977 der Physiker und Philosoph Carl Friedrich von Weizsäcker. Die dazu nötigen Voraussetzungen schienen damals geschaffen zu werden. Friedensforscher wie Alfred Mechtersheimer[42] erkannten den Trend zur Destabilisierung des atomaren Abschreckungsfriedens durch neue Waffensysteme und Strategien. Und bei der breiten Öffentlichkeit weckten die Stationierungspläne neuer US-Raketen in Westeuropa weithin Betroffenheit. Der NATO-Doppelbeschluß vom Dezember 1979, der vornehmlich die Landstationierung amerikanischer Mittelstreckenraketen vom Typ Pershing II in Aussicht stellte, stärkte die Friedensbewegung ebenso wie die Rückkehr zu einer Politik des Kalten Krieges anläßlich der sowjetischen Afghanistan-Invasion Ende 1979 und die amerikanische Wende zu einer Politik der Stärke unter der Reagan-Administration seit 1980. Die Friedensbewegung wandte sich gegen „Westdeutschlands Rolle" eines „potentiellen Schlachtfeldes" und einer „Atomrampe" der nordatlantischen Allianz – ergänzt durch die Formel, von deutschem Boden dürfe nie wieder Krieg ausgehen. Damit waren die motivierenden Grundlagen für die neue – massenhafte – Friedensbewegung geschaffen.

Mit dieser Friedens- und der Ökologiebewegung entstand die gemeinsame „Ökopax"-Systemkritik, die von der Erkenntnis getragen wurde, daß die zivile Nutzung der Kernenergie und die Produktion von Atomwaffen eng zusammenhängen. Der Widerstand gegen die atomare Bewaffnung erschien daher als logische Fortsetzung des Widerstandes gegen die Atomkraftwerke. Für ihre vorwiegend aus der jungen Generation stammenden „linken" Anhänger stellte die „Ökopax"-Position die „ökosozialistische" Weiterentwicklung des demokratisch-sozialistischen Reformansatzes dar – von der „Demokratisierung" zur „Basisdemokratie", von der „Lebensqualität" zum „Prinzip Leben", von der „Entspannungspolitik" zum Grundsatz der „Gewaltfreiheit" und von der „Wirtschaftsdemokratie" zum „sinnvollen Arbeiten" und „solidarischen Leben". Bereits an diesen programmatischen Stichworten zeigte sich die mit dem pragmatischen Regierungskurs der sozial-liberalen Koalition nicht vereinbare Zielsetzung, wie sie auch in Protesten und Appellen zum Ausdruck kam. Schon kurz nach der Bundestagswahl 1980 erfuhr im November der vom NATO-Doppelbeschluß ausgelöste „Krefelder Appell" breite Resonanz. Millionen Menschen appellierten an die Bundesregierung, ihre Zustimmung zur Stationierung von Pershing-II-Raketen und Marschflugkörpern in Mitteleuropa zurückzuziehen und künftig eine Haltung einzunehmen, „die unser Land nicht länger dem Verdacht aussetzt, Wegbereiter eines neuen, vor allem die Europäer gefährdenden nuklearen Wettrüstens sein zu wollen". Mit dem Appell sollte durch unablässigen und wachsenden Druck auf die öffentliche Meinung eine Sicherheitspolitik erzwungen werden, „die eine Aufrüstung Mitteleuropas zur nuklearen Waffenplattform der USA nicht zuläßt – Abrüstung für wichtiger hält als Abschreckung – die Entwicklung der Bundeswehr an dieser Zielsetzung orientiert".[43]

Im Juni des folgenden Jahres begann mit der – von meist jungen Menschen veranlaßten – Hamburger Kirchentagsdemonstration unter dem Motto „Fürchtet euch, der Atomtod bedroht uns alle!" die Demonstrationsphase der Friedensbewegung, die ihren ersten Höhepunkt mit der Bonner Massendemonstration am 10. Oktober 1981 erreichte. Im Mai desselben Jahres, in dem Bundeskanzler Schmidt mit dem Rücktritt drohte, falls seine Partei sich gegen den NATO-Doppelbeschluß ausspreche, erkannte die vom Bundestag eingesetzte Enquete-Kommission *Jugendprotest im demokratischen Staat*: „Ein großer Teil der jungen Generation glaubt, daß die Strategie des militärischen Gleichgewichts und die Doktrin der Abschreckung den Frieden auf Dauer nicht zu sichern vermögen". Zugleich erscheine es diesen jungen Menschen ungerechtfertigt, daß die Rüstungsausgaben steigen, während die Aufwendungen für Bildung, für die Bekämpfung der Arbeitslosigkeit und für soziale Zwecke gekürzt werden und die Verelendung in großen Teilen der Dritten Welt zunimmt. Die Kommission empfahl, die „kritischen Fragen nach den Alternativen zu den bisher vertretenen strategischen Konzepten" ernst zu nehmen und die „offene Diskussion" zu fördern.[44] Hans Apel, der sozialdemokratische Verteidigungsminister, vermißte Antworten auf die angesprochenen Fragen: „Wir müssen die jungen Leute fragen, was ihre Alternative ist ... Sie wollen ja hoffentlich in fünfundzwanzig und in dreißig Jahren in demselben sozial gesicherten, freiheitlichen Rechtsstaat leben".[45] Es entstanden erneut parteiinterne Differenzen in der Sozialdemokratie. Während sich Willy Brandt und andere um die Integration der kritischen Jugend bemühten und den Jugendprotest in der Partei aufzufangen suchten, lehnten dies vor allem Hans Apel und Helmut Schmidt ab. Der Bundeskanzler hatte den Nachrüstungsbeschluß herbeiführen helfen; gleichwohl wurde er – wie sein Vertrauter und Regierungssprecher Klaus Bölling schreibt – „viele Male von Selbstzweifeln" heimgesucht, „als die Amerikaner, richtiger: einige der ‚Falken', die Politik gegenüber der Sowjetunion an dem Schlagwort ‚America first' auszurichten begannen und wenig Eifer zeigten, in Genf einen Kompromiß mit den Russen auszuhandeln".[46] Und Hans Apels Haltung stand auch hier beispielhaft für „manche der konservativ gestimmten Sozialdemokraten", wie Klaus Bölling in bezug auf eine ähnliche Reaktion rückblickend vermerkt: „Irgendwie wollen sie jene Zeit gleichsam konservieren, als die SPD ‚noch eine rationale Politik' machte und die ‚linken Träumer' zwar für etwas Unruhe sorgten, die Entwicklung der Partei aber nur marginal beeinflussen konnten".[47]

Diese konservativ gestimmten Sozialdemokraten zeigten zweifelsohne Verhaltensweisen, die den jüngeren Genossen als „Arroganz der Macht" (Bölling) vorkommen mußten. Sie waren es auch, die in Frontstellung gegen Impulse aus der Ökologie- und der Friedensbewegung die damit verbundenen parteiinternen Meinungsverschiedenheiten auf ihre Weise zu überbrücken suchten. Herausgestellt wurde die von den westdeutschen Bürgern weithin erwartete „Geschlossenheit" der führenden Regierungspartei. Unbeachtet blieb dabei, daß die Sozialdemokratie nach über zehn Regierungsjahren die unverkennbaren Züge mangelnder Beweglichkeit trug – reduziert auf die „Beweglichkeit des Tankers", wie sie Peter Glotz in seinem gleichnamigen Buch bezeichnete. Die sozialdemokratische Partei, die sich – bei schrumpfender Industriearbeiterschaft und wachsender „Dienstleistungsklasse" – zu einem „Konglomerat von Anhängerblöcken mit unterschiedlicher Interessenstruktur" entwickelt hatte, mußte sich nach Glotz „als Lebensraum, als Forum der Kommunikation, als Organ der Bewußtseinsbildung" neu organisieren.[48] Die Sozialdemokratie zwischen Staat und neuen sozialen Bewegungen – wie der Untertitel des *Tanker*-Buches von Glotz lautet – hatte neue Bewußtseinsprozesse einzuleiten, die dem SPD-Bundesgeschäftsführer nur über demokratische Massenorganisationen durchsetzbar schienen. Solche Bewußtseinsprozesse „gehen meist aus von kleinen Zirkeln, sie kommen aus kleinen Netzen. Dort werden alternative Lebensformen vorgeführt, polemisch gegen die Lebensformen der Mehrheit gesetzt. Aber die Gesamtkultur kann nur durch ‚Halbwegs-Positionen' modifiziert werden, durch programmatisch und praktisch nicht zu stark überfordernde Initiativen, die von Massenorganisationen übernommen werden können". Solche Massenorganisationen sind nach dem anschaulichen Bild von Peter Glotz wie große Tanker: „ihr Kurs ist nicht durch Zuruf zu ändern. Sie sind nicht so beweglich wie die kleinen Boote, die im Hafen umherschwirren, aber man kann mit ihnen große Ladungen transportieren". Die deutsche Sozialdemokratie stellte so einen großen, schwer beweglichen Tanker dar; er mußte seetüchtig gehalten werden – dadurch, daß er viel von dem aufnahm, „was in den neuen sozialen Bewegungen ... entstanden ist".[49]

Allein – diese und ähnliche, besonders von Erhard Eppler vertretene Anliegen, wichtige Impulse der neuen sozialen Bewegungen in die sozialdemokratische Massenorganisation einzubeziehen, kamen bei der Regierungspartei nicht mehr zum Tragen. In steigendem Maße bewirkte der wirtschaftliche Kriseneinbruch von 1981/82 – vermittelt über die Kontroversen, welches Konzept geeignet sei, Wachstumsschwächen, Arbeitslosigkeit und Preisauftrieb zu überwinden – eine Aushöhlung der sozial-liberalen Koalition. Während die Sozialdemokratie die Gründe für die fortdauernde Depression vornehmlich in Weltmarkt-Zusammenhängen suchte, vertrat die von Graf Lambsdorff und Genscher repräsentierte Führungsgruppe der Liberalen die Auffassung, die mangelnde Wirtschaftsdynamik gehe wesentlich auf die anwachsenden sozialstaatlichen Leistungen zurück. Aufgabenverminderungen seien in der gegebenen Situation den Einnahmeerhöhungen vorzuziehen. Das Wort von der „Wende", das bereits im August 1981 mit Hans-Dietrich Genschers Parole „Zeit zur Wende" aufkam, schwelte zwischen den Regierungspartnern bis zum endgültigen Bruch des Bündnisses im Herbst 1982, dem im politisch-moralischen Bereich eine koalitionsinterne Vertrauenskrise vorausging.

Am 1. Oktober wurde Bundeskanzler Schmidt nach Art. 67 des Grundgesetzes das Mißtrauen ausgesprochen und Helmut Kohl zum Nachfolger gewählt. Eine neue konservativ-liberale Koalition löste die alte sozial-liberale ab, die den erwähnten Prozeß der Aushöhlung nicht aufhalten konnte. Insofern bewirkte ein Machtverfall und nicht, wie 1969, ein „Machtwechsel" die „Wende". Die sogenannte Koalition der Mitte sollte das einlösen, was Helmut Schmidt auf dem „Münchener Parteitag" der Sozialdemokratie vom April 1982 prophezeite: Eine „neokonservative Politik" komme auf die Westdeutschen zu, wenn die sozial-liberale Koalition einmal abgetreten sei.

7. Neokonservatismus
Zur Regierungszeit Kohls

Die Bundestagswahl 1983

Die Bonner Demokratie – bereits geprägt vom Ausdruck „Neokonservatismus“ mitsamt seinen Topoi – erlebte im März 1983 keine gewaltige Wählerbewegung und auch keine dramatische „Wende“, wie manche Kommentatoren vorschnell vermuteten. „In Wahrheit triumphierten, wieder einmal, Stabilität und Kontinuität“ (Christian Graf von Krockow)[1] – vergleichbar mit dem Wahlergebnis der Unionsparteien von 1976. Die vorgezogene Bundestagswahl vom 6. März bestätigte nachträglich den durch den Koalitionswechsel der FDP im Herbst 1982 herbeigeführten Rollentausch zwischen Regierung und Opposition; auch dadurch, daß es nicht zum weithin erwarteten Zusammenbruch der Liberalen kam. So ordnete sich diese Bundestagswahl in das bekannte Muster ein, das für die Bundesrepublik auf Bundesebene keinen eigentlichen Regierungswechsel durch Wahlen kennt. Die Westdeutschen schienen auch diesmal durch persönliche Entscheidungen schon bestehende politische Verhältnisse nicht ändern zu wollen. Jedenfalls bewegte sich das Wahlergebnis „durchaus im stabilen Rahmen des (voraussehbaren) Wählerverhaltens“, so Manfred Güllner am 11. März in der *Zeit.* Die CDU verfüge wie die CSU über ein geradezu monolithisches Anhängerpotential; „seit Mitte der fünfziger Jahre ist dieser konservative Wählerblock festgefügt und stabil“. Demgegenüber kennzeichnete ein weitaus beweglicheres Anhängerpotential die Sozialdemokratie, die sich in die Situation der ersten Hälfte der sechziger Jahre zurückversetzt fand und von nun an die Oppositionsrolle im Bundestag mit den Grünen teilte.

Der Wahlkampf, der dem 6. März vorausging, wurde zunächst von dem Vorwurf einer „Verfassungsbeugung" begleitet, als die manche Publizisten und Wissenschaftler die über Art. 68 des Grundgesetzes erzielte Auflösung des Bundestages zwecks Neuwahlen bewerteten. Erst im Februar, kurz vor der anberaumten Wahl, akzeptierte das von vier Parlamentariern angerufene Bundesverfassungsgericht die normative Kraft des Faktischen, „mit dem ausdrücklichen Hinweis, ‚eigentlich' ginge das nicht" (Thomas Ellwein). Vor und nach dieser politischen Gerichts-Entscheidung setzte sich die Wirtschaft überraschend stark für die Unionsparteien ein; die Unterstützung reichte von öffentlichen Äußerungen über die plakative Werbung bis zur direkten Aufforderung an Arbeitnehmer, nicht durch eine falsche Wahlentscheidung ihren Arbeitsplatz zu gefährden.[2] Wo Unternehmerverbände, Banken oder Handelskammern sich äußerten, in analytisch getönten Erklärungen oder in der Form direkten Drucks – die „Empfehlung" war eindeutig: Nur diese Regierung schafft den Aufschwung. Darüber hinaus zeigten sich die gewohnten Rituale und Methoden, auch in bezug auf die Verteufelung des politischen Gegners. So lieferte neben dem neuen Mietrecht – das die Unionsparteien von der „Mieterlüge" der SPD sprechen ließ – der Streit um die Nachrüstung dauerhaften Wahlkampfstoff. Der Christlich Demokratischen Union kam das Etikett einer „Raketenpartei" zu, während die Sozialdemokratie zu einer „Fünften Kolonne" der Sowjetunion und ihr Kanzlerkandidat Hans-Jochen Vogel zum „Kandidaten Andropows" erklärt wurden. Das von der Friedensbewegung teils mühsam geweckte „kritische Denken" der westdeutschen Bürger – nach Alexander Mitscherlich die Voraussetzung jeder Demokratisierung – erhielt auf diese Weise nicht gerade Unterstützung.

Der relativ kurze Wahlkampf bot ansonsten wenig Überraschungen zumindest für jene, die sich bereits an den neokonservativen Tenor der Regierungskoalition gewöhnt hatten. Helmut Kohl, der Bundeskanzler, war darauf bedacht, sowohl mit den Liberalen und deren Vorsitzendem und Außenminister Hans-Dietrich Genscher als auch mit der CSU und Franz

Josef Strauß Harmonie zu bekunden. Einig waren sich alle drei Parteien über die Betonung der sozialen Marktwirtschaft. Die CDU-Wahlbroschüre *Die Schwerpunkte unserer Politik* stellte dieses Prinzip gleich an den Anfang ihrer Ausführungen: Mit der sozialen Marktwirtschaft habe die Union eine Ordnung geschaffen, welche „die Menschen unseres Landes aus tiefem Elend wieder zu Wohlstand gebracht und ihnen gleichzeitig soziale Sicherheit gegeben hat". Über diese Wohlstands- und Sicherheitsfunktion hinaus war in der ersten Regierungserklärung Kohls vom 13. Oktober 1982 die soziale Marktwirtschaft ein „schöpferisches Werk" genannt worden: sie begründe „eine soziale Friedensordnung, die ... in vielen Ländern als vorbildlich gilt". Zudem dürfe über dem wirtschaftlichen Wohlstand nicht das „seelische Wohlergehen der Menschen" vergessen werden. Der „Reichtum der Nationen" beruhe nicht nur auf ökonomischen Zuwachsraten, sondern auch auf „menschlichen Werten und Bindungen". Kohl zielte damit auf traditionelle Werte und in diesem neokonservativen Wertekontext auf die „Idee", den massendemokratischen Wohlfahrtsstaat der Bundesrepublik in eine liberal-kapitalistische Gesellschaft zurückzuführen. „Wenn wir den alten Weg gedankenlos weitergehen", so der Bundeskanzler in seiner ersten Regierungserklärung, „stürzen wir den Menschen in die neue Entfremdung eines anonymen, bürokratischen Wohlfahrtsstaates ...". Es komme statt dessen auf die freie Initiative und Leistung des einzelnen an; die Frage stelle sich nicht, wieviel mehr der Staat für seine Bürger tun könne. „Die Frage der Zukunft lautet, wie sich Freiheit, Dynamik und Selbstverantwortung neu entfalten können".[3] – Dem konnte sich Hans-Dietrich Genscher ebenso anschließen wie Franz Josef Strauß.

Die Tragweite des von Helmut Kohl und seiner Koalitionsregierung verfolgten Neokonservatismus wurde weithin empfunden – eines Konservatismus, der alle Formen der intellektuellen und praktisch-politischen Abkehr von sozialistischen Werthaltungen zu umfassen suchte. Demgegenüber fiel es dem SPD-Kanzlerkandidaten Hans-Jochen Vogel relativ schwer, das Leitprogramm der ohnehin konzeptionsarmen Sozialdemokratie werbewirksam zu vertreten. Vogel, „ein politischer Generalist im besten Sinne des Wortes" (Kurt Becker), zählte nach Klaus Bölling „zu der kleinen Gruppe Bonner Politiker, die sich noch Zeit nehmen für Muße im Sinne der Griechen, um gründlich über neue Entscheidungen oder über komplizierte Sachverhalte nachzudenken ...". Manche sagten ihm mangelnde „Ausstrahlung" nach. Im Bundestagswahlkampf indes war der Kanzlerkandidat – um nochmals den ehemaligen Regierungssprecher Bölling zu zitieren – als ein Redner zu erleben, „der unter Verzicht auf alle Hilfsmittel der Demagogie die Zuhörer auf seine Weise auch emotional für sich und die Sache seiner Partei einzunehmen verstand".[4] Vogel stützte sich hierbei vor allem auf das *Regierungsprogramm der SPD 1983–1987.* Er stellte vorrangig den „demokratischen Sozialismus" heraus, der keinen fertigen Plan einer neuen Gesellschaftsordnung umfasse, sondern das „ständige Bemühen um mehr Freiheit, mehr Gerechtigkeit und mehr Solidarität". In wirtschaftspolitischer Hinsicht sei eine sinnvolle sachliche und zeitliche Abstimmung aller öffentlichen und privaten Maßnahmen erforderlich. Als Grundlage dafür forderte Vogel die „Aufstellung eines Bundesentwicklungsplans, dessen Globalgrößen der öffentlichen Hand als verbindliche Richtlinien und dem privaten Bereich als Orientierungsdaten dienen würden".[5]

Mit den Stichworten „Bundesentwicklungsplan" und „demokratischer Sozialismus" richteten sich die Sozialdemokratie und ihr Kanzlerkandidat – recht dogmatisch – gegen die neokonservative Politikvorstellung der Unionsparteien, speziell gegen deren Krisenüberwindungsstrategie. Denn dieser kam es entschieden darauf an, den Einfluß des Sozialismus zurückzudrängen: vor allem in Gestalt des Interventions- und Sozialstaates. Nicht zuletzt gegen die in „ideologischer Selbstüberschätzung" auf die „politische Machbarkeit aller Dinge" vertrauende Sozialdemokratie wandte sich Helmut Kohl kurz vor der Bundestagswahl im Februar-Heft 1983 der Zweimonatsschrift *Die Neue Ordnung.* Der Beitrag, der die Aufgabe der geistigen Wende aus der geistig-moralischen Krise der

„wachsenden Verunsicherung“ und der „zunehmenden Orientierungslosigkeit“ der westdeutschen Bevölkerung ableitete, sah in dieser Selbstüberschätzung einen wesentlichen Grund für das Scheitern der Sozialdemokratie als Regierungspartei; habe sie doch „mehr auf die Allzuständigkeit des Staates gesetzt und dem einzelnen Bürger mißtraut“. Rückverlagerung der die öffentlichen Haushalte belastenden Probleme „vom Staat auf den Markt“ – von Jürgen Habermas als Imperativ des Neokonservatismus bezeichnet – erweise sich statt dessen als notwendig. Dem Neokonservatismus erschien daher jede soziale Dynamik modern und wünschenswert, „die letztlich auf private Investitionen zurückgeht“.[6] In seinem Bemühen, „das Verhältnis Bürger–Staat neu zu überdenken“, verwies denn auch Helmut Kohl auf den „Willen“ des Menschen, durch „eigene Leistung“ sein Leben zu meistern. Nur einem Staat, so der Kanzler, der die Bürger zu „bevormunden“ suche, drohe Gefahr, „im Gegenzug von den Menschen als Selbstbedienungsladen mißbraucht zu werden. Wenn der Staat sich der Eigenverantwortlichkeit und Freiheit der Bürger unterordnet, werden ihn diese Bürger auch mit höherer Loyalität belohnen“.[7]

Dieses Motto „Freiheit der Bürger statt Allmacht des Staates“ fand in des Kanzlers Zeitschriftenaufsatz eine Ergänzung durch den Hinweis „Vertrauen in den Staat“. Kohl ging hierbei von der „emotionalen Ernüchterung“ nach der Aufbruchstimmung zu Beginn der siebziger Jahre aus, die von Willy Brandt mit seiner Losung „Mehr Demokratie wagen“ geweckt worden sei. „Was nützt es dem Bürger“, so der Bundeskanzler, „wenn man ihn für mündig erklärt und ihm wortreich ‚mehr Demokratie‘ und Transparenz verspricht, ihm aber zugleich wie in der Vergangenheit Versprechungen macht, von denen jeder realistische Beobachter genau weiß, daß sie nicht gehalten werden können?“[8] In eins mit den hochgesteckten Reformzielen der Ära Brandt wandte sich hier Helmut Kohl entschieden gegen eine Demokratisierung von Staat und Gesellschaft – entsprechend der neokonservativen „elitär“-demokratischen Frontstellung gegen das „partizipatorische“ Demokratieverständnis. Damit war dem entgegenzuwirken, was sich in Graf Kielmanseggs Einsicht angesprochen findet: „Demokratien leben ständig in der Gefahr, durch ihre eigenen normativen Prämissen überfordert zu werden“.[9] In Kohls Streben nach einer Minderung all der demokratischen Prinzipien, die das Legitimationsniveau „belasten“, zeichnete sich die neokonservative Tendenz demokratischer Elitenherrschaft ab. „Es ist der Kernpunkt aller Politik in der Demokratie, daß der Bürger zu seinem Staat Vertrauen hat“:[10] diese auf die Demokratie bezogene Formulierung Kohls reichte aus. Eine solche vertrauensvolle Hinwendung zum Staat stand in der Tradition des deutschen Konstitutionalismus, der unter Demokratie kaum mehr als formale Rechtsstaatlichkeit verstanden hat. Und dieser Konstitutionalismus entlastete schon immer die staatliche Ordnung vom demokratischen Meinungsstreit über gesellschaftliche Zielsetzungen. „Das moralisch-praktische Element, von dem die Politik Abstand gewinnen soll“, so Habermas über das neokonservative Leitbild, „ist eine Demokratisierung von Entscheidungsprozessen, die das politische Handeln unter kontroverse Gesichtspunkte der sozialen Gerechtigkeit, überhaupt wünschenswerter Lebensformen stellen müßte“.[11]

Die Ablehnung einer Demokratisierung von Entscheidungsprozessen kennzeichnete den Neokonservatismus ebenso wie die angesprochene Gegnerschaft zu sozialistischen Positionen: seien es solche realsozialistischer Gesellschaften oder der deutschen Sozialdemokratie.[12] Die propagierte „geistige Wende“ zählte diesbezüglich zu den semantischen Kampfbegriffen, wie Hans-Jochen Vogel ebenfalls im Februar-Heft 1983 der *Neuen Ordnung*, kurz vor der Bundestagswahl, hervorhob. Wenn die Christlich Demokratische Union bei einem Regierungswechsel von „geistiger Wende“ rede, anstatt beispielsweise von „Kurskorrektur“, dann gefährde sie damit den Verfassungskonsens der Parteien, und dies zumal dann, wenn ihr Arbeitsminister Norbert Blüm hinzufüge, nur sie könne die Bundesrepublik vor dem Untergang retten. Unter dem Aspekt der Wahlkampfparolen – „Wege nach Moskau“ (1953), „Untergang Deutschlands" (1957), „Freiheit statt/oder Sozialismus" (1976) – werde die „geistige Wende" leicht zu einer weiteren Etappe im Bemühen, die „Sozialdemokratie über den Rand des Konsenses hinabzustoßen". Der SPD-Kanzlerkandidat verlieh hierbei seiner Befürchtung Ausdruck, daß die Neokonservativen die Offenheit des Verfassungskonsenses über den Kernbestand der Grundrechte für den politischen und gesellschaftlichen Wandel versperren könnten. „Was ich befürchte ist, daß es den Neokonservativen um eine ‚geistige Wende' geht, die unsere Gesellschaft für den Impetus, auf neue Fragen neue Antworten zu wagen, unempfänglich machen würde".[13] Die Befürchtung war so unbegründet nicht. Der Neokonservatismus setzte, was Jürgen Habermas deutlich erkannte, „auf die sekundären Tugenden, die positiven Vergangenheiten, den common sense, auf ungebrochenes Geschichtsbewußtsein, auf konventionelle Religiosität, kurz: auf Naturwüchsigkeit ..., auf Reflexionsstop und feste Werte".[14]

Nationale Identität und Historiker-Streit

Das von Habermas erwähnte „ungebrochene Geschichtsbewußtsein" kennzeichnete alsbald ein wesentliches Anliegen im Neokonservatismus der Bonner Demokratie. Die konservativliberale Regierungskoalition stellte national-traditionelle Werte heraus; viele Unionspolitiker beriefen sich auf die „Tugenden des Preußentums" und betonten, die Deutschen müßten „aus dem Schatten Hitlers heraustreten", sie müßten „wieder normal werden" (Alfred Dregger). Es galt, die „nationale Identität" zu finden – eine Losung, die nicht nur von den Unionsparteien ausging, sondern recht weit darüber hinaus von einer „philosophisch" und publizistisch engagierten „Neuen Rechten" in der Bundesrepublik.[15] Die *Deutschen Monatshefte* und ihr Redakteur Hans-Dietrich Sander sowie die Zeitschrift *Criticón* und ihr Herausgeber Caspar von Schrenck-Notzing bemühten sich darum, „den Weg der Selbstfindung der Deutschen" (*Deutsche Monatshefte*) aufzuzeigen und den „deutschen Imperativ" (*Criticón*) als Schlüsselwort für die achtziger Jahre herauszustellen. Nun, nachdem die einst vom „Wirtschaftswunder" bewirkten Grundlagen der bundesrepublikanischen Selbstgewißheit ins Wanken geraten waren und die identitätsstiftende Vollbeschäftigung schon lange nicht mehr bestand, nun, wo die Formel der gesellschaftlich-politischen „Sinnkrise" kursierte, sollte den Westdeutschen die nationale Identität weiterhelfen. „Die Wende, die wir politisch erreicht haben und durchsetzen wollen", so der Vorsitzende der CDU/CSU-Bundestagsfraktion Alfred Dregger am 23. Juni 1983 im Deutschen Bundestag, „wird ihre Bewährungsprobe nicht zuletzt darin zu bestehen haben, unsere nationale Identität in der Identität unserer Werte wiederherzustellen".[16]

Mit der Suche nach nationaler Identität verband sich eine Abkehr von westlich-liberalistischen Leitvorstellungen, welche die Tradition der Aufklärung einschlossen. Manche fühlten sich an Arthur Moeller van den Brucks Schrift *Das Dritte Reich* von 1931 erinnert, die das politische Denken des Westens als ideologisches Feinddenken gegenüber deutscher Identität beschrieb. Die „Kraft, der Vorsprung, die Zukunft der Deutschen", so Moeller van den Bruck, könnten nur dann zum Ausdruck gelangen, wenn ein anderer Weg als der des Liberalismus, des „Westlertums" beschritten und „mit äußerster Folgerichtigkeit die Abkehr von der Aufklärung" vollzogen werde.[17] Ähnlich klangen 1983 die Überlegungen des Sozialphilosophen Günter Rohrmoser, der als Folgen des Eindringens westlicher Traditionen in das „deutsche politische Gemüt" die „spätaufklärerischen, libertinistisch-anarchistischen Tendenzen" beklagte. Beim Kongreß *Deutsche Identität heute* – im Juni 1983 von dem den Unionsparteien nahestehenden Studienzentrum Weikersheim veranstaltet – stellte er die rhetorische Frage: „Ist es wirklich so ausgemacht, daß die Antworten eines ideologisch erschöpften Liberalismus und eines in allen seinen Varianten gescheiterten Sozialismus besser sind als die, die wir aus der Erinnerung an die größten philosophischen und kulturellen Leistungen der Deutschen ... schöpfen können?"[18] Rückbesinnung auf die deutsche Tradition – so lautete Rohrmosers Antwort und die allgemeine Losung, die zugleich forderte, die „nationale Selbstzerstörung" zu unterlassen, die dem Präsidenten des Studienzentrums Weikersheim, dem ehemaligen NS-Marinerichter und späteren Ministerpräsidenten Hans Filbinger zufolge mit der „Vergangenheitsbewältigung" betrieben wurde.[19] „Wir wollen wieder eine normale Nation sein. Dazu gehört auch die Entkriminalisierung unserer Geschichte", verlangte die Gründungserklärung des „Deutschlandrats" vom Dezember 1983. Zuvor hatte Alfred Dregger in der erwähnten Bundestagsrede vom 23. Juni ganz in diesem Sinne sich geäußert: „... die deutsche Geschichte wurde hauptsächlich unter dem Gesichtspunkt gesehen, inwiefern sie zur nationalsozialistischen Herrschaft führen konnte. Das hatte zur Folge, daß die deutsche Geschichte insgesamt abgewertet wurde. Seitdem gibt es ein Trauma in unserer Selbsteinschätzung".[20]

Der entgegen einer solchen Geschichtsbetrachtung erstrebte Rückgriff auf eine ganz bestimmte deutsch-nationale Identität findet sich auch in den Überlegungen des Politologen Bernard Willms, dessen Thesen zur Nation recht weite Resonanz fanden: in der *Nation Europa* wie in der *Welt*, im Studienzentrum Weikersheim wie in der „Gesellschaft für freie Publizistik". Willms erkennt in der gesellschaftlichen Krise der Bundesrepublik eine Chance zur Wiederherstellung nationaler Identität: „... wenn die individuell sich steigernde Erfahrung von Not – der der Sinnlosigkeit, der der Arbeitslosigkeit, der der Ausweglosigkeit, auch der der Armut – nicht mehr so einfach durch Fortschritte im Konsum oder durch anderes kompensiert werden kann, dann muß das Bedürfnis nach allgemeinen Lösungen steigen". Die minimale Voraussetzung für erfahrbaren Sinn besteht nach Willms in der Identität der Nation – einer Nation, von der her gesehen auch die freiheitlich-demokratische Grundordnung der Bundesrepublik als „bloßes Mittel" zur „Disposition" gestellt werden könne. Um zur Identität der Nation zu gelangen, müssen sich Willms zufolge die Westdeutschen ein eigenes Urteil über ihre Vergangenheit bilden und sich hüten, die Sichtweise der Alliierten in bezug auf den Nationalsozialismus zu übernehmen. Denn die Beurteilung der Nazi-Herrschaft „nach scheinbar übergeordneten Kategorien wie Humanität, Freiheit, Liberalität und Demokratie" durch die Alliierten nach 1945 sei nichts anderes als die „Fortsetzung des Krieges mit anderen Mitteln, ein Instrument, um den Sieg über Deutschland nachhaltiger zu machen". Eindeutige Dominanz kommt Willms zufolge dem „nationalen Imperativ" zu: Die Bestimmung der Nation, also ihre Zukunft, beruhe auf dem Imperativ ihrer militanten oder „streitbaren" Selbstbehauptung nach allen Seiten; und dieser Imperativ sei „ebenso kategorisch wie Fichtes Fassung des Kantischen: ‚Werde ein Ich, werde ein selbständiger Mensch'".[21] Mit Recht hat Arno Klönne darauf hingewiesen, Bernard Willms formuliere mit seiner Überlegung zum Thema „Nation" die Anti-These zu jener Politikauffassung, die schon von den Deutschnationalen, den Alldeutschen und von den Nationalsozialisten als „westlerisch" bekämpft wurde.[22] Inzwischen – im Januar 1985 – übertrugen die *Deutschen Monatshefte* die Leitsätze von Willms ins Populäre: Der Weg zur Selbstfindung der Deutschen führe „über die Trümmer der KZ-Denkstätten", und es werde der „Mut" verlangt, „mit der parlamentarischen Demokratie als dem Resultat einer von außen begünstigten Fehlentwicklung zu brechen".[23]

Dieser relativ weitverbreitete Neonationalismus wirkte sich auf eine politische Kultur negativ aus, in der die Nazi-Vergangenheit wie hinter Potemkinschen Dörfern verborgen wurde. Die politische Philosophie des Neonationalismus verurteilte den Antifaschismus als „kollektiven Selbsthaß" (Bernard Willms) und forderte eine „neue politische Elite" mit „Elan zur militärischen Remedur" (Hans-Dietrich Sander),[24] während ein großer Teil der bundesrepublikanischen Bevölkerung nach wie vor am altgewohnten Abwehrmechanismus der Verleugnung der NS-Zeit festhielt. Dem kam die neonationalistische Forderung nach „Entkriminalisierung" der Geschichte (Deutschlandrat) entgegen, sofern darunter, was viele taten, die selektive Derealisation der nationalsozialistischen Geschehnisse verstanden wurde. Ein weiterer Teil der Westdeutschen berief sich auf die „Gnade der späten Geburt", insbesondere die jüngere Generation – aber auch der Kanzler der Bundesrepublik Deutschland Helmut Kohl. Bei seinem Staatsbesuch in Israel im Januar 1984 verwandte Kohl, Jahrgang 1930, als „Unschuldsnachweis" die genannte Metapher. Das Wort von der „Gnade der späten Geburt" war von da an in vieler Munde, was Günter Gaus mit dazu bewog, Helmut Kohl „oder Helfershelfer von ihm" des Plagiats zu bezichtigen. Er, Günter Gaus, habe den Begriff – in einem Beitrag zur Sammelschrift *Reden über das eigene Land – Deutschland* von 1983 kreiert – auf die Altersgruppe um das Jahr 1930 bezogen, „um deutlich zu machen, wie zerbrechlich die Barriere immer ist, die uns damals, gnädig, vom Dienst an der Rampe in Auschwitz bewahrt hat". Gaus wollte „unsere Nähe zur Schuld", das Unverdiente, nichts Beweisende der Schuldlosigkeit ins Bewußtsein heben, während der Kanzler in falschem Verständnis der Metapher seinen Jahrgang und alle jüngeren von deutscher Schuld habe freisprechen wollen.[25]

Der Bundeskanzler – wie der US-Präsident Ronald Reagan engagierter Repräsentant des Neokonservatismus und -nationalismus – geriet auch in die vom In- und Ausland kommende Kritik, als er mit seinem amerikanischen Gast im Mai 1985 bei einer Gedenkveranstaltung zum 8. Mai den deutschen Soldatenfriedhof mit SS-Gräbern in Bitburg besuchte. Erst auf massive Entrüstung der amerikanischen Bevölkerung hin kam es anschließend im Zuge der Programmerweiterung und eines von Reagan „spät widerrufenen Neins zum KZ" (Alfred Grosser) zur gemeinsamen Fahrt in das ehemalige Konzentrationslager Bergen-Belsen. Der Sachverhalt erweckte den Eindruck, die Westdeutschen versuchten den Holocaust zu bagatellisieren und den Zweiten Weltkrieg als einen Krieg wie jeden anderen darzustellen. Richtig ist sicherlich, daß der zunächst allein geplante Händedruck von Bitburg zweierlei verbinden sollte: die Abkehr von einer destabilisierenden Vergangenheitsbewältigung und die Bezeugung aktueller Waffenbrüderschaft. „Kohl wollte die Rückkehr zu deutschen Kontinuitäten" (Jürgen Habermas). Und eine der Kontinuitäten bekundete sich durch den zweideutigen Bezug des vom Kanzler in Bitburg gewählten Begriffs des „Totalitären“ zweifellos darin, „sich und uns dem amerikanischen Präsidenten als die ältesten Kämpfer gegen den Kommunismus in Erinnerung zu bringen“ (Habermas).[26] Erneut konnte dem Gefühl, in „natürlicher Feindschaft zum Kommunismus“ zu stehen (Günter Gaus), Ausdruck verliehen werden. Der die Entwicklung der Bonner Demokratie und die Rehabilitierung der Westdeutschen begleitende Antikommunismus kam wieder einmal zur Geltung.

Mit dem Stichwort „Antikommunismus“ ließe sich zum zweiten Teil dieses Abschnitts – zum Historiker-Streit – überleiten, wenn nicht zuvor an eine „klare, mutige, warmherzige Rede“ (Alfred Grosser) vor dem Bundestag zu erinnern wäre – an die Richard von Weizsäckers, des Bundespräsidenten. In jener Rede am 8. Mai 1985 anläßlich des vierzigsten Jahrestages der Beendigung des Zweiten Weltkrieges mahnte Weizsäcker: „Jeder, der die Zeit mit vollem Bewußtsein erlebt hat, frage sich heute im stillen selbst nach seiner Verstrickung“. Die Ausführung des vor der Öffentlichkeit abgeschirmten Holocaust-Verbrechens habe zwar in der Hand weniger gelegen. „Aber jeder Deutsche konnte miterleben, was jüdische Mitbürger erleiden mußten, von kalter Gleichgültigkeit über versteckte Intoleranz bis zu offenem Haß“. Der Bundespräsident stellte die Frage, wer nach den Bränden der Synagogen, den Plünderungen, der Stigmatisierung mit dem Judenstern, dem Rechtsentzug, „den unaufhörlichen Schändungen der menschlichen Würde“ arglos bleiben konnte. Er erinnerte an den „Versuch allzu vieler . . ., nicht zur Kenntnis zu nehmen, was geschah“, und an die vielen Formen, „das Gewissen ablenken zu lassen, nicht zuständig zu sein, wegzuschauen, zu schweigen“.[27] Der Bundespräsident, der Christ und Humanist, wandte sich an die gesamte westdeutsche Bevölkerung, als er davon sprach: „Wir alle, ob schuldig oder nicht, ob alt oder jung, müssen die Vergangenheit annehmen. Wir alle sind von ihren Folgen betroffen und für sie in Haftung genommen . . . Für uns kommt es auf ein Mahnmal des Denkens und Fühlens in unserem eigenen Innern an".[28] Damit fielen berechtigte Worte, die das Bemühen nicht gelten ließen, die nationalsozialistische Vergangenheit zu derealisieren oder die „Gnade der späten Geburt" für sich in Anspruch zu nehmen. Hier ging es auch nicht – worauf die Philosophie des Neonationalismus zielte – darum, „aus dem Schatten Hitlers herauszutreten" (Alfred Dregger), hier wurde die Bereitschaft, die Nazi-Vergangenheit anzunehmen, nicht mit „nationaler Selbstzerstörung" (Hans Filbinger) gleichgesetzt. Und in diesen Worten Richard von Weizsäckers führte der „Weg zur Selbstfindung der Deutschen" eben nicht „über die Trümmer der KZ-Denkstätten" (*Deutsche Monatshefte*).

Im neonationalistischen Bezugsrahmen wirkte des Bundespräsidenten Rede in ihrer hohen Aussagekraft beinahe wie „eine Einmaligkeit", wodurch für Alfred Grosser die Gefahr „einer schädlichen Unterschätzung der deutschen Selbstbesinnung" bestand.[29] Gleichwohl war eine solche Selbstbesinnung auch gewiß nicht zu überschätzen, und dies ebensowenig wie die von Egon Bahr betonte parlamentarische Zustimmung zu Weizsäckers Worten „quer durch alle Parteien".[30] Andere wie Klaus Bölling gewannen einen abweichenden Eindruck: „Was nicht mich allein bedrückt und für die Zukunft besorgt stimmt, das ist die kühle und abwehrende Reaktion gar nicht so weniger Abgeordneter des Bundestages auf die Rede Weizsäckers zum 8. Mai 1945".[31] Und immerhin sollten nur wenige Monate danach antisemitische Äußerungen fallen wie die Bemerkung des innenpolitischen Sprechers der Bonner CSU-Landesgruppe Hermann Fellner („Es wird der Eindruck erweckt, daß die Juden sich schnell zu Wort melden, wenn irgendwo in deutschen Kassen Geld klimpert") und wie der Ausspruch des CDU-Bürgermeisters der Kleinstadt Korschenbroich, Graf von Spee-Mirbach („erst ein paar Juden erschlagen") – Äußerungen, auf die keine zureichende offizielle Reaktion erfolgte. Des Kanzlers Weigerung, sich von Fellner zu distanzieren, ließ vermuten, daß er „an jene Stammtischwähler gedacht hat", die, so Klaus Bölling „oft genug und mittlerweile auch völlig ungeniert aussprechen, daß 86 Milliarden Deutsche Mark Wiedergutmachung nun eigentlich genug seien". Und im Fall des Grafen Spee war wohl die ganze Kleinstadt zu glauben bereit, daß er nur „eine Redensart" gebrauchte, „die in wilhelminischen Tagen oder in der Weimarer Republik auch nicht schöner klang ..." (Bölling)[32]. In einer Zeit, in der umgeworfene jüdische Grabsteine und das Absingen von Hitler-Liedern durch alkoholisierte Rowdys noch immer – und wieder – Symptome für antisemitische Tendenzen in der Bundesrepublik zeigten, ließ sich nur schwer von einer verbreiteten Bereitschaft ausgehen, die „Vergangenheit anzunehmen" (Weizsäcker). Zweifel stellten sich schließlich auch gegenüber dem Urteil der FDP-Abgeordneten Irmgard Adam-Schwaetzer ein, die Rede Richard von Weizsäckers habe „abschließenden Charakter zur Nachkriegsdiskussion über die Lehre aus der Nazi-Herrschaft, ... über Selbstverständnis und Selbstbewußtsein der Deutschen".[33]

Die Nachkriegsdiskussion über die Lehre aus der Nazi-Herrschaft ging weiter – im sogenannten Historiker-Streit, in dem jene Singularität geleugnet wurde, die der Bundespräsident in seiner Rede mit dem Satz hervorhob: „Der Völkermord an den Juden ... ist beispiellos in der Geschichte". Nicht in wissenschaftlichen Fachzeitschriften, sondern in der Öffentlichkeit der Massenmedien kam es 1986 zu einer Kontroverse zwischen Historikern, Sozialwissenschaftlern und Publizisten über die Beurteilung des Holocaust und der nationalsozialistischen Epoche insgesamt. In einer Zeit, in welcher der Bundeskanzler eine Gleichstellung von Goebbels und Gorbatschow vornahm, betrieben Historiker wie Ernst Nolte und Andreas Hillgruber, aber auch Michael Stürmer „eine Art Schadensabwicklung" (Jürgen Habermas) und den „Versuch, die Ungeheuerlichkeit von NS-Verbrechen zu relativieren" (Jürgen Kocka). Auf der Gegenseite im Historiker-Streit, der in der *Zeit*, der *Frankfurter Rundschau* und der *FAZ*, aber auch im *Vorwärts* und im *Parlament* ausgetragen wurde, standen neben Jürgen Habermas Jürgen Kocka, Eberhard Jäckel, Martin Broszat sowie Wolfgang J. und Hans Mommsen, der namentlich noch Alfred Dregger in den Konflikt einbezog. Der Vorsitzende der CDU/CSU-Bundestagsfraktion hatte in einer Rede zum Volkstrauertag in der Bonner Beethoven-Halle am 16. November 1986 gefordert, die Westdeutschen müßten sich mit ihrer Geschichte und dem Schicksal ihrer Nation versöhnen. Vor allem aber wußte er die Ursachen für die politische Fehlentwicklung in Deutschland (mit seinen Tugenden: dem Pflichtgefühl, der Unbestechlichkeit, dem Verantwortungsbewußtsein und der Opferbereitschaft) zu nennen: Die Weimarer Republik fiel, so Dregger, „gedemütigt durch den Kriegsschuldartikel des Versailler Vertrages und durch nahezu unbegrenzte Reparationslasten geschwächt, in die Hände Hitlers".[34] Der Fraktionsvorsitzende stand damit für Hans Mommsen in einer Linie mit denen, „die sich schließlich mit Hitler verbündeten".[35]

Unabhängig von dieser Interpretation Dreggers, die äußere Umstände wie das Diktat von Versailles für die politische Fehlentwicklung Deutschlands verantwortlich machte und in der Hans Mommsen den „antifaschistischen Konsensus der westdeutschen Demokratie" preisgegeben sah, begann der Historiker-Streit mit einem in England publizierten Aufsatz des Berliner Historikers Ernst Nolte.[36] Die hierin vertretene These, der Holocaust könne als eine Überreaktion der Nationalsozialisten, namentlich Hitlers, auf die als „asiatische Tat" betrachtete bolschewistische Gefahr gedeutet werden, wiederholte Nolte in der *FAZ* vom 6. Juni 1986. Und sein Kollege, der Kölner Historiker Andreas Hillgruber, brachte gleichsam parallel hierzu die „Racheorgien der Roten Armee" in den deutschen Ostgebieten mit dem Schicksal der ermordeten europäischen Juden in Beziehung. Zunächst zu Hillgruber: In seinem an eine breite Leserschaft adressierten Bändchen *Zweierlei Untergang* identifiziert sich der Historiker mit dem Schicksal der deutschen Bevölkerung im Osten und mit den „opferreichen Anstrengungen" des deutschen Ostheeres und der deutschen Marine im Ostseebereich. Heer und Marine oblag es, so Hillgruber, die dortige deutsche Bevölkerung „vor den Racheorgien der Roten Armee, den Massenvergewaltigungen, den willkürlichen Morden und den wahllosen Deportationen zu bewahren und ... den Fluchtweg zu Lande oder über See nach Westen" freizuhalten.[37]

Bei dieser Darstellung des Geschehens aus wertender Sicht weist Hillgruber anhand der alliierten Kriegskonferenzen von 1945 nach, daß bei einer deutschen Niederlage zu keinem Zeitpunkt des Krieges Aussicht bestand, „den größeren Teil der preußisch-deutschen Ostprovinzen zu retten". Verblendet vor allem durch ihr „klischeehaftes Preußen-Bild" erkannten die Westmächte zu spät, wie durch den Vormarsch der Roten Armee „ganz Europa der Verlierer der Katastrophe von 1945" wurde.[38] Vor dieser Szenerie kann dann Hillgruber den „verzweifelten Abwehrkampf" der deutschen Wehrmacht „um die Bewahrung der Eigenständigkeit der Großmachtstellung des Deutschen Reiches, das nach dem Willen der Alliierten zertrümmert werden sollte",[39] gebührend herausstellen – in apologetischer Deutung, von der sich die Darstellung der Judenvernichtung merklich abhebt. Hier, im kurzen zweiten Teil der Schrift, registriert der Historiker nüchtern das „Ende des europäischen Judentums", wie der Untertitel des Bändchens lautet; hier werden – im Unterschied zur engagierten Darstellung im ersten Teil – in „bürokratisch gefrorener Sprache" (Habermas) die Gaskammern als „effektiveres Mittel" der Liquidation umschrieben. In dieser Interpretation sieht Hillgruber in Hitler den alleinverantwortlichen Urheber für die Idee der „Endlösung". Ihre Durchführung geschah unter „Hinnahme des unvermeidlicherweise nur unzulänglich verschleierten Vorgangs durch die Masse der deutschen Bevölkerung";[40] daß diese das „grauenhafte Geschehen" hinnahm, bildet für Hillgruber ein Phänomen, das die Fachkompetenz des Historikers überschreitet und dem Bereich des Allgemeinmenschlichen überlassen bleibt. Die Wertung des Historikers beschränkt sich damit auf den ersten Teil des Bändchens, in dem sich Hillgruber, wie erwähnt, mit dem Kriegsschicksal der deutschen Bevölkerung im Osten identifiziert. Auf diese Weise erweckt die Schrift *Zweierlei Untergang* allerdings den Eindruck einer „projektiven" Verflechtung zwischen der Auslöschung der europäischen Juden und der „Orgie der Rache der Roten Armee an der deutschen Bevölkerung".[41] Der Laie als Leser, für den das Bändchen bestimmt ist, kann sich, wenn er will, im Abwehrvorgang der Projektion bestätigt finden: „Nicht die anderen, sondern wir waren die unschuldigen Opfer" (Margarete Mitscherlich).

Noch stärker in diese Richtung zielt die Interpretation des Berliner Historikers Ernst Nolte. Er legt vor allem nahe, die „asiatische" Vernichtungspolitik der Nationalsozialisten als nicht ganz unverständliche Reaktion auf die vorgängige Vernichtungsdrohung zu werten, als deren Opfer sich Hitler und die Nationalsozialisten gesehen hätten. Ausgehend von historischen Beispielen für Völkermord nach „asiatischer Art", erinnerte der Historiker in der *FAZ* vom 6. Juni 1986 an die bolschewistische Revolution, an den russischen Bürgerkrieg, an die Vernichtung der Kulaken und an den Archipel Gulag. Nolte gab seinen Lesern zu bedenken: „Vollbrachten die Nationalsozialisten, vollbrachte Hitler eine ‚asiatische' Tat vielleicht nur deshalb, weil sie sich und ihresgleichen als potentielle oder wirkliche Opfer einer ‚asiatischen' Tat betrachteten? War nicht der ‚Archipel Gulag' ursprünglicher als Auschwitz? War nicht der ‚Klassenmord' der Bolschewiki das logische und faktische Prius des ‚Rassenmords' der Nationalsozialisten?"[42] Nolte, der an einer anderen Stelle auf die „Kriegserklärung" verweist, die seitens des jüdischen Weltkongresses 1939 gegen Deutschland abgegeben worden sei,[43] unternahm damit eine „Aufrechnung von Ungeheuerlichkeiten" (Jürgen Kocka)[44] und stellte hierzu seine Deutung in einen „Kontext des Schreckens", in dem, so Jürgen Habermas, die Judenvernichtung als das „bedauerliche Ergebnis" einer „immerhin verständlichen Reaktion" erscheint.[45] Zwar unterscheiden sich dem Historiker zufolge – trotz aller Vergleichbarkeit – die biologischen Vernichtungsaktionen des Nationalsozialismus qualitativ von der sozialen Vernichtung, die der Bolschewismus vorgenommen habe. Aber so wenig wie ein Mord, und gar ein Massenmord, durch einen anderen Mord „gerechtfertigt" werden könne, so gründlich führe „doch eine Einstellung in die Irre, die nur auf den *einen* Mord und den *einen* Massenmord hinblickt und den anderen nicht zur Kenntnis nehmen will, obwohl ein kausaler Nexus wahrscheinlich ist".[46]

Mit der „alleinigen Ausnahme des technischen Vorgangs der Vergasung" ist Ernst Nolte zufolge „all dasjenige, was die Nationalsozialisten später taten", bereits zuvor geschehen. Damit verminderte der Historiker die Singularität der Judenvernichtung auf eine technische Innovation – in seiner ohnehin phänomenologischen Betrachtung des Nationalsozialismus, welche die sozialen Wurzeln, politischen Ziele und gesellschaftlichen Funktionen ausblendet. Über diesen sozialwissenschaftlich-methodologischen Einwand hinaus unternahm Nolte – was schwerer wog – eine „Aufrechnung der eigenen gegen die Schuld der anderen" (Margarete Mitscherlich), rechtfertigte auch er den Abwehrvorgang der Projektion. Und nicht zuletzt verfolgte die apologetische Tendenz in dieser Zeitgeschichtsschreibung noch jenen politischen wie sozialpsychologischen Effekt, den Habermas andeutete, als er in der *Zeit* vom 11. Juli 1986 davon sprach, Nolte schlage zwei Fliegen mit einer Klappe: „Die Nazi-Verbrechen verlieren ihre Singularität dadurch, daß sie als Antwort auf (heute fortdauernde) bolschewistische Vernichtungsdrohungen mindestens verständlich gemacht werden. Auschwitz ... erklärt sich aus der ‚asiatischen' Bedrohung durch einen Feind, der immer noch vor unseren Toren steht". Angesprochen war damit der bekannte „totalitäre Antikommunismus der bundesrepublikanischen Mehrheit" (Gaus), der unausrottbare Wahn von einer kommunistischen Bedrohung. „Dieser Wahn ist heute genierlich", so Günter Gaus. „Aber nicht erst seit gestern, seit 1945, nein, schon seit über fünfzig Jahren sind die Deutschen nun von der kommunistischen Welteroberung bedroht; eine Verschwörung, in der sich inzwischen im bürgerlichen Bewußtsein Altes und Neues mischen: eiskalte, im Grunde eben doch unmenschliche Funktionäre, asiatische Horden und moderner Terrorismus".[47]

Mit dem Neonationalismus in der Bundesrepublik prägte sich ein populistischer Politikstil aus, der sich in der Asylpolitik – im Zusammenhang zunehmender Ausländerfeindlichkeit – als erfolgreich erwies. Die konservativ-liberale Regierungskoalition führte zunächst den sozial-liberalen Kurs fort; sie akzentuierte nun aber den nationalistischen Tenor, mit dem sie ihre Politik der Abschreckung einer Bevölkerung vermittelte, die ohnehin in vielen Teilen ausländerfeindlich empfand. Nationalismus und Ausländerfeindlichkeit verbanden sich zu dem, was die Sozialpsychologie kollektiven Narzißmus und projektive Abwehr des Fremden nennt. Seit der konservativen Wendepolitik mit ihren antiliberalen Konsequenzen wurde mehr denn je eine Unterscheidung zwischen ausländischen Arbeitnehmern, den sogenannten Gastarbeitern, und asylsuchenden Flüchtlingen vermieden – zugunsten des rassistischen Arguments der Überfremdung, die der westdeutschen Gesellschaft drohe.[48] Vergessen wurden (und werden) hierbei das vom Grundgesetz gewährte Asylrecht sowie die von den Gastarbeitern mitbewirkte Wirtschaftsentwicklung von Ende 1955, dem Zeitpunkt des ersten Anwerbeabkommens (mit Italien), bis November 1973, dem Zeitpunkt, an dem die sozial-liberale Bundesregierung unter Brandts Kanzlerschaft die Anwerbung ausländischer Arbeitskräfte aussetzte. „Weil es ohne sie in all den letzten Jahren der Hochkonjunktur wirtschaftlich einfach nicht mehr gegangen wäre", so die *Süddeutsche Zeitung* vom 15. November 1966, warb man damals immer mehr ausländische Arbeitnehmer an – „als eine Art Produktionsfaktor, hart gesprochen als Ware also". Die Bundesrepublik stand in der Zeit ihrer Hochkonjunktur vor jenem Problem, das Wilhelm Throm in der *FAZ* vom 14. August 1971 beschrieb: „Wenn plötzlich alle ausländischen Arbeitnehmer unser Land verlassen würden, wäre Knall und Fall jeder zehnte Arbeitsplatz verwaist ... Unsere Wirtschaft ... müßte schrumpfen, es sei denn, die deutschen Arbeitnehmer wären bereit, entsprechend länger zu arbeiten und auch wieder all das zu tun, was man heute weitgehend Ausländern zu tun überläßt".

Bereits in dieser Phase, also vorwiegend in den sechziger Jahren, artikulierten sich ausländerfeindliche Empfindungen in der Bevölkerung – namentlich gegen die Italiener, die damals größte Gruppe der Gastarbeiter. Das Wort vom „Spaghettifresser", vom "Itaker" machte die Runde. Doch diese Ausländerfeindlichkeit bewegte sich in überschaubaren Grenzen, waren sich doch die Westdeutschen dessen bewußt, daß ihre Wirtschaft die Gastarbeiter brauchte. Die Einstellung in der bundesrepublikanischen Gesellschaft änderte sich erst in dem Maße, in welchem eine relativ hohe Ausländerbeschäftigung bei wirtschaftlichen Problemen anhielt und die Bonner Demokratie ihre „Belange" – seien es solche politischer Art oder des Arbeitsmarktes – beeinträchtigt sah. Als dann etwa 4,5 Millionen Menschen nichtdeutscher Nationalität registriert waren, deren größter Teil mittlerweile aus der Türkei stammte, erstarkten die ausländerfeindlichen und rassistischen Reaktionen der Bevölkerung. Die Sinusstudie von 1981 registrierte starken „rechtsextremistischen Ethnozentrismus und Fremdenhaß"; im August 1982 wies ein Sprecher des Bundesinnenministeriums auf den erschreckenden Anstieg von „deutlich gegen Ausländer gerichteten Aktionen" hin, sie umfaßten Drohbriefe an türkische Arbeitnehmer und zahlreiche Demolierungen türkischer Lokale und Läden; und in einer kurz darauf vorgelegten Studie über *Rechtsextremismus und Ausländerfeindlichkeit* des Kölner Bundesamtes für Verfassungsschutz mahnte der damalige Bundesinnenminister Gerhard Baum: „Hier sind zunehmend rassistische und nationalistische Motive erkennbar . . . Gerade in der Bundesrepublik ist der Rechtsextremismus, der sich auf Ausländerfeindlichkeit konzentriert, mit höchster Sensibilität und Aufmerksamkeit zu verfolgen". Schon einmal sei in der jüngsten deutschen Geschichte der Rassismus zum „Staatsprinzip" erhoben worden. Deshalb müßten „alle Demokraten mit Nachdruck" den Anfängen wehren.[49]

Trotz dieser und ähnlicher Mahnungen nahmen die rechtsextremen Organisationen ebenso zu wie „Ausländer-Stopp"-Initiativen und rassistisches Schrifttum. Nachdem 1982 bei den Kommunalwahlen in Schleswig-Holstein die „Kieler Liste für Ausländerbegrenzung" beachtliche 3,8 Prozent der Wählerstimmen erreicht hatte, kam es kurz darauf auch in Hamburg zur Bildung einer „Hamburger Liste für Ausländerstopp". Unter den rechtsextremen Vereinigungen sorgten 1983 vor allem zwei Gruppen für gesteigerte Aufmerksamkeit: die „Aktionsfront nationaler Sozialisten/nationaler Aktivisten" und die „Bürgerinitiative Ausländerstopp". Schon Wochen vor dem Fußballspiel zwischen der Bundesrepublik und der Türkei am 26. Oktober 1983 in Berlin wurden in nahezu allen westdeutschen Großstädten Flugblätter verteilt, welche diese beiden Gruppen verfaßt hatten. Hierin erging an die „deutschen Fußballfans" der Hinweis, dem „deutschen Volke" stehe ein „Kampf gegen das stinkende Türkenpack" bevor. Es gelte bei dieser Gelegenheit, gegen die „Ausländerschwemme (speziell Türken)" gemeinsam vorzugehen – unter der Parole: „Ausländer-Stopp und Ausländer raus ..." In diesem konkreten Fall in Berlin sorgte ein Polizei-Großaufgebot dafür, daß das Fußballspiel ohne Ausschreitungen stattfand.[50] In anderen Fällen, in solchen des „nur" verbalen Rassismus, blieb unverständlich, daß beispielsweise die Schrift von Wolfgang Seeger *Ausländer-Integration ist Völkermord* zum wiederholten Male aufgelegt und ungestraft vertrieben werden konnte, obwohl hierin eindeutig rassistische Aussagen wie folgende zu finden sind: Jede Integration der „Ausländer in den deutschen Volkskörper" stoße auf „unüberwindbare Schwierigkeiten, da die Naturgesetze es nicht zulassen, daß man durch Erlernung einer fremden Sprache und Annahme der fremden Sitten und Gebräuche ein Angehöriger eines anderen Volkes werden kann ..." Und einige Seiten weiter stellt Seeger die Frage: „Ist diese Integration – oder Völkervermischungspolitik – nicht ein Krieg mit unblutigen Mitteln gegen das deutsche Volk, durch den das vollendet werden soll, was in zwei militärischen Weltkriegen gegen Deutschland nicht erreicht worden ist – nämlich seine Vernichtung?"[51]

Es bleibt sicherlich zu fragen, wann bei solchen Aussagen der juristische Tatbestand der Volksverhetzung nach § 130 StGB erfüllt ist. Aber hierbei kämen dann viele Kampagnen zur Anklage: die bekannten Parolen an den Mauern, die nur selten entfernt werden, die sogenannten Türkenwitze, die an Stammtischen und nicht nur dort kursieren, und auch die Thesen rassistischer Wissenschaftler. Der makabre „Türkenwitz" – mit der Frage, was der Unterschied zwischen Türken und Juden sei, und der Antwort: „Die Juden haben es hinter sich" – reicht aus, um Josef Redings Urteil in seinen *Gedanken zur Zeit* uneingeschränkt zuzustimmen: „Es steckt so viel Menschenverachtung ... in diesen Türkenwitzen, daß es kaum möglich ist, teilnahmslos an diesem Unrat vorbeizugehen, ... und es wäre ein Selbstbetrug, wenn man so tun wollte, als gäbe es diesen gedanklichen Kothaufen namens Türkenwitze nicht, erst recht nicht in den besten Stuben unseres Landes".[52] Und was schließlich die rassistischen Wissenschaftler anbelangt, so läßt sich das *Heidelberger Manifest* vom 17. Juni 1981 als Beispiel anführen, in dem sechzehn Professoren im Namen und mit der Autorität der Wissenschaft als begründbar vorgeben, daß die Ausländer der Deutschen Unglück und Verderben sind und deshalb die Bundesrepublik zu verlassen hätten. Die Unterzeichner des Manifests, zu denen auch Mitglieder und Mitarbeiter der Unionsparteien wie die Professoren Schmidt-Kaler (CDU-Mitglied) und Stadtmüller (Hans-Seidel-Stiftung der CSU) sowie der ehemalige Bundesminister Oberländer (CDU) zählen, gehören dem „Schutzbund für das Deutsche Volk e. V." an, dessen Ziel darin besteht, einen bundesweiten Dachverband für die einzelnen ausländerfeindlichen Initiativen zu schaffen. Das *Heidelberger Manifest* – ein Pamphlet des Rassismus und Chauvinismus, in dem über die Ausländerfeindlichkeit völkische Anschauungen wieder einmal propagiert werden – beginnt mit den Worten: „Mit großer Sorge beobachten wir die Unterwanderung des deutschen Volkes durch Zuzug von vielen Millionen von Ausländern und ihren Familien, die Überfremdung unserer Sprache, unserer Kultur und unseres Volkstums ..."[53]

Diese Vorurteile ergänzte die Presse mit ihrem „Wissen“ um die Notwendigkeit, die „Überschwemmung“ der Bundesrepublik einzudämmen. Vor allem mit der steigenden Zahl der Asylsuchenden in den Jahren 1984 und 1985 wuchs die Fremdenfeindlichkeit. Repräsentativ dafür steht der Bericht der *FAZ* vom 5. September 1985 unter der Überschrift „Die Last wird zu schwer“, der seinen Lesern zu bedenken gab: „Wie soll dieses enge übervölkerte Land immer neue Zehntausende aufnehmen können?“ Ähnliche „Argumente“ brachte der *Bayernkurier.* Am 2. März 1985 meinte er unter der Überschrift „Stelldichein aus aller Welt“: „Heute ist die Bundesrepublik Deutschland der einzige Staat der Welt, ... dessen Wille, Hilfe zu leisten, am meisten mißbraucht wird“. Und wenige Tage zuvor, am 23. Februar 1985, fiel im selben Presseorgan die recht charakteristische Wendung, „mit einem unkontrollierten Hereinströmen von Menschen aus der Dritten Welt in die Bundesrepublik ... wäre unser Land überfordert“. Damit war ein Stichwort angesprochen, das auf jene Zäsur verweist, welche die erste von der zweiten Phase der westdeutschen Asylpraxis trennt. Während in der zweiten Phase (der siebziger und achtziger Jahre) die Asylbewerberzahl – bei wachsendem Flüchtlingsanteil aus Ländern der Dritten Welt – beständig anstieg, die Anerkennungsquote jedoch deutlich absank, verlief die erste Phase verhältnismäßig unspektakulär. Damals, in den fünfziger Jahren, bestanden gleichfalls nicht zu unterschätzende Integrationsprobleme, hoch waren aber auch die Integrationsleistungen für die bis zu neunzig Prozent aus kommunistischen Regimen kommenden Flüchtlinge. Sicherlich, unter den Bedingungen des „Wirtschaftswunders“ wurden Arbeitskräfte gebraucht; doch hier kam noch eine zweite – gewichtige – Komponente zum Tragen: Die Aufnahme von Kommunismusflüchtlingen entsprach der antikommunistischen Integrationsideologie der Ära Adenauer. Die Menschen aus der Dritten Welt hingegen, die in der zweiten Phase der westdeutschen Asylpraxis um die Gewährung eines Grundrechts ersuchten, unterlagen weithin dem Zerrbild des schwarzen, braunen oder gelben Schmarotzers.

Parallel zu dieser zweiphasigen Asylpraxis entstand zudem ein Irrgarten von Gerichtsurteilen, Verwaltungsvorschriften und sich stetig ändernder Gesetzgebung, der es den Asylbewerbern kaum noch ermöglichte, sich auch nur halbwegs zu orientieren. Die einfache Aussagekraft in Art. 16 Abs. 2 des Grundgesetzes: „Politisch Verfolgte genießen Asylrecht" – aus der Erfahrung heraus entstanden, daß viele Deutsche während der NS-Zeit nur überlebten, weil sie politisches Asyl im Ausland fanden – wurde zunehmend von einer verwirrenden Kasuistik in der Rechtsfindung[54] zurückgedrängt. Eine beständige „Neubestimmung" der politischen Verfolgung führte zum Kriterium der schwer zu erfassenden Verfolgungsfurcht und zur Theorie von der staatlichen Verfolgungsmotivation – im Gefolge der erwähnten veränderten „Struktur" der Asylbewerber. Ein Beispiel hierfür stellt das Problem der Folter dar, die das internationale Recht als Menschenrechtsverletzung anerkennt und ächtet, während sich in der westdeutschen Asylrechtsprechung die Theorie von der staatlichen Verfolgungsmotivation bemerkbar macht: Nachdem bereits im Mai 1982 der Mannheimer Verwaltungsgerichtshof die an kurdischen Flüchtlingen verübte Folter als ein „allgemeines Phänomen" in der Türkei bezeichnet hatte, das auf dortige „kriminaltechnische Besonderheiten" zurückzuführen sei, gelangte im März 1983 das Verwaltungsgericht Karlsruhe zu einer ähnlichen Entscheidung: Die Folterung Inhaftierter stelle in der Türkei eine seit eh und je geübte Praxis dar. „Dafür, daß die Folter systematisch und gezielt gerade bei sogenannten ‚politischen Häftlingen' angewandt wird, fehlen ausreichende Anhaltspunkte".[55] Dieses Urteil hob zwar das Bundesverwaltungsgericht auf, es sprach auch der Folterpraxis eine Indikatorenwirkung für politische Verfolgung – und damit für Asylgewährung – zu; doch in seiner Begründung stellte das Bundesverwaltungsgericht gleichfalls fest, daß die Folter als solche noch keinen Asylanspruch begründe, sondern nur insoweit sie über das hinausgehe, „was die Bewohner des Heimatstaates aufgrund des dort herrschenden Systems allgemein hinzunehmen haben".[56]

Über diese vielschichtige Asylrechtsprechung hinaus bereicherte vor allem die Rede vom „Asylmißbrauch" und von der „Asylantenschwemme" den Wortschatz der westdeutschen Asylpolitik. Als populistische Fassung des juristischen Begriffs des „Asylmißbrauchs" wurde der des „Wirtschaftsasylanten" der abwehrenden Terminologie hinzugefügt; die Deutung der Asylanten als „auf unsere Kosten" lebende „Schmarotzer" tauchte immer wieder auf: eine von der Angst vor eigenen materiellen Einschränkungen bestimmte Auffassung. „Was sollen diese ‚schmutzigen' Menschen in unserem sauberen und reichen Deutschland?" Mit dieser Frage hat Margarete Mitscherlich die Einstellung großer Bevölkerungsteile zu erfassen versucht – im Zusammenhang mit der Reflexion: „Hat die Erregung, die man ihnen gegenüber empfindet, vielleicht auch etwas mit unserer verdrängten Vergangenheit zu tun? Kehrt der alte ‚Untermensch', den die Nazis ermordet oder vertrieben hatten, heute als Asylant zurück?" Die Fähigkeit zu trauern und der Wunsch nach Wiedergutmachung bilden, so Margarete Mitscherlich, eine Einheit. „Sie verbinden sich mit Hilfsbereitschaft und Einfühlung auch in Andersdenkende und Andersaussehende".[57] Solche Eigenschaften waren allerdings kaum von den meisten Westdeutschen zu erwarten, zumal mehrere Medien, namentlich die Boulevard-Presse, die ausländerfeindliche Stimmung mit der Asylproblematik verknüpften. Der eingangs erwähnte populistische Politikstil der Bundesregierung wurde dadurch erfolgreich unterstützt. Bereits 1980 meinte der rheinland-pfälzische Ministerpräsident Vogel: „Die Angst, die mitunter unbegründete Angst, Fremder im eigenen Land zu werden, darf doch nicht leichthin abgetan werden".[58] Und für all diejenigen, denen die an sich bewährte Abweisungspolitik noch nicht effektiv genug erschien, sollte ein Gesetzesvorbehalt in Art. 16 Abs. 2 des Grundgesetzes eingefügt werden. Bundesinnenminister Zimmermann vertrat eine solche Forderung; ihm kam es auch darauf an, das Asylproblem als Wahlkampfthema für die Bundestagswahl 1987 einzusetzen: „Das sind schöne Demokraten", so Zimmermann im *Bayernkurier* vom 9. August 1986, „die ausgerechnet das

Thema, das die Menschen landauf, landab bewegt, ausklammern wollen! . . . Wir sagen, was wir wollen. Wir wollen den Asylantenstrom stoppen".

Die Bundestagswahl 1987

Die Bundestagswahl vom 25. Januar 1987 war eine „Wahl der Bestätigung" (Rainer-Olaf Schultze). Bestätigung fanden die Unionsparteien und die Liberalen mit ihrer Regierungskoalition sowie das bipolare, aus zwei Blöcken bestehende Mehrparteiensystem mit seiner konservativen Majorität. In einem neokonservativen und -nationalistischen Kontext, in dem der Kanzler den NS-Begriff der „Konzentrationslager" auf die Haftanstalten der DDR anwandte und in dem der Parteifinanzierungsskandal kaum erst zu einer erneuten skeptischen Einschätzung von Parteien und Politikern geführt hatte, blieb bei breiten Wählerschichten die Zustimmung zur konservativ-liberalen „Wendepolitik" erhalten – erwies sich die von Optimismus getragene Einschätzung der wirtschaftlichen Lage als ausschlaggebend. Wesentlich war mithin, daß diese Wähler der Regierungskoalition in Wirtschaftsfragen mehr zutrauten als der Sozialdemokratie. Schon geraume Zeit vor der Bundestagswahl wiesen viele Westdeutsche den Koalitionsparteien einen deutlichen Kompetenzvorsprung im Bereich der Wirtschafts- und der Sozialpolitik zu: einen Kompetenzvorsprung auf traditionellen Feldern der Sozialdemokratie, die diesmal für bessere Lösungen in Fragen der Abrüstung und des Umweltschutzes fähig gehalten wurde.[59]

Im weithin themenarmen Wahlkampf rückte dann auch der konservative Block der Unionsparteien und der Liberalen den „Wirtschaftsaufschwung" in den Mittelpunkt der werbenden Erfolgsbilanzen. „Mit der Sozialen Marktwirtschaft sichern wir den Wirtschaftsaufschwung", verkündete das *Wahlprogramm* der Unionsparteien unter dem Motto „Weiter so, Deutschland". Ergänzend betonten die Liberalen die „ökologisch verpflichtete" soziale Marktwirtschaft, „die wirtschaftliches Wachstum mit der Erhaltung der natürlichen Lebensgrundlage ... in Einklang bringt". Die Unionsparteien rühmten sich in ihrem *Wahlprogramm*, dafür gesorgt zu haben, „daß die Wirtschaft wieder wächst, die Preise stabil und die Zinsen niedrig sind und der Staat wieder solide wirtschaftet". Mit „einer konsequenten Politik für mehr Markt und weniger Staat" trug laut ihrer *Wahlplattform* die FDP „mit ihren Wirtschaftsministern" maßgeblich zu diesem Erfolg bei.[60] Auch in „Zukunft" – einem von der CDU und der CSU „belegten" Begriff – müsse die Bundesrepublik „ein modernes, leistungsfähiges und soziales Industrieland bleiben", erklärten die Unionsparteien. Dementsprechend wurden die „großen Exporterfolge der deutschen Wirtschaft" hervorgehoben. Das Ausland spreche bereits von einem „zweiten deutschen Wirtschaftswunder", von einem „Modell Deutschland". Bei solchen Wirtschaftsbilanzen begrenzten sich die viel beschworenen neuen oder wiederentdeckten „Werte" auf „das Bewußtsein um die Einheit der Nation" sowie auf die „Geborgenheit in Familie und Nachbarschaft". Die „Demokratie" der Bundesrepublik kam nur sporadisch als „freiheitlich-demokratischer Rechtsstaat" und in dem Bekenntnis „zur repräsentativen Demokratie" vor, „die politische Führung und demokratische Verantwortung miteinander verbindet".[61] Damit wurde ganz im Sinne des Neokonservatismus eine stärkere Entkoppelung der Exekutive, der politischen Führung, von der breiten politischen Willensbildung unterstrichen – „eine Ermäßigung jener demokratischen Prinzipien, die das Legitimationsniveau zu hoch schrauben".[62]

Nicht zuletzt dieses Demokratieverständnis unterschied sich grundlegend von dem der Sozialdemokratie und ihres Kanzlerkandidaten Johannes Rau. Das sozialdemokratische *Regierungsprogramm* forderte nicht nur eine „solidarische Gesellschaft durch soziale Gerechtigkeit und Chancengleichheit"; es vertrat durchgehend das partizipatorische Demokratieziel mit den Stichworten „lebendige Demokratie durch Bürgerbeteiligung und Mitbestimmung" sowie „Demokratisierung der Wirtschaft". Unter dem Motto „Versöhnen statt

Spalten" bekannte es sich ausdrücklich zu Brandts einstiger Parole: „Nur wenn viele mitgehen, können wir auf dem richtigen Weg vorankommen. Mehr Demokratie wagen – das ist und bleibt sozialdemokratische Richtschnur".[63] Der Absicht des Neokonservatismus, den „Staatsapparat von lästigen Legitimationszwängen freizusetzen" (Jürgen Habermas), und dem Streben der Unionsparteien, das Spektrum öffentlicher Themen einzuengen, um das politische Bewußtsein kritisch denkender Bürger von Problemen zu „entlasten", richtete sich hier die von Willy Brandt ausgegebene Losung entgegen. Es schien, als habe die Sozialdemokratie vergessen, welch hohe Erwartungen damals, zu Beginn der siebziger Jahre, enttäuscht wurden. Die wirtschaftlichen und politischen Probleme, die in der Ära Brandt dem demokratischen Imperativ der „Veränderung" entgegenstanden, waren keineswegs geringer geworden. Ohne Zweifel, die normative Kraft des partizipatorischen Demokratieverständnisses ebbte seit der konservativen „Tendenzwende" und vor allem in den achtziger Jahren stark ab; doch dies konnte und durfte die Sozialdemokratie und ihren Kanzlerkandidaten nicht daran hindern, jenes moralisch-praktische Element immer wieder zum Programm zu erheben, von dem die neokonservative Politik Abstand gewinnen wollte: die Demokratisierung aller Lebensbereiche.

Gleichwohl ließen sich die Sozialdemokratie und ihr Kanzlerkandidat von unrealistischen Wunschvorstellungen nicht freisprechen. Das Wahlziel der „eigenen" oder absoluten Mehrheit, mit dem sich Johannes Rau zugleich gegen eine rot-grüne Zusammenarbeit festlegte, ging aus einer allzu euphorischen Deutung der erfolgreichen Wahlkampagnen im Saarland und in Nordrhein-Westfalen hervor. Die Idee, auf der Grundlage des letzten Bundestagswahlergebnisses von 1983 mit 38,2 Prozent der Wählerstimmen einen „Sog der Suggestion" erzeugen zu können, erwies sich spätestens seit der Landtagswahl in Niedersachsen vom 15. Juni 1986 als utopisch. Trotz starker Verluste der Christlich Demokratischen Union und deutlicher Gewinne der Sozialdemokratie obsiegte die konservativ-liberale Landesregierung in Hannover; und seit diesem knappen Wahlsieg wandelte sich das Meinungsklima der westdeutschen Wählerschaft deutlich zum Vorteil der Koalitionsparteien. Die Sozialdemokratie dagegen sank in der Wählergunst, insbesondere nach den Stimmenverlusten in Bayern und Hamburg Ende 1986. Johannes Rau, der Kanzlerkandidat, hielt gleichwohl am einmal gesteckten Wahlziel fest und wies schon zuvor Brandts Ratschlag in dessen *Zeit*-Interview vom 25. August 1986 zurück, statt von der absoluten Mehrheit lieber von Politik zu sprechen und auch 43 Prozent der Stimmen als einen Erfolg zu betrachten. Manchen kam es vor, als habe sich Rau ganz bewußt für ein überhöhtes Wahlziel entschieden, „um mit der Aussicht auf ein Kopf-an-Kopf-Rennen künstlich Spannung zu erzeugen".[64] Welches Kalkül auch immer: das Ziel blieb unrealistisch, und die sozialdemokratischen Mittel eines personalisierten, sachpolitisch kaum konkreten Wahlkampfes, der nahezu jede Polemik vermied, führten nicht zum Erfolg. Zweifellos, für den Kanzlerkandidaten war die mit dem personalisierten Wahlkampf verbundene Bürgernähe „keine modische Phrase, sondern ein ungekünsteltes Bedürfnis" (Klaus Bölling).[65] Doch diese populistische Motivation Raus mußte im Wahlkampf letztlich an der Medienüberlegenheit und am größeren Kapitaleinsatz der Unionsparteien scheitern.

Der sozialdemokratische Kanzlerkandidat stand im Wahlkampf einem Kanzler gegenüber, der während der gesamten Legislaturperiode nicht nur schlechter abschnitt als viele seiner Minister, sondern auch durchgehend in der Personalalternative Kohl/Rau unpopulärer war als sein Herausforderer. Helmut Kohls Führungsstil, bei dem nicht nur Franz Josef Strauß so oft einen eigenen festen Standpunkt in strittigen Fragen vermißte, und der fatale Umstand, daß es dem Kanzler nicht gelang klar zu machen, was die von ihm wortreich beschworene „geistige Wende" eigentlich meinte, zeichneten mit dafür verantwortlich, daß ihm kein Kanzler-Bonus, sondern eher ein Kanzler-Malus zukam. Dieser freilich nutzte dem Kanzlerkandidaten Rau in dem Maße wenig, in welchem die Wähler nicht mehr an einen Wahlsieg der Sozialdemokratie und damit an eine mögliche Kanzlerschaft von Johannes Rau glaubten. Doch ein Bundeskanzler ohne den Bonus des Amtsinhabers, „und dies in einem politischen System, das seit Adenauers Kanzlerschaft gemeinhin als Kanzlerdemokratie charakterisiert wird“[66] – das bedeutete schon einiges. Erschwerend hinzu kamen die koalitionsinternen Auseinandersetzungen im konservativen Block: insbesondere zwischen der CSU und der FDP, die bisweilen den Eindruck erwecken konnten, der Wahlkampf finde nicht zwischen, sondern vorrangig innerhalb der beiden Blöcke des bipolaren Mehrparteiensystems statt. Bei den Themen der inneren Sicherheit, des Asylrechts und der Außen- und Entspannungspolitik gab es bisweilen heftige Kontroversen zwischen den beiden Parteivorsitzenden Strauß und Bangemann. Und auch die vom CSU-Vorsitzenden – als Konsequenz der Stimmenverluste der Christlich Demokratischen Union – erhobene Forderung, die Politik der Koalition müsse „griffiger, profilierter und aussagekräftiger“ werden,[67] zählte zum Bereich dieser Kontroversen, bei denen Strauß und die Christlich Soziale Union zugleich ihre Korrektivfunktion in der Regierung Kohl-Genscher herausstellten.

Dem Binnenwahlkampf im konservativen Block des bipolaren Mehrparteiensystems entsprach in abgeschwächter Form der zwischen SPD und Grünen. Die Sozialdemokratie und ihr Kanzlerkandidat blieben bei ihrer einmal getroffenen Absage an eine Zusammenarbeit mit der grünen Partei, was immer wieder zu taktischen Auseinandersetzungen vor allem mit dem damaligen hessischen Umweltminister Fischer führte. Von mehreren Medien-Kommentatoren wurde Raus harte Abgrenzung von den Grünen als ein nicht zu unterschätzender Fehler der Wahlkampagne gewertet. Manche stritten darüber, ob ein „Offenhalten der Koalitionsfrage“ bei gleichzeitiger Akzentuierung sozialdemokratischer Grundsätze ratsam gewesen wäre; sie erinnerten hierbei an die Leitlinie des saarländischen Ministerpräsidenten Oskar Lafontaine und damit an die sozialdemokratische Strategie, durch inhaltliche Abgrenzungen die grüne Partei vor die Alternative einer Positionskorrektur oder aber einer selbsterklärten Verweigerung zu stellen. „Vielleicht hätte“, so Peter Glotz rückblickend, „eine offene Formulierung der Dilemmata die SPD am weitesten getragen – die Erklärung nämlich, daß auch die Verhinderung einer rechten Mehrheit (einer ‚Sozialabbau-Mehrheit‘) ein sinnvolles Wahlziel hätte sein können. Die Alternative zum Wahlziel ‚absolute Mehrheit‘ hieß keineswegs auswegslos ‚rot-grüne Koalition‘“.[68] Doch einmal abgesehen davon, daß mit einer solchen „dritten“ Strategie den Unionsparteien noch weit mehr Anlaß geboten worden wäre, das Menetekel des „rot-grünen Chaos“ heraufzubeschwören – zumal das *Wahlprogramm* der CDU/CSU ohnehin schon den „Niedergang Deutschlands“ in einem solchen „Bündnis“ sah –, stand für Johannes Rau die Entscheidung fest. Für ihn erschien die Vorstellung abwegig, einen hochorganisierten Industriestaat in einer schweren Rezession von einer parlamentarischen Mehrheit aus Sozialdemokraten und Grünen mit fundamentalistischer Minderheit regieren zu lassen.

Es hat keinen Sinn, im Nachhinein die Frage zu vertiefen, was wenn gewesen wäre. Den hochorganisierten Industriestaat der Bonner Demokratie lenkte weiterhin eine Regierungskoalition, die unter dem Motto „Leistung muß sich wieder lohnen“ wie bisher die Initiative vom Staat auf den Markt verlagerte. Nun, nachdem die „geistige Wende“, welche die anhebende Epoche der Restauration kennzeichnen sollte, spätestens bei den Koalitionsverhandlungen vom Februar/März 1987 aus dem neokonservativen Wortschatz getilgt worden war, wollte die konservativ-liberale Koalition mit dem im Wahlkampf propagierten „Wirtschaftsaufschwung“ ihre Regierungskompetenz unter Beweis stellen. Außer Betracht blieb dabei, daß ihre Einbindung in den Weltmarkt der Bundesrepublik mit ihrer kapitalistisch verfaßten Wirtschaft nur Veränderungen in Nuancen erlaubt. Bereits das Ergebnis der Wende-Wahl von 1983 beruhte nicht auf einem neuartigen Konzept des Krisenmanagements, sondern eher auf dem „Überdruß, den einige hunderttausend Wähler an den schlechten Darbietungen der ... früheren Regierung empfanden“ (Dieter Wild).[69] Und die

Bundestagswahl vom Januar 1987 ist primär durch die Stabilität des konservativen Wählerverhaltens im erwähnten bipolaren, aus zwei Blöcken bestehenden Mehrparteiensystem gewonnen worden. „Durchsetzungswahl" hat sie Heiner Geißler genannt; durchgesetzt hat sich die Christlich Demokratische Union. Die konservativ-liberale Koalition verfügt über eine ungefährdete Mehrheit, „aber daß sie – und das gilt vor allem für die Union – die Meinungsführerschaft hätte, wird ihr niemand unterstellen", so Rolf Zundel in der *Zeit* vom 10. Juli 1987. In der Tat läßt sich wenig davon erkennen, daß die Unionsparteien und die Liberalen für wichtige, polarisierende Richtungsbestimmungen stehen, für eine Zukunft. Was insbesondere die Christlich Demokratische Union in der Debatte von heute darstellt und wie das „Weiter so" vor allem wirtschaftspolitisch Form annehmen soll, bleibt unscharf.

Kaum profilierter zeigt sich die Sozialdemokratie. Als Arbeitnehmer-Partei befindet sie sich zwischen der traditionellen sozialdemokratischen Arbeiterbewegung und den neuen sozialen Bewegungen. Vor allem die Grünen haben der SPD mannigfache Konflikte bereitet, zumal deren Wählerschaft sich vorwiegend aus den modernen Arbeitnehmergruppen vom Facharbeiter und Techniker bis zum höheren Angestellten und zum Beamten rekrutiert. Dieses Wählerpotential für sich und ihre Politik (wieder-)zugewinnen, erscheint der Sozialdemokratie notwendig; denn im bipolaren Mehrparteiensystem der Bundesrepublik erlangte die SPD 1987 zusammen mit der grünen Partei fast die gleiche Stimmenzahl wie die Sozialdemokratie allein beim größten Wahlerfolg ihrer Geschichte 1972.[70] Ungeachtet möglicher Wählerbewegungen gibt es für die SPD sicherlich kein Zurück hinter Nürnberg. Der „Nürnberger Parteitag" vom August 1986 verständigte sich mit großer Mehrheit auf eine Friedenspolitik, eine Politik der ökologischen Erneuerung und eine Energiepolitik, die von den meisten Gewerkschaften ebenso getragen wurden, wie von denen, die sich eher den neuen Bewegungen zuordneten.[71] Programmatisch wurde so das wieder eingefangen, was – ohne die Verdienste Helmut Schmidts schmälern zu wollen – gewissermaßen dadurch verdrängt worden war, daß Willy Brandt 1974 zurücktrat und nicht 1976 in turnusmäßiger Wahl scheiterte; die SPD hätte sich auf den Oppositionsbänken schon seit der zweiten Hälfte der siebziger Jahre regenerieren können. Eher zögerlich und deutlich erst mit Hans-Jochen Vogels Wahl zum Parteivorsitzenden trat die Sozialdemokratie ihre Oppositionszeit an, die gewiß andauern muß, um den politischen Gesamtcharakter der Partei erkennbar zu machen, ihre Verwurzelung in einer seit Godesberg veränderten und sich rasch weiter wandelnden Gesellschaft. Der *Irseer Entwurf* bietet hierfür eine brauchbare Grundlage. „Die einfache Fortschreibung des Bestehenden ergibt keine Zukunft mehr", betont die Präambel des Entwurfs: „Nur durch Veränderung werden wir in die Zukunft hinein retten können, was wir für bewahrenswert halten".[72]

Insgesamt ist eine „Politik kollektiver Vernunft" (Hans-Ulrich Klose) gefordert, zunächst in schlichter Alltagsarbeit. Es geht für die Sozialdemokratie nicht um eine übereilte Rückkehr in die Regierung und schon gar nicht darum, eine solche Möglichkeit auf bündnistaktische Überlegungen und auf Fragen der Abgrenzung gegenüber grünen Positionen zu verkürzen. Die SPD wäre schlecht beraten, wenn sie nur nach machtpolitisch motivierten Bündnissen schaute, zudem in einer risikobehafteten Zeit, in der Solidarität eine „Verpflichtung zur Gegenseitigkeit" (Rüdiger Altmann) verlangt,[73] unter der Perspektive eines neuen Bewußtseins der Verantwortung. Heiner Geißler hat die Christlich Demokratische Union als die „strukturelle Mehrheitspartei" in der Bundesrepublik bezeichnet. Die Tendenz dürfte stimmen – solange, bis die Mehrheit der Wähler – bei zunehmender Partizipation am politischen Prozeß – erkennen kann, daß die Sozialdemokratie die angedeuteten gesellschaftlichen Probleme von heute aufgearbeitet hat. Nur auf mittlere Sicht bestehen in demokratischen Gesellschaften Chancen für strukturelle Mehrheiten. Die Demokratie der Westdeutschen – „Herrschaftsauftrag auf Frist" (Theodor Heuss) – wird sich auch weiterhin bewähren: im Übergang der Macht zwischen Regierung und Opposition.

Problemreich dürfte die Republik gleichwohl bleiben. „Es gibt schwierige Vaterländer", hat Gustav Heinemann gesagt, eines davon sei Deutschland. „Aber", so fügte er hinzu, „es ist *unser* Vaterland. Hier leben und arbeiten wir. Darum wollen wir unseren Beitrag für die *eine* Menschheit mit diesem und durch dieses unser Land leisten".[74]

Anmerkungen

1. Die „Stunde Null“

1 Reimer Hansen, Das Ende des Dritten Reiches, Stuttgart 1966, S. 11. Vgl. hierzu und zum folgenden Wolfgang Jacobmeyer, Die Niederlage 1945, in: Westdeutschlands Weg zur Bundesrepublik 1945–1949, München 1976; und Hermann Glaser (Hg.), Bundesrepublikanisches Lesebuch, Frankfurt a. M. 1980.
2 Charles de Gaulle, Discours de Guerre, Bd. 3, Paris 1945, S. 214.
3 Jürgen Kocka, 1945: Neubeginn oder Restauration? in: Carola Stern und Heinrich A. Winkler (Hg.), Wendepunkte deutscher Geschichte 1848–1945, Frankfurt a. M 1979, S. 143. Die Ergebnisse dieser Untersuchung wurden hier und im folgenden ebenso einbezogen wie die von Wolfgang Jacobmeyer (s. oben Anm. 1).
4 Golo Mann, Kein Triumph und keine Trauer, in: Wolfgang Malanowski (Hg.), 1945. Deutschland in der Stunde Null, Reinbek 1985, S. 186 und S. 189.
5 Karl Jaspers, Erneuerung der Universität, in: Die Wandlung, 1/1945/46, S. 74.
6 Wolfgang Jacobmeyer (s. oben Anm. 1) S. 18.
7 Wolfgang Borchert, Draußen vor der Tür, Hamburg 1956, S. 8.
8 Hans-Erich Nossack, Dieser Andere (hg. von Chr. Schmid), Frankfurt a. M. 1976, S. 55 f.
9 Jürgen Kocka (s. oben Anm. 3) S. 145. Vgl. hierzu und zum folgenden auch Klaus-Dietmar Henke, Die Grenzen der politischen Säuberung in Deutschland nach 1945, in: Ludolf Herbst (Hg.), Westdeutschland 1945–1955, München 1986.
10 Golo Mann (s. oben Anm. 4) S. 187.
11 Eugen Kogon, Der SS-Staat, München 1946, S. V.
12 Hannah Arendt, Organisierte Schuld, in: Die Wandlung, 4/1945/46, S. 337.
13 Karl Jaspers, Wohin treibt die Bundesrepublik? München 1966, S. 183. Vgl. hierzu erneut Klaus-Dietmar Henke (s. oben Anm. 9).
14 Werner Abelshauser, Wirtschaft in Westdeutschland 1945–1948, Stuttgart 1975, S. 99.
15 Ebd. Vgl. hierzu und zum folgenden Ernst Heinrich von Bernewitz (Hg.), Wirtschaft und Politik verstehen, Reinbek 1978, S. 106 ff.

16 Vgl. hierzu Jürgen Kocka (s. oben Anm. 3).
17 Vgl. hierzu und zum folgenden Wolfgang Benz, Wirtschaftspolitik zwischen Demontage und Währungsreform, in: Westdeutschlands Weg zur Bundesrepublik 1945–1949, München 1976.
18 Kurt Schumacher, Reden und Schriften (hg. von A. Scholz und W. G. Oschilewski), Berlin 1953, S. 29.
19 Günter Gaus, Die Welt der Westdeutschen, Köln 1986, S. 141.
20 Alexander und Margarete Mitscherlich, Die Unfähigkeit zu trauern, München 1980, S. 28.
21 Hannah Arendt (s. oben Anm. 12) S. 339 f.
22 Alexander und Margarete Mitscherlich (s. oben Anm. 20) SS. 28, 31 und 32.
23 Ebd. S. 30.
24 Ebd. S. 34.
25 Ebd. S. 79.
26 Dieter Boßmann (Hg.), „Was ich über Adolf Hitler gehört habe ...“, Frankfurt a. M. 1979.

2. Adenauers Kanzlerdemokratie

1 Carlo Schmid, Die Stimme der Nation, in: Kurt Schumacher, Reden und Schriften (hg. von A. Scholz und W. G. Oschilewski), Berlin 1953, S. 10.
2 Kurt Schumacher, Reden und Schriften (s. oben Anm. 1) S. 97. Vgl. hierzu und zum folgenden Wolf-Dieter Narr, CDU/SPD. Programm und Praxis seit 1945, Stuttgart 1966, insbes. S. 110 ff.
3 Ossip K. Flechtheim (Hg.), Dokumente zur parteipolitischen Entwicklung in Deutschland seit 1945, Bd. 3, Berlin 1963, S. 20.
4 Konrad Adenauer, Reden 1917–1967 (hg. von H.-P. Schwarz), Stuttgart 1975, S. 148.
5 Vgl. hierzu Hans Karl Rupp, Politische Geschichte der Bundesrepublik Deutschland, Stuttgart 1982, insbes. S. 84.
6 SPD–Pressedienst (Hg.), Die SPD zur Wahl (15. 8. 1949), S. 7.
7 Klaus von Beyme (Hg.), Die großen Regierungserklärungen der deutschen Bundeskanzler von Adenauer bis Schmidt, München 1979, S. 57 und S. 62.
8 Kurt Schumacher (s. oben Anm. 1) S. 167. Vgl. auch Klaus von Beyme (s. oben Anm. 7) S. 20 ff.
9 Thomas Ellwein, Das Regierungssystem der Bundesrepublik Deutschland, Opladen 1973, S. 326. Vgl. zum folgenden auch S. 325.
10 Karl Dietrich Bracher, Die Kanzlerdemokratie, in: Richard Löwenthal und Hans-Peter Schwarz (Hg.), Die zweite Republik, Stuttgart 1974, S. 189. Auf diesen zusammenfassenden Beitrag sei hier allgemein verwiesen.

11 Rudolf Augstein, Konrad Adenauer und seine Epoche, in: Die Ära Adenauer, Frankfurt a. M. 1964, S. 68.
12 Karl Dietrich Bracher (s. oben Anm. 10) S. 189.
13 Vgl. hierzu und zum folgenden Hans-Peter Schwarz, Die Ära Adenauer 1957–1963 (Bd. 3 der Geschichte der Bundesrepublik Deutschland), Stuttgart 1983, insbes. S. 356 ff.
14 Carlo Schmid, Erinnerungen, Bern/München 1979, S. 449.
15 Carlo Schmid, Adenauers Werk, in: Die Ära Adenauer, Frankfurt a. M. 1964, S. 18 f.
16 Hans-Peter Schwarz (s. oben Anm. 13) S. 366.
17 Max Weber, Wirtschaft und Gesellschaft, 1. Hbd., Tübingen 1976, S. 167.
18 Bruno Heck, in: Rainer Hagen und Karl-Ernst Moring, Adenauer (Buchmanuskript zur Fernseh-Biographie des Norddeutschen Rundfunks), München 1987, S. 130.
19 Vgl. hierzu Günter Gaus, Die Welt der Westdeutschen, Köln 1986, insbes. S. 166.
20 Gilbert Ziebura, Die deutsch-französischen Beziehungen seit 1945, Pfullingen 1970, S. 100.
21 August Dresbach, zit. nach: Klaus Kröger, Staat und Verbände, in: Aus Politik und Zeitgeschichte, B 3/1966, S. 12.
22 Günter Gaus (s. oben Anm. 19) S. 117 f.
23 Konrad Adenauer, Reden 1917–1967 (s. oben Anm. 4), S. 260.
24 Verhandlungen des Deutschen Bundestages. 1. Wahlperiode 1949. Stenographische Berichte, Bd. 14 (Sitzung vom 3. 12. 1952), Bonn 1952, S. 11 140 und S. 11 144.
25 F. R. Allemann, Bonn ist nicht Weimar, in: Der Monat, 76/1955.
26 Vgl. hierzu Martin und Sylvia Greiffenhagen, Ein schwieriges Vaterland, München 1979, insbes. S. 102 ff.
27 Peter Reichel, Politische Kultur der Bundesrepublik, Opladen 1981, S. 137.
28 Alexander und Margarete Mitscherlich, Die Unfähigkeit zu trauern, München 1980, S. 19.
29 Rainer Hagen und Karl-Ernst Moring (s. oben Anm. 18) S. 139.
30 Mitscherlich (s. oben Anm. 28) S. 68.
31 Ebd. S. 20.
32 Günter Grass, Rede über das Selbstverständliche, in: Süddeutsche Zeitung vom 16./17. 10. 1965.
33 Thilo Koch, Stabilität und ihr Preis, in: Die Ära Adenauer, Frankfurt a. M. 1964, S. 21.

1 Klaus von Beyme (Hg.), Die großen Regierungserklärungen der deutschen Bundeskanzler von Adenauer bis Schmidt, München 1979, S. 169 f.
2 Eines Mannes Werk. Gespräch über Ludwig Erhard, in: Karl Hohmann (Hg.), Ludwig Erhard, Düsseldorf 1978, S. 184. Vgl. hierzu und zum folgenden Klaus Hildebrand, Von Erhard zur Großen Koalition 1963–1969 (Bd. 4 der Geschichte der Bundesrepublik Deutschland), Stuttgart 1984, insbes. S. 231 ff. Die vorliegende Untersuchung stützt sich auf das von Hildebrand aufbereitete umfangreiche Material.
3 Karl Dietrich Bracher, Die Kanzlerdemokratie, in: Richard Löwenthal und Hans-Peter Schwarz (Hg.), Die zweite Republik, Stuttgart 1974, S. 195.
4 Vgl. hierzu und zum folgenden Gert Schäfer, Der Volkskanzler, in: Carl Nedelmann und Gert Schäfer (Hg.), Politik ohne Vernunft oder Die Folgen sind absehbar, Reinbek 1965, insbes. S. 13 f.
5 Vgl. hierzu und zum folgenden Klaus Hildebrand (s. oben Anm. 2) S. 162 ff.
6 Ebd. S. 238.
7 Michael Hereth (Hg.), Zwanzig Jahre Bundesrepublik, München 1969, S. 203 f.
8 Klaus Hildebrand (s. oben Anm. 2) S. 204.
9 Rudolf Wildenmann, Die Bundesrepublik am Scheideweg, in: Ders. (Hg.), Sozialwissenschaftliches Jahrbuch für Politik, 1/1969, S. 15 f.
10 Ludwig Erhard, Wohlstand für alle, Düsseldorf 1957, S. 130.
11 Günter Gaus, Zur Person. Portraits in Frage und Antwort, München 1965, S. 105. Vgl. hierzu und zum folgenden auch Gert Schäfer (s. oben Anm. 4) S. 19.
12 Ebd. S. 110 und S. 112.
13 Wirtschaftsrat der CDU e. V. (Hg.), Wirtschaftstag der CDU/CSU. Düsseldorf 1965, Bonn 1965, S. 472.
14 Neue Zürcher Zeitung vom 17.7. 1965: Erhard und die „Intellektuellen".
15 Der Spiegel vom 14.11. 1966 (Nr. 47), S. 170.
16 Klaus von Beyme (s. oben Anm. 1) S. 191 f.
17 Franz Josef Strauß, zit. nach Thomas Dalberg, Franz Josef Strauß, Gütersloh 1968, S. 235.
18 Karl Dietrich Bracher (s. oben Anm. 3) S. 196.
19 Vgl. hierzu und zum folgenden Franz Schneider, Die große Koalition – zum Erfolg verurteilt? Mainz 1968, insbes. S. 32 ff. Die Ergebnisse dieser Studie wurden in die vorliegende Untersuchung einbezogen.
20 Karl Jaspers, Wohin treibt die Bundesrepublik? München 1966, S. 154.
21 Ekkehart Krippendorff, Das Ende des Parteienstaates, in: Der Monat,

160/1962, S.69. Vgl. hierzu auch Waldemar Besson, Viele Parteien tragen den Staat, in: Hans-Joachim Netzer (Hg.), Adenauer und die Folgen, München 1965, S.59ff.

22 Rechtliche Ordnung des Parteiwesens. Bericht der vom Bundesminister des Innern eingesetzten Parteienrechtskommission, Frankfurt a.M./Berlin 1957, S.80 und S.86.

23 Gerhard Leibholz, Strukturprobleme der modernen Demokratie, Karlsruhe 1958, S.94.

24 Karl Jaspers (s. oben Anm.20) S.178.

25 Ebd. S.175ff.

26 Peter von Oertzen, Diskussionsbeitrag auf der Tagung der Deutschen Vereinigung für Politische Wissenschaft, 1964, in: Politische Vierteljahresschrift, 5/1964, S.45.

27 Ralf Dahrendorf, Gesellschaft und Demokratie in Deutschland, München 1965, S.374.

28 Horst Krüger, Galerie der Kleinbürger, in: Deutsche Augenblicke, München 1969.

29 Helge Pross, Zur Stabilität demokratischer Institutionen in der Bundesrepublik, in: Nachrichten der Gießener Hochschulgesellschaft, 35/1966, S.50.

30 Vgl. hierzu und zum folgenden Ossip K. Flechtheim, Westdeutschland am Wendepunkt? in: Peter von Oertzen (Hg.), Festschrift für Otto Brenner zum sechzigsten Geburtstag, Frankfurt a.M. 1967, insbes. S.348ff.

31 Hermann Glaser (Hg.), Bundesrepublikanisches Lesebuch, Frankfurt a.M. 1980, S.358. Auf diese sehr zu empfehlende Anthologie sei hier allgemein verwiesen.

32 Eugen Gerstenmaier, Vom Sinn und Schicksal der Elite in der Gemeinschaft, Bad Godesberg o.J., S.11.

33 Rainer Barzel, zit. nach Ossip K. Flechtheim (s. oben Anm.30) S.364.

34 Thomas Ellwein, Das Regierungssystem der Bundesrepublik Deutschland, Opladen 1973, S.461.

35 Eugen Kogon, Die verhängnisvolle Vorsorge, in: Der totale Notstandsstaat, Frankfurt a.M. 1965, S.3.

36 Vgl. hierzu Klaus Hildebrand (s. oben Anm.2) S.241.

37 Vgl. hierzu Ossip K. Flechtheim (s. oben Anm.30) S.364ff.

38 Jürgen Habermas, Thesen gegen die Koalition der Mutlosen mit den Machthabern, in: Diskurs, 8/1966, S.2.

39 Ossip K. Flechtheim (s. oben Anm.30) S.366.

40 Ossip K. Flechtheim (Hg.), Dokumente zur parteipolitischen Entwicklung in Deutschland seit 1945, Bd.3, Berlin 1963, S.147.

41 Thomas Ellwein (s. oben Anm.34) S.213.

42 Ossip K. Flechtheim (s. oben Anm.40) S.210.

43 Vgl. hierzu Hans Karl Rupp, Politische Geschichte der Bundesrepublik Deutschland, Stuttgart 1982, S.101f.

44 Michael Hereth (s. oben Anm. 7) S. 123 und S. 137.
45 Hans Karl Rupp (s. oben Anm. 43) S. 101.
46 Protokoll der Fraktionssitzung der SPD vom 26. 11. 1966, S. 19.
47 Der Spiegel vom 5. 12. 1966 (Nr. 50), S. 39.
48 Franz Schneider (s. oben Anm. 19) S. 39.
49 Ebd.
50 Willy Brandt, Eröffnungsrede der Konferenz der SPD am 17. 12. 1966 (SPD-Pressemitteilungen und Informationen), S. 4.
51 Die Zeit vom 2. 12. 1966.
52 Vgl. hierzu Klaus Hildebrand (s. oben Anm. 2) S. 261; und Franz Schneider (s. oben Anm. 19) S. 45 f.
53 Bernhard Vogel, zit. nach Franz Schneider (s. oben Anm. 19) S. 45.
54 Klaus von Beyme (s. oben Anm. 1) S. 231 f.
55 Horst Ehmke, zit. nach Heribert Knorr, Der parlamentarische Entscheidungsprozeß während der Großen Koalition 1966–1969, Meisenheim a. G. 1975, S. 147.
56 Wilhelm Hennis, Große Koalition ohne Ende? München 1968, S. 22.
57 Winfried Steffani, Zur Kritik am Parteienstaat und zur Rolle der Opposition, in: Aus Politik und Zeitgeschichte, B 45/1965, S. 33.
58 Verhandlungen des Deutschen Bundestages. 5. Wahlperiode. Stenographische Berichte, Bd. 63 (Sitzung vom 15. 12. 1966), S. 3719.
59 Michael Hereth (s. oben Anm. 7) S. 215.
60 Protokoll der Fraktionssitzung der SPD vom 26. 11. 1966, S. 20.
61 Kommuniqué über die gemeinsame Sitzung von Vorstand, Parteirat und Kontrollkommission der Sozialdemokratischen Partei Deutschlands am 30. 6. 1967, S. 14.
62 Franz Schneider (s. oben Anm. 19) S. 52.

4. Opposition und Establishment. Die Studentenrevolte

1 Vgl. hierzu und zum folgenden Karl A. Otto, Vom Ostermarsch zur APO, Frankfurt/New York 1982, insbes. S. 67 ff., S. 102 ff. und S. 145 ff.
2 Margarete Mitscherlich, Erinnerungsarbeit, Frankfurt a. M. 1987, S. 40.
3 Arnhelm Neusüss, Außerparlamentarische Opposition, in: H. J. Schoeps und Chr. Dannemann (Hg.), Die rebellischen Studenten, München 1968, S. 48.
4 Michael Hereth (Hg.), Zwanzig Jahre Bundesrepublik Deutschland in Dokumenten, München 1969, S. 312.
5 Vgl. hierzu Franz Schneider, Die große Koalition – zum Erfolg verurteilt? Mainz 1968, S. 63.
6 Der Spiegel vom 12. 6. 1967 (Nr. 25), S. 103.
7 Herbert Marcuse, Der eindimensionale Mensch, Neuwied/Berlin 1970, S. 23.

8 Ebd. S. 255.
9 Knut Nevermann, Der 2. Juni 1967. Dokumente, Köln 1967, S. 9f. Vgl. hierzu auch Karl A. Otto (s. oben Anm. 1) S. 160ff.
10 Jürgen Habermas, Protestbewegung und Hochschulreform, Frankfurt a. M. 1969, S. 140.
11 Ebd. S. 146.
12 Rudi Dutschke, Mein langer Marsch, Reinbek 1981, S. 88.
13 Bedingungen und Organisation des Widerstands. Der Kongreß in Hannover, Berlin 1967, S. 81. Vgl. hierzu und zum folgenden Theodor Ebert, Ziviler Ungehorsam, Waldkirch 1984, insbes. S. 20ff.
14 Bedingungen und Organisation des Widerstands, a. a. O., S. 65.
15 Heinz Grossmann und Oskar Negt (Hg.), Die Auferstehung der Gewalt, Frankfurt a. M. 1968, S. 9.
16 Günter Gaus, Die Welt der Westdeutschen, Köln 1986, S. 118.
17 Gustav W. Heinemann, Es gibt schwierige Vaterländer ... (hg. von H. Lindemann), Frankfurt a. M. 1977, S. 334.
18 Vgl. hierzu und zum folgenden Iring Fetscher, Terrorismus und Reaktion, Reinbek 1981, insbes. S. 22ff.
19 Heinz Grossmann und Oskar Negt (s. oben Anm. 15) S. 30f.
20 Bedingungen und Organisation des Widerstands (s. oben Anm. 13) S. 65. Vgl. hierzu Theodor Ebert (s. oben Anm. 13) S. 21.
21 Stenographischer Bericht der ersten Sitzung des Bundesvorstandes der Christlich Demokratischen Union vom 16. 1. 1969, S. 23f.

5. Mehr Demokratie wagen. Von Brandt zur Ära Schmidt

1 Willy Brandt, Begegnungen und Einsichten, München/Zürich 1978, S. 294.
2 Ebd. S. 295.
3 Gustav W. Heinemann, Allen Bürgern verpflichtet, Frankfurt a. M. 1975, S. 15ff. Vgl. hierzu und zum folgenden Wolfgang Jäger, Die Innenpolitik der sozial-liberalen Koalition 1969–1974, in: Karl Dietrich Bracher, Wolfgang Jäger und Werner Link, Republik im Wandel 1969–1974. Die Ära Brandt (Bd. 5/I der Geschichte der Bundesrepublik Deutschland), Stuttgart 1986, S. 155ff.
4 Günter Grass, Vorwort zu: Hermann Schreiber und Frank Sommer, Gustav Heinemann, Frankfurt a. M. 1969, S. 9.
5 Karl Carstens, Politische Führung, Stuttgart 1971, S. 102.
6 Vgl. hierzu Wolfgang Jäger (s. oben Anm. 3) S. 23f.
7 Heinrich Böll, in: Dagobert Lindlau (Hg.), Gedanken über einen Politiker, München 1972, SS. 37, 39 und 42.
8 Alexander Mitscherlich, in: Dagobert Lindlau, a. a. O., S. 26f.
9 Klaus von Beyme (Hg.), Die großen Regierungserklärungen der deutschen Bundeskanzler von Adenauer bis Schmidt, München 1979, S. 252.

10 Ebd. S. 270 f. und S. 281.
11 Willy Brandt, Die Alternative, in: Die neue Gesellschaft, 16/1969 (Sonderheft vom 1. 5. 1969), S. 4.
12 Willy Brandt (s. oben Anm. 1) S. 306.
13 Ebd. S. 502.
14 Kurt Sontheimer, in: Dagobert Lindlau (s. oben Anm. 7) S. 110.
15 Klaus von Beyme (s. oben Anm. 9) S. 255.
16 Alexander Mitscherlich, in: Dagobert Lindlau (s. oben Anm. 7) S. 23 ff.
17 Ebd. S. 27 ff.
18 Ebd. S. 28.
19 Dorothee Sölle, in: Dagobert Lindlau (s. oben Anm. 7) S. 131 ff.
20 Klaus von Beyme (s. oben Anm. 9) S. 313.
21 Gustav W. Heinemann (s. oben Anm. 3) S. 337 und S. 339.
22 Immanuel Kant, Kritik der praktischen Vernunft, Hamburg 1952, S. 36.
23 Helmut Schmidt, Maximen politischen Handelns, Bonn 1981, S. 18 f.
24 Max Weber, Politik als Beruf, in: Ders., Gesammelte Politische Schriften, Tübingen 1958, S. 546 f.
25 Ebd. S. 540.
26 Helmut Schmidt (s. oben Anm. 23) S. 19.
27 Max Weber (s. oben Anm. 24) S. 548.
28 Helmut Schmidt, Als Christ in der politischen Entscheidung, Gütersloh 1976, S. 48.
29 Helmut Schmidt, Auf dem Fundament des Godesberger Programms, Bonn-Bad Godesberg 1974, S. 83.
30 Wolfgang J. Mommsen, „Wir sind wieder wer", in: Jürgen Habermas (Hg.), Stichworte zur ‚Geistigen Situation der Zeit', Bd. 1, Frankfurt a. M. 1980, S. 207.
31 Dorothee Sölle, „Du sollst keine anderen Jeans haben neben mir", in: Jürgen Habermas (s. oben Anm. 30) Bd. 2, S. 548 ff. Vgl. hierzu Pier Paolo Pasolini, Freibeuterschriften, Berlin 1978, insbes. S. 85 ff.
32 Alexander Mitscherlich, Hemmen Tabus die Demokratisierung der deutschen Gesellschaft, in: Ders., Das Ich und die Vielen, München 1987, S. 286.
33 Franz Josef Strauß, zit. nach Horst W. Schmollinger und Peter Müller, Zwischenbilanz, Hannover 1980, S. 47.
34 Neue Zürcher Zeitung vom 9. 9. 1976; und Frankfurter Rundschau vom 8. 9. 1976 (mit der Rede Willy Brandts im Wortlaut), S. 14.
35 Horst-Eberhard Richter, Der Gotteskomplex, Reinbek 1979, S. 205 f.
36 Klaus von Beyme (s. oben Anm. 9) S. 391 f.
37 Helmut Schmidt, Ethos und Recht in Staat und Gesellschaft, in: Günter Gorschenek (Hg.), Grundwerte in Staat und Gesellschaft, München 1978, S. 18 f. und S. 20 ff. Vgl. hierzu und zum folgenden auch Peter Reichel, Politische Kultur der Bundesrepublik, Opladen 1981, S. 159 ff.
38 Helmut Kohl, Freiheit, Solidarität, Gerechtigkeit, in: Günter Gor-

schenek (s. oben Anm. 37) SS. 53 f., 61, 52 und 56 f. Vgl. hierzu und zum folgenden auch Kurt Bayertz und Hans Heinz Holz (Hg.), Grundwerte, Köln 1978, insbes. S. 14 f.

39 Richard Löwenthal, Die Intellektuellen zwischen Gesellschaftswandel und Kulturkrise, in: Horst Baier (Hg.), Freiheit und Sachzwang, Opladen 1977, S. 106.

40 Kurt Bayertz und Hans Heinz Holz (s. oben Anm. 38) S. 13 f.

41 Christian Graf von Krockow, Grundwerte oder/statt Grundgesetz, in: Thomas Meyer (Hg.), Grundwerte und Gesellschaftsreform, Frankfurt a. M. 1981, S. 19.

42 Helmut Kohl (s. oben Anm. 38) S. 56.

6. Die verunsicherte Republik

1 Iring Fetscher, Terrorismus und Reaktion in der Bundesrepublik Deutschland und in Italien, Reinbek 1981, S. 8.

2 Vgl. hierzu und zum folgenden Wolfgang Jäger, Die Regierung Brandt/Scheel, in: Karl Dietrich Bracher, Wolfgang Jäger und Werner Link, Republik im Wandel 1969–1974. Die Ära Brandt (Bd. 5/I der Geschichte der Bundesrepublik Deutschland), Stuttgart 1986, S. 77 ff.; und Peter Reichel, Politische Kultur der Bundesrepublik, Opladen 1981, S. 190 f.

3 Erhard Denninger (Hg.), Freiheitliche demokratische Grundordnung, Zweiter Teil, Frankfurt a. M. 1977, S. 518.

4 Peter Reichel (s. oben Anm. 2) S. 191.

5 Erhard Denninger (s. oben Anm. 3) S. 560 f.

6 Ebd. S. 567 f. und S. 573.

7 BVerfGE 39/368.

8 Ernst Wolfgang Böckenförde, Die Bedeutung der Unterscheidung von Staat und Gesellschaft im demokratischen Sozialstaat der Gegenwart, in: Aus Politik und Zeitgeschichte, B 5/1975, S. 24 und S. 29 f. Vgl. auch Jürgen Seifert, Haus oder Forum, in: Jürgen Habermas (Hg.), Stichworte zur ‚Geistigen Situation der Zeit', Bd. 1, Frankfurt a. M. 1980, S. 328 f.

9 BVerfGE 39/348 f.

10 Jürgen Seifert (s. oben Anm. 8) S. 326.

11 BVerfGE 39/351 f.

12 Vgl. hierzu Jürgen Seifert (s. oben Anm. 8) S. 330.

13 BVerfGE 39/335; vgl. hierzu und zum folgenden Peter Reichel (s. oben Anm. 2) S. 194.

14 BVerfGE 39/385.

15 Alfred Grosser, Die Bundesrepublik, der internationale und der innere Friede, in: Börsenblatt für den Deutschen Buchhandel, 14. 10. 1975, S. 1386.

16 Gustav W. Heinemann, Freimütige Kritik und demokratischer Rechtsstaat, in: Aus Politik und Zeitgeschichte, B 20–21/1976, S. 3.
17 Alfred Grosser (s. oben Anm. 15) S. 1385.
18 Vgl. hierzu und zum folgenden Iring Fetscher (s. oben Anm. 1) S. 34 ff.
19 Rotbuch 29, S. 40, zit. nach Iring Fetscher, a. a. O., S. 35.
20 Marion Gräfin Dönhoff, Die Proportionen nicht aus dem Auge verlieren, in: Freimut Duve, Heinrich Böll und Klaus Staeck (Hg.), Briefe zur Verteidigung der Republik, Reinbek 1977, S. 26.
21 Protokoll des außerordentlichen Landesparteitages der SPD Hamburg am 16. 7. 1977, S. 36 und S. 43.
22 Vgl. hierzu Stefan Aust, Der Baader Meinhof Komplex, Hamburg 1985, insbes. S. 378 ff.
23 Eugen Kogon, Über die innere Wahrheit des Fernsehfilms Holocaust, in: Peter Märthesheimer und Ivo Frenzel (Hg.), Der Fernsehfilm Holocaust, Frankfurt a. M. 1979, S. 66.
24 Margarete Mitscherlich-Nielsen, Die Notwendigkeit zu trauern, in: Peter Märthesheimer und Ivo Frenzel (Hg.), a. a. O., S. 207.
25 Hans Mommsen, Die Last der Vergangenheit, in: Jürgen Habermas (s. oben Anm. 8) S. 184.
26 Margarete Mitscherlich-Nielsen (s. oben Anm. 24) S. 208.
27 Ebd. S. 212.
28 Heiner Lichtenstein und Michael Schmid-Ospach (Hg.), Holocaust. Briefe an den WDR, Wuppertal 1982, SS. 56, 71 und 74.
29 Vgl. hierzu Detlef Lehnert, Die sozial-liberale Koalition, in: Gerd-Joachim Glaeßner, Jürgen Holz und Thomas Schlüter (Hg.), Die Bundesrepublik in den siebziger Jahren, Opladen 1984, S. 15 ff.
30 Vgl. hierzu Martin Greiffenhagen, Polarisierung statt Sachdiskussion; und Hans-Dieter Bamberg, Die Wahlparolen, in: Redaktion der Frankfurter Hefte (Hg.), Die Aussichten der Republik, Frankfurt a. M. 1980.
31 Vgl. hierzu und zum folgenden Arno Plack, Wie oft wird Hitler noch besiegt? Neonazismus und Vergangenheitsbewältigung, Frankfurt a. M. 1985, S. 152 ff.
32 Ebd. S. 156.
33 Ebd. S. 157.
34 Klaus Bölling, Bonn von außen betrachtet, Stuttgart 1986, S. 66.
35 Ebd.
36 Günter Gaus, Die Welt der Westdeutschen, Köln 1986, S. 37.
37 Ebd. S. 160.
38 Peter Glotz, Die Beweglichkeit des Tankers, München 1982, S. 8.
39 Vgl. hierzu und zum folgenden Karl-Werner Brand, Detlef Büsser und Dieter Rucht, Aufbruch in eine andere Gesellschaft, Frankfurt/New York 1986, S. 85 ff. Vgl. hierzu auch Karl Dietrich Bracher, Politik und Zeitgeist, in: Karl Dietrich Bracher, Wolfgang Jäger und Werner Link (s. oben Anm. 2) S. 382 ff.

40 Ebd. S. 382 (= Bracher).
41 Die Grünen, Das Bundesprogramm, Bonn o. J., S. 4.
42 Vgl. hierzu Alfred Mechtersheimer, Rüstung und Wahnsinn, München 1982. Vgl. hierzu und zum folgenden auch Karl-Werner Brand, Detlef Büsser und Dieter Rucht (s. oben Anm. 39) S. 206 ff.
43 Georg Fülberth, Geschichte der Bundesrepublik Deutschland in Quellen und Dokumenten, Köln 1982, S. 388 f.
44 Bericht der Enquete-Kommission „Jugendprotest im demokratischen Staat" (Drucksache 9/411), S. 35.
45 Zit. nach Helmut Kistler, Bundesdeutsche Geschichte, Bonn 1986, S. 392.
46 Klaus Bölling (s. oben Anm. 34) S. 122.
47 Ebd. S. 121.
48 Peter Glotz (s. oben Anm. 38) S. 25 f. und S. 55.
49 Ebd. S. 56 f.

7. Neokonservatismus. Zur Regierungszeit Kohls

1 Die Zeit vom 18. 3. 1983.
2 Vgl. hierzu Thomas Ellwein, Das Regierungssystem der Bundesrepublik Deutschland, Opladen 1983, insbes. S. 231.
3 Helmut Kohl, Reden 1982–1984, Bonn 1984, S. 15 f. und S. 38 f.
4 Klaus Bölling, Bonn von außen betrachtet, Stuttgart 1986, S. 145 f.
5 Regierungsprogramm der SPD 1983–1987, S. 10 und S. 21.
6 Jürgen Habermas, Die Neue Unübersichtlichkeit, Frankfurt a. M. 1985, S. 44. Auf diese Studie sei hier allgemein verwiesen.
7 Helmut Kohl, Herausforderung der Krise, in: Die Neue Ordnung, 1/1983, S. 6 und S. 9.
8 Ebd. S. 7.
9 Peter Graf Kielmansegg, Demokratieprinzip und Regierbarkeit, Stuttgart 1977, S. 122.
10 Helmut Kohl (s. oben Anm. 7) S. 7.
11 Jürgen Habermas (s. oben Anm. 6) S. 51.
12 Vgl. hierzu Helmut Kohl (s. oben Anm. 7) S. 6.
13 Hans-Jochen Vogel, Die geistige Wende – ein semantischer Kampfbegriff, in: Die Neue Ordnung, 1/1983, S. 15 f. und S. 23.
14 Jürgen Habermas (s. oben Anm. 6) S. 65.
15 Vgl. hierzu und zum folgenden Arno Klönne, Zurück zur Nation? Köln 1984, S. 7 ff. Die Ergebnisse dieser aufschlußreichen Untersuchung wurden hier einbezogen.
16 Verhandlungen des Deutschen Bundestages. 10. Wahlperiode. Stenographische Berichte, Bd. 124, S. 1015.
17 Arthur Moeller van den Bruck, Das Dritte Reich, Hamburg 1931, S. 93 ff. Vgl. hierzu Arno Klönne (s. oben Anm. 15) S. 143 ff.
18 Deutsche Identität heute (hg. vom Studienzentrum Weikersheim), Mainz 1983, S. 18 ff.

19 Ebd. S. 178.
20 Verhandlungen des Deutschen Bundestages (s. oben Anm. 16) S. 1015.
21 Bernard Willms, Die Deutsche Nation, Köln 1982, SS. 324, 124, 193 und 279.
22 Arno Klönne (s. oben Anm. 15) S. 146.
23 Deutsche Monatshefte, 1/1985. Vgl. hierzu Arno Klönne, Rechtsextreme Tendenzen in der politischen Kultur der Bundesrepublik, in: Matthias von Hellfeld (Hg.), Im Schatten der Krise, Köln 1986, S. 24 ff.
24 Hans-Dietrich Sander, Die Rückkehr des nationalen Elements in die Politik, Göttingen 1983.
25 Günter Gaus, Die Welt der Westdeutschen, Köln 1986, S. 72 ff.
26 Jürgen Habermas (s. oben Anm. 6) S. 265.
27 Ansprache des Bundespräsidenten Richard von Weizsäcker am 8. Mai 1985 anläßlich des 40. Jahrestages der Beendigung des Zweiten Weltkrieges, in: Ulrich Gill und Winfried Steffani (Hg.), Eine Rede und ihre Wirkung, Berlin 1986, S. 179.
28 Ebd. S. 180 f.
29 Alfred Grosser, Mitverantwortung für die Freiheit, in: Ulrich Gill und Winfried Steffani (s. oben Anm. 27) S. 65.
30 Egon Bahr, Keine Sonntagsrede, in: Ulrich Gill und Winfried Steffani (s. oben Anm. 27) S. 131.
31 Klaus Bölling (s. oben Anm. 4) S. 64.
32 Ebd. S. 59 und S. 95.
33 Irmgard Adam-Schwaetzer, Der Abschluß einer deutschen Diskussion, in: Ulrich Gill und Winfried Steffani (s. oben Anm. 27) S. 146.
34 Alfred Dregger, Die Ehre und das Vermächtnis der Toten. Rede zum Volkstrauertag 1986 (hg. vom Volksbund Deutsche Kriegsgräberfürsorge), S. 9.
35 Hans Mommsen, Die Wende im Geschichtsbild, in: Vorwärts vom 20. 12. 1986.
36 Ernst Nolte, Myth and Revisionism. The Third Reich in the Perspective of the 1980s, in: H. W. Koch (Hg.), Aspects of the Third Reich, London 1985.
37 Andreas Hillgruber, Zweierlei Untergang, Berlin 1986, S. 24 f.
38 Ebd. S. 61 und S. 73.
39 Ebd. S. 64.
40 Ebd. S. 89 f. und S. 98.
41 Ebd. S. 21.
42 Ernst Nolte, Vergangenheit, die nicht vergehen will, in: Frankfurter Allgemeine Zeitung vom 6. 6. 1986.
43 Vgl. hierzu Ernst Nolte (s. oben Anm. 36) S. 16 ff.
44 Vgl. hierzu Jürgen Kocka, Hitler sollte nicht durch Stalin und Pol Pot verdrängt werden, in: Frankfurter Rundschau vom 23. 9. 1986.
45 Jürgen Habermas, Eine Art Schadensabwicklung, in: Die Zeit vom 11. 7. 1986.

46 Ernst Nolte (s. oben Anm 42).
47 Günter Gaus, Die Welt der Westdeutschen, Köln 1986, S. 44 f.
48 Vgl. hierzu Alfons Söllner, Westdeutsche Asylpolitik, in: Leviathan, 4/1986; und Georgios Tsiakalos, Ausländerfeindlichkeit, München 1983.
49 Pressedienst des Bundesministeriums des Innern, Rechtsextremismus und Ausländerfeindlichkeit, Bonn, 19.8. 1982; vgl. hierzu auch Andreas Geiger, „Ausländer raus!" in: Rolf Meinhardt (Hg.), Türken raus? oder Verteidigt den sozialen Frieden, Reinbek 1984, S. 130 ff.
50 Vgl. hierzu und zum folgenden Peter-Christian Löwisch, „Sie wollen uns hier raus haben", in: Matthias von Hellfeld (s. oben Anm. 23) S. 107 ff.
51 Wolfgang Seeger, Ausländer-Integration ist Völkermord, Pähl 1980, S. 3 f. und S. 20.
52 Josef Reding, Gedanken zur Zeit, in: Welt der Arbeit, 6/1982.
53 Heidelberger Manifest vom 17.6. 1981 (in: Deutsche Wochenzeitung vom 6. 11. 1981).
54 Vgl. hierzu Alfons Söllner (s. oben Anm. 48) S. 508 ff.
55 Vgl. hierzu Reinhard Marx, Asylrecht, Bd. 1, Baden-Baden 1984, insbes. S. 331 und S. 335.
56 Ebd. S. 342.
57 Margarete Mitscherlich, Erinnerungsarbeit, Frankfurt a. M. 1987, S. 86.
58 Verhandlungen des Deutschen Bundestages. 9. Wahlperiode. Stenographische Berichte, Bd. 121 (Sitzung vom 14. 5. 1982), S. 6102.
59 Vgl. hierzu und zum folgenden Rainer-Olaf Schultze, Die Bundestagswahl 1987 – eine Bestätigung des Wandels, in: Aus Politik und Zeitgeschichte, B 12/1987 – eine Studie, deren Ergebnisse hier einbezogen wurden.
60 Die Wahlplattform der FDP zur Bundestagswahl 1987, S. 9.
61 Das Wahlprogramm von CDU und CSU für die Bundestagswahl 1987, SS. 6, 17 und 19.
62 Jürgen Habermas (s. oben Anm. 6) S. 34.
63 Regierungsprogramm 1987–1990 der Sozialdemokratischen Partei Deutschlands, S. 9 und S. 16.
64 Rainer-Olaf Schultze (s. oben Anm. 59) S. 6.
65 Klaus Bölling (s. oben Anm. 4) S. 101.
66 Rainer-Olaf Schultze (s. oben Anm. 59) S. 3.
67 Das Parlament vom 31. 1. 1987.
68 Peter Glotz, Die deutsche Linke nach den Januar-Wahlen 1987, in: Die Neue Gesellschaft/Frankfurter Hefte, 2/1987, S. 103. Auf diesen Aufsatz sei hier allgemein verwiesen.
69 Dieter Wild, Der zögerliche Zeitgeist, in: Der Spiegel vom 16. 3. 1987 (Nr. 12), S. 175.
70 Vgl. hierzu Peter von Oertzen, Nach den eigenen Wurzeln suchen, in: Die Zeit vom 20. 3. 1987.

71 Vgl. hierzu und zum folgenden Erhard Eppler, Weiter links oder rechts? in: Die Zeit vom 6.2. 1987.

72 Entwurf für ein neues Grundsatzprogramm der Sozialdemokratischen Partei Deutschlands, Irsee, Juni 1986, S.7.

73 Rüdiger Altmann, Vom Risiko des Scheiterns, in: Der Spiegel vom 6.4. 1987 (Nr.15), S.55.

74 Gustav W. Heinemann, Allen Bürgern verpflichtet, Frankfurt a.M. 1975, S.20.

Literaturhinweise

Diese Hinweise stellen eine bewußt begrenzte Auswahl aus dem umfangreichen Literaturangebot dar. Es werden Buchveröffentlichungen genannt, die einer näheren Orientierung über die Themenbereiche dienen und ihrerseits Literaturhinweise enthalten. Weitere Literaturangaben – vorwiegend Aufsätze etc. – finden sich in den Anmerkungen.

Abelshauser, W., Wirtschaft in Westdeutschland 1945–1948, Stuttgart 1975.

Adenauer, K., Reden 1917–1967. Eine Auswahl, hg. von H.-P. Schwarz, Stuttgart 1975.

Die Ära Adenauer. Einsichten und Ausblicke, Frankfurt a. M. 1964.

Almond, G. A./Verba, S., The Civic Culture. Political Attitudes and Democracy in Five Nations, Princeton 1963.

Aust, St., Der Baader Meinhof Komplex, Hamburg 1985.

Baring, A., Machtwechsel. Die Ära Brandt-Scheel, Stuttgart 1982.

Ders., Im Anfang war Adenauer. Die Entstehung der Kanzlerdemokratie, München 1982.

Bayertz, K./Holz, H. H. (Hg.), Grundwerte-Diskussion. Der Streit um die geistigen Grundlagen der Demokratie, Köln 1978.

Benz, W. (Hg.), Die Bundesrepublik Deutschland. Geschichte in drei Bänden, Frankfurt a. M. 1983.

Beyme, K. v., Die großen Regierungserklärungen der deutschen Bundeskanzler von Adenauer bis Schmidt, München 1979.

Bickerich, W. (Hg.), Die 13 Jahre. Bilanz der sozialliberalen Koalition, Reinbek 1982.

Bölling, K., Die zweite Republik, Köln 1963.

Ders., Bonn von außen betrachtet. Briefe an einen alten Freund, Stuttgart 1986.

Borsdorf, U./Niethammer, L. (Hg.), Zwischen Befreiung und Besatzung. Analysen des US-Geheimdienstes über Positionen und Strukturen deutscher Politik 1945, Wuppertal 1976.

Boßmann, D. (Hg.), „Was ich über Adolf Hitler gehört habe ..." Folgen eines Tabus: Auszüge aus Schüler-Aufsätzen von heute, Frankfurt a. M. 1979.

Bracher, K. D./Jäger, W./Link, W., Republik im Wandel 1969–1974. Die Ära Brandt (Bd. 5/I der Geschichte der Bundesrepublik Deutschland), Stuttgart 1986.

Brand, K.-W./Büsser, D./Rucht, D., Aufbruch in eine andere Gesellschaft. Neue soziale Bewegungen in der Bundesrepublik, Frankfurt/New York 1986.

Brandt, W., Begegnungen und Einsichten. Die Jahre 1960–1975, München 1978.

BVerfGE = Entscheidungen des Bundesverfassungsgerichts, Bd. 1 ff.

Claessens, D./Klönne, A./Tschoepe, A., Sozialkunde der Bundesrepublik, Düsseldorf/Köln 1981.

Conradt, D. P., The German Polity, New York 1978.

Dahrendorf, R., Gesellschaft und Demokratie in Deutschland, München 1965.

Ders., Reisen nach innen und außen, Stuttgart 1984.

Denninger, E. (Hg.), Freiheitliche demokratische Grundordnung. Materialien zum Staatsverständnis und zur Verfassungswirklichkeit in der Bundesrepublik, 2 Bde., Frankfurt a. M. 1977.

Deuerlein, E., Die Einheit Deutschlands, Bd. I: Die Erörterung und Entscheidung der Kriegs- und Nachkriegskonferenzen 1941–1949. Darstellung und Dokumente, Frankfurt a. M. 1961.

Dubiel, H., Was ist Neokonservatismus?, Frankfurt a. M. 1985.

Dutschke, R., Mein langer Marsch. Reden, Schriften und Tagebücher aus zwanzig Jahren, hg. von G. Dutschke-Klotz, H. Gollwitzer und J. Miermeister, Reinbek 1981.

Duve, F./Böll, H./Staeck, K. (Hg.), Briefe zur Verteidigung der Republik, Reinbek 1977.

Ders./Böll, H./Staeck, K. (Hg.), Briefe zur Verteidigung der bürgerlichen Freiheit, Reinbek 1979.

Ebert, Th., Ziviler Ungehorsam. Von der APO zur Friedensbewegung, Waldkirch 1984.

Ellwein, Th., Das Regierungssystem der Bundesrepublik Deutschland, Opladen 1987.

Eppler, E. (Hg.), Grundwerte für ein neues Godesberger Programm, Reinbek 1984.

Erhard, L., Wohlstand für alle (bearb. von W. Langer), Düsseldorf 1957.

Fetscher, I., Terrorismus und Reaktion in der Bundesrepublik Deutschland und in Italien, Reinbek 1981.

Flechtheim, O. K., Dokumente zur parteipolitischen Entwicklung in Deutschland seit 1945, Bd. 2 und Bd. 3: Programmatik der deutschen Parteien, Berlin 1965.

Ders. (Hg.), Dokumente zur parteipolitischen Entwicklung in Deutschland seit 1945. Bd. 4: Aufbau und Arbeitsweise der deutschen Parteien, Berlin 1965.

Frankfurter Hefte (Hg.), Die Aussichten der Republik, Frankfurt a. M. 1980.

Fülberth, G., Geschichte der Bundesrepublik Deutschland in Quellen und Dokumenten, Köln 1982.

Funke, M. (Hg.), Terrorismus. Untersuchungen zur Strategie und Struktur revolutionärer Gewaltpolitik, Bonn 1977.
Gaus, G., Zur Person. Porträts in Frage und Antwort, München 1965.
Ders., Die Welt der Westdeutschen. Kritische Betrachtungen, Köln 1986.
Gill, U./Steffani, W. (Hg.), Eine Rede und ihre Wirkung. Die Rede des Bundespräsidenten Richard von Weizsäcker vom 8. Mai 1985, Berlin 1986.
Glaeßner, G. J./Holz, J./Schlüter, Th. (Hg.), Die Bundesrepublik in den siebziger Jahren. Versuch einer Bilanz, Opladen 1984.
Glaser, H. (Hg.), Bundesrepublikanisches Lesebuch. Drei Jahrzehnte geistiger Auseinandersetzung, Frankfurt a. M. 1980.
Glotz, P., Die Beweglichkeit des Tankers. Die Sozialdemokratie zwischen Staat und neuen sozialen Bewegungen, München 1982.
Gorschenek, G. (Hg.), Grundwerte in Staat und Gesellschaft, München 1977.
Grass, G., Der Bürger und seine Stimme. Reden, Aufsätze, Kommentare, Darmstadt/Neuwied 1974.
Greiffenhagen, M./Greiffenhagen, S., Ein schwieriges Vaterland. Zur Politischen Kultur Deutschlands, München 1979.
Ders./Greiffenhagen, S./Prätorius, R. (Hg.), Handwörterbuch zur politischen Kultur der Bundesrepublik Deutschland. Ein Lehr- und Nachschlagewerk, Opladen 1981.
Gross, J., Unsere letzten Jahre. Fragmente aus Deutschland 1970–1980, Stuttgart 1980.
Grosser, A., Die Bonner Demokratie. Deutschland von draußen gesehen, Düsseldorf 1960.
Ders., Deutschlandbilanz. Geschichte Deutschlands seit 1945, München 1980.
Grossmann, H./Negt, O. (Hg.), Die Auferstehung der Gewalt. Springerblockade und politische Reaktion in der Bundesrepublik, Frankfurt a. M. 1968.
Grube, F./Richter, G. (Hg.), Der SPD-Staat, München 1977.
Habermas, J., Protestbewegung und Hochschulreform, Frankfurt a. M. 1969.
Ders. (Hg.), Stichworte zur ‚Geistigen Situation der Zeit', 2 Bde., Frankfurt a. M. 1979.
Ders., Die Neue Unübersichtlichkeit, Frankfurt a. M. 1985.
Harrer, J. v. (Hg.), Für eine Mehrheit links von der CDU. Politische, wirtschaftliche, soziale und kulturelle Alternativen, Köln 1986.
Heinemann, G. W., Allen Bürgern verpflichtet. Reden des Bundespräsidenten 1969–1974 (Reden und Schriften Bd. I), Frankfurt a. M. 1975.
Ders., Glaubensfreiheit – Bürgerfreiheit. Reden und Aufsätze zu Kirche – Staat – Gesellschaft 1945–1975, hg. von D. Koch (Reden und Schriften Bd. II), Frankfurt a. M. 1976.
Ders., Es gibt schwierige Vaterländer ... Reden und Aufsätze 1919–1969,

hg. von H. Lindemann (Reden und Schriften Bd. III), Frankfurt a. M. 1977.

Hellfeld, M. V. (Hg.), Im Schatten der Krise. Rechtsextremismus, Neofaschismus und Ausländerfeindlichkeit in der Bundesrepublik, Köln 1986.

Hennis, W., Große Koalition ohne Ende? Die Zukunft des parlamentarischen Regierungssystems und die Hinauszögerung der Wahlrechtsreform, München 1968.

Ders./Kielmansegg, P. Graf/Matz, U. (Hg.), Regierbarkeit. Studien zu ihrer Problematisierung, 2 Bde., Stuttgart 1977 und 1979.

Herbst, L. (Hg.), Westdeutschland 1945–1955, Unterwerfung, Kontrolle, Integration, München 1986.

Hereth, M. (Hg.), Zwanzig Jahre Bundesrepublik Deutschland in Dokumenten, München 1969.

Hildebrand, K., Von Erhard zur Großen Koalition 1963–1969 (Bd. 4 der Geschichte der Bundesrepublik Deutschland), Stuttgart 1985.

Hillgruber, A., Zweierlei Untergang. Die Zerschlagung des deutschen Reiches und das Ende des europäischen Judentums, Berlin 1986.

Hoffmann, H. (Hg.), Gegen den Versuch, Vergangenheit zu verbiegen, Frankfurt a. M. 1987.

Iwand, W. M., Paradigma Politische Kultur. Konzepte, Methoden, Ergebnisse der Political Culture-Forschung in der Bundesrepublik, Opladen 1985.

Jaspers, K., Wohin treibt die Bundesrepublik? Tatsachen – Gefahren – Chancen, München 1966.

Jens, W., Republikanische Reden, Frankfurt a. M. 1979.

Kistler, H., Bundesdeutsche Geschichte. Die Entwicklung der Bundesrepublik Deutschland seit 1945, Bonn 1986.

Klages, H./Kmieciak, P. (Hg.), Wertwandel und gesellschaftlicher Wandel, Frankfurt/New York 1979.

Klönne, A., Zurück zur Nation? Kontroversen zur deutschen Frage, Köln 1984.

Kogon, E., Der SS-Staat, Frankfurt a. M. 1959.

Ders./Abendroth, W., et al., Der totale Notstandsstaat, Frankfurt a. M. 1965.

Kohl, H., Reden 1982–1984, Bonn 1984.

Krockow, Ch. Graf v., Nationalismus als deutsches Problem, München 1970.

Kühnl, R./Rilling, R./Sager, Ch., Die NPD. Struktur, Ideologie und Funktion einer neofaschistischen Partei, Frankfurt a. M. 1969.

Leibholz, G., Strukturprobleme der modernen Demokratie, Karlsruhe 1958.

Lichtenstein, H./Schmid-Ospach, M. (Hg.), Holocaust. Briefe an den WDR, Wuppertal 1982.

Löwenthal, R./Schwarz, H.-P. (Hg.), Die zweite Republik. 25 Jahre Bundesrepublik Deutschland – eine Bilanz, Stuttgart 1974.

Lübbe, H., Politischer Moralismus. Der Triumpf der Gesinnung über die Urteilskraft, Berlin 1987.
Märtesheimer, P./Frenzel, I. (Hg.), Im Kreuzfeuer: Der Fernsehfilm ‚Holocaust'. Eine Nation ist betroffen, Frankfurt a.M. 1979.
Malanowski, W. (Hg.), 1945. Deutschland in der Stunde Null, Reinbek 1985.
Mann, G., Deutsche Geschichte des 19. und 20. Jahrhunderts, Frankfurt a.M. 1958.
Meinhardt, R. (Hg.), Türken raus? oder Verteidigt den sozialen Frieden. Beiträge gegen die Ausländerfeindlichkeit, Reinbek 1984.
Mitscherlich, A., Auf dem Weg zur vaterlosen Gesellschaft. Ideen zur Sozialpsychologie, München 1963.
Ders., Das Ich und die Vielen, Parteinahmen eines Psychoanalytikers, München 1987.
Ders./Mitscherlich, M., Die Unfähigkeit zu trauern. Grundlagen kollektiven Verhaltens, München 1980.
Mitscherlich, M., Erinnerungsarbeit. Zur Psychoanalyse der Unfähigkeit zu trauern, Frankfurt a.M. 1987.
Nedelmann, C./Schäfer, G. (Hg.), Politik ohne Vernunft oder Die Folgen sind absehbar. Zehn streitbare Thesen, Reinbek 1965.
Netzer, H.-J. (Hg.), Adenauer und die Folgen. Siebzehn Vorträge über Probleme unseres Staates, München 1965.
Otto, K.A., Vom Ostermarsch zur APO. Geschichte der außerparlamentarischen Opposition in der Bundesrepublik 1960–1970, Frankfurt a.M. 1977.
Pikart, E., Theodor Heuss und Konrad Adenauer, Die Rolle des Bundespräsidenten in der Kanzlerdemokratie, Stuttgart 1976.
Plack, A., Wie oft wird Hitler noch besiegt? Neonazismus und Vergangenheitsbewältigung, Frankfurt a.M. 1985.
Reichel, P., Politische Kultur der Bundesrepublik, Opladen 1981.
Röhrich, W. (Hg.), Vom Gastarbeiter zum Bürger. Ausländer in der Bundesrepublik Deutschland, Berlin 1982.
Rohrmoser, G., Das Debakel. Wo bleibt die Wende? Fragen an die CDU, Krefeld 1985.
Rommel, M., Wir verwirrten Deutschen. Betrachtungen am Rande der großen Politik, Stuttgart 1986.
Rupp, H.K., Politische Geschichte der Bundesrepublik Deutschland. Entstehung und Entwicklung. Eine Einführung, Stuttgart 1982.
Schäfer, G./Nedelmann, C. (Hg.), Der CDU-Staat. Analysen zur Verfassungswirklichkeit der Bundesrepublik, 2 Bde., Frankfurt a.M. 1969.
Schelsky, H., Die Arbeit tun die anderen, Klassenkampf und Priesterherrschaft der Intellektuellen, Opladen 1975.
Scherer, K.-J./Vilmar, F., Ökosozialismus? Rot-grüne Bündnispolitik, Berlin 1986.
Schmid, C., Erinnerungen, München 1979.

19,80/30/0

Schmidt, E., Die verhinderte Neuordnung 1945–1952. Zur Auseinandersetzung um die Demokratisierung der Wirtschaft in den westlichen Besatzungszonen und in der Bundesrepublik Deutschland, Frankfurt a. M. 1970.

Schmidt, H., Als Christ in der politischen Entscheidung, Gütersloh 1976.

Ders., Maximen politischen Handelns, Bonn 1981.

Schneider, F., Die Große Koalition – zum Erfolg verurteilt?, Mainz 1968.

Schumacher, K., Reden und Schriften, hg. von A. Scholz und W. G. Oschilewski, Berlin 1953.

Schwarz, H.-P., Die Ära Adenauer 1949–1957 (Bd. 2 der Geschichte der Bundesrepublik Deutschland), Stuttgart 1984.

Ders., Die Ära Adenauer 1957–1963 (Bd. 3 der Geschichte der Bundesrepublik Deutschland), Stuttgart 1985.

Sontheimer, K., Das Elend unserer Intellektuellen. Linke Theorie in der Bundesrepublik Deutschland, Hamburg 1976.

Ders./Röhring, H. H. (Hg.), Handbuch des politischen Systems der Bundesrepublik Deutschland, München/Zürich 1977.

Späth, L., Wende in die Zukunft. Die Bundesrepublik auf dem Weg in die Informationsgesellschaft, Reinbek 1985.

Steffani, W. (Hg.), Parlamentarismus ohne Transparenz, Opladen 1971.

Stern, C./Winkler, H. A. (Hg.), Wendepunkte deutscher Geschichte 1848–1945, Frankfurt a. M. 1980.

Strauß, F. J., Gebote der Freiheit, München 1980.

Tsiakalos, G., Ausländerfeindlichkeit. Tatsachen und Erklärungsversuche, München 1983.

Vogt, H., Parlamentarische und außerparlamentarische Opposition, Opladen 1972.

Voss, R. v. (Hg.), Ethik und Politik. Beiträge zur politischen Ethik in der Demokratie, Köln 1980.

Wassermann, R., Die Zuschauerdemokratie, Düsseldorf 1986.

Weizsäcker, R. v., Die deutsche Geschichte geht weiter, Berlin 1983.

Westdeutschlands Weg zur Bundesrepublik 1945–1949. Beiträge von Mitarbeitern des Instituts für Zeitgeschichte, München 1976.

Willms, B., Die Deutsche Nation, Köln 1982.